《列国志》编辑委员会

中国社会科学院重大课题
国家"十五"重点出版项目

列国志

GUIDE TO THE WORLD STATES

中国社会科学院《列国志》编辑委员会

华沙条约组织与经济互助委员会

●李 锐 吴 伟 金 · 哲 编著

社会科学文献出版社

SOCIAL SCIENCES ACADEMIC PRESS (CHINA)

前　言

　　自 1840 年前后中国被迫开关、步入世界以来，对外国舆地政情的了解即应时而起。还在第一次鸦片战争期间，受林则徐之托，1842 年魏源编辑刊刻了近代中国首部介绍当时世界主要国家舆地政情的大型志书《海国图志》。林、魏之目的是为长期生活在闭关锁国之中、对外部世界知之甚少的国人"睁眼看世界"，提供一部基本的参考资料，尤其是让当时中国的各级统治者知道"天朝上国"之外的天地，学习西方的科学技术，"师夷之长技以制夷"。这部著作，在当时乃至其后相当长一段时间内，产生过巨大影响，对国人了解外部世界起到了积极的作用。

　　自那时起中国认识世界、融入世界的步伐就再也没有停止过。中华人民共和国成立以后，尤其是 1978 年改革开放以来，中国更以主动的自信自强的积极姿态，加速融入世界的步伐。与之相适应，不同时期先后出版过相当数量的不同层次的有关国际问题、列国政情、异域风俗等方面的著作，数量之多，可谓汗牛充栋。它们对时人了解外部世界起到了积极的作用。

当今世界，资本与现代科技正以前所未有的速度与广度在国际间流动和传播，"全球化"浪潮席卷世界各地，极大地影响着世界历史进程，对中国的发展也产生极其深刻的影响。面临不同以往的"大变局"，中国已经并将继续以更开放的姿态、更快的步伐全面步入世界，迎接时代的挑战。不同的是，我们所面临的已不是林则徐、魏源时代要不要"睁眼看世界"、要不要"开放"问题，而是在新的历史条件下，在新的世界发展大势下，如何更好地步入世界，如何在融入世界的进程中更好地维护民族国家的主权与独立，积极参与国际事务，为维护世界和平，促进世界与人类共同发展做出贡献。这就要求我们对外部世界有比以往更深切、全面的了解，我们只有更全面、更深入地了解世界，才能在更高的层次上融入世界，也才能在融入世界的进程中不迷失方向，保持自我。

与此时代要求相比，已有的种种有关介绍、论述各国史地政情的著述，无论就规模还是内容来看，已远远不能适应我们了解外部世界的要求。人们期盼有更新、更系统、更权威的著作问世。

中国社会科学院作为国家哲学社会科学的最高研究机构和国际问题综合研究中心，有11个专门研究国际问题和外国问题的研究所，学科门类齐全，研究力量雄

WPO & CMEA

厚，有能力也有责任担当这一重任。早在 20 世纪 90 年代初，中国社会科学院的领导和中国社会科学出版社就提出编撰"简明国际百科全书"的设想。1993 年 3 月 11 日，时任中国社会科学院院长的胡绳先生在科研局的一份报告上批示："我想，国际片各所可考虑出一套列国志，体例类似几年前出的《简明中国百科全书》，以一国（美、日、英、法等）或几个国家（北欧各国、印支各国）为一册，请考虑可行否。"

中国社会科学院科研局根据胡绳院长的批示，在调查研究的基础上，于 1994 年 2 月 28 日发出《关于编纂〈简明国际百科全书〉和〈列国志〉立项的通报》。《列国志》和《简明国际百科全书》一起被列为中国社会科学院重点项目。按照当时的计划，首先编写《简明国际百科全书》，待这一项目完成后，再着手编写《列国志》。

1998 年，率先完成《简明国际百科全书》有关卷编写任务的研究所开始了《列国志》的编写工作。随后，其他研究所也陆续启动这一项目。为了保证《列国志》这套大型丛书的高质量，科研局和社会科学文献出版社于 1999 年 1 月 27 日召开国际学科片各研究所及世界历史研究所负责人会议，讨论了这套大型丛书的编写大纲及基本要求。根据会议精神，科研局随后印发了《关于〈列国志〉编写工作有关事项的通知》，陆续为启动项目拨付研究经费。

为了加强对《列国志》项目编撰出版工作的组织协调，根据时任中国社会科学院院长的李铁映同志的提议，2002年8月，成立了由分管国际学科片的陈佳贵副院长为主任的《列国志》编辑委员会。编委会成员包括国际片各研究所、科研局、研究生院及社会科学文献出版社等部门的主要领导及有关同志。科研局和社会科学文献出版社组成《列国志》项目工作组，社会科学文献出版社成立了《列国志》工作室。同年，《列国志》项目被批准为中国社会科学院重大课题，国家新闻出版总署将《列国志》项目列入国家重点图书出版计划。

在《列国志》编辑委员会的领导下，《列国志》各承担单位尤其是各位学者加快了编撰进度。作为一项大型研究项目和大型丛书，编委会对《列国志》提出的基本要求是：资料翔实、准确、最新，文笔流畅，学术性和可读性兼备。《列国志》之所以强调学术性，是因为这套丛书不是一般的"手册"、"概览"，而是在尽可能吸收前人成果的基础上，体现专家学者们的研究所得和个人见解。正因为如此，《列国志》在强调基本要求的同时，本着文责自负的原则，没有对各卷的具体内容及学术观点强行统一。应当指出，参加这一浩繁工程的，除了中国社会科学院的专业科研人员以外，还有院外的一些在该领域颇有研究的专家学者。

WPO & CMEA

　　现在凝聚着数百位专家学者心血、约计 200 卷的《列国志》丛书，将陆续出版与广大读者见面。我们希望这样一套大型丛书，能为各级干部了解、认识当代世界各国及主要国际组织的情况，了解世界发展趋势，把握时代发展脉络，提供有益的帮助；希望它能成为我国外交外事工作者、国际经贸企业及日渐增多的广大出国公民和旅游者走向世界的忠实"向导"，引领其步入更广阔的世界；希望它在帮助中国人民认识世界的同时，也能够架起世界各国人民认识中国的一座"桥梁"，一座中国走向世界、世界走向中国的"桥梁"。

《列国志》编辑委员会

2003 年 6 月

CONTENTS

目　录

CONTENTS

目　录

华沙条约组织
(The Warsaw Pact Organization)

CONTENTS

目 录

CONTENTS

目　录

CONTENTS

目　录

CONTENTS

目 录

CONTENTS

目　录

经济互助委员会
(Council for Mutual Economic Assistance)

CONTENTS

目 录

CONTENTS

目　录

序

华沙条约组织（The Warsaw Pact Organization，俄文为 Организация Варшавского Договора，简称"华约"）、经济互助委员会（Council for Mutual Economic Assistance，俄文为 Совет Экономической Взаимопомощи，简称"经互会"）是苏联与东欧社会主义国家之间建立的军事、政治及经济合作组织。华约与经互会都是冷战时代的产物，伴随着冷战而形成、发展直到终结。

在世界现代史上，曾经主导国际关系发展方向，持续时间最长，涉及范围最广，对于整个国际社会和人们心理产生重大影响的就是冷战。两种意识形态如此大规模的对抗，并交织着国家利益的冲突，以"冷战"的形式表现出来，应该说是人类历史上的第一次。而冷战的中心地带在欧洲，以美国和苏联为代表的两个集团在政治、经济、军事上的抗衡，虽没有硝烟，却是异常激烈、代价极其昂贵的一场较量。

第二次世界大战后，本来曾共同抗击法西斯侵略的同盟国走向了分裂与对峙，这是对世界未来发展的两种不同理念冲突的结果。一个是以美国为代表的，要在战后建立资本主义的全球统一市场。美国以此为基调抛出杜鲁门主义、马歇尔计划即复兴欧洲计划，对战后经济衰败的欧洲实施援助，遏制共产主义在欧洲的发展。另一个是苏联，认为战争印证了马克思主义关于资本主义

1

危机理论，而美国的复兴欧洲计划又是把国内矛盾转嫁到外部，因而资本主义正处于矛盾加剧、走向衰落的阶段，预示着社会主义必将战胜资本主义。

第二次世界大战后的欧洲确实形成了相对复杂的政治局面。苏联出于国家安全的考虑，利用它在战争中取得的胜利果实，沿着自己的西部边界，在中东欧建立一条安全地带。其原则是这些国家的政府不论是共产党掌权，还是各党派联合执政，都必须采取对苏联友好的政策，对苏联的安全不构成威胁，以免重演历史上几次来自西部的入侵。考虑到苏联在二战中的巨大牺牲应该给予补偿，以及苏联对战争最终胜利的重要贡献，美国最初默认了苏联的利益。但是，由于战争使西欧国家实力衰落，特别是英帝国不得不放弃在欧洲大陆传统的势力范围，又使得美国担心苏联势力向西扩张，让共产主义在西欧国家成了气候，所以美国开始对苏联实施遏制政策。

事实上，处理战后事务的雅尔塔体系维护了大国协商解决国际冲突的原则；所不同的是，在国际舞台上不再仅是西方大国的声音，苏联作为社会主义国家有机会表达不同的意愿，打破了西方大国对国际事务的垄断。同时，尽管东西方都把对方视作对自己的威胁，但并不认为这种威胁足以开始一场新的战争，而且双方都尽力避免引起直接的冲突。

为了实现其政治外交的目标，美、苏两个集团确立了一套运作机制，即在集团内部实行政治、经济和军事合作，孤立和恐吓对方。这就是众所周知的北约与华约两大军事集团的对抗；而在经济上，为了应对马歇尔的复兴欧洲计划，东方集团建立了经济互助委员会，自成社会主义经济运行体系，与资本主义世界相较量。

东西方的对立持续了40年，凭借着两个集团作后盾，美、苏双方在对抗中争取缓和，在裁军谈判缓和的烟幕下加剧军备竞赛，成为称霸世界的超级大国。由于双方在欧洲部署中程导弹，并都拥有足够毁灭对方及世界的核武器，一度剑拔弩张，使欧洲乃至世界出现了紧张局面。

在历史发展进程中，起推动作用的既有各种因素的合力，又有起关键作用的个人因素。到了 20 世纪 80 年代末，戈尔巴乔夫在苏联推行"改革与新思维"，对世界的看法有了根本的转折，强调全人类的利益高于一切，核战争下没有胜利者，这对于苏联战后的世界观应该说是一个颠覆。但他没有想到的是，"新思维"实际上是一把双刃剑，既为结束冷战开启了大门，反过来，又刺向了自己，使得苏联苦心经营的阵地纷纷丧失，最终的结局反映了其政治思想的幼稚。1989 年东欧剧变，华沙条约组织以及经济互助委员会失去了吸引力和存在的意义，苏联这座大厦也轰然倒塌。

冷战结束了，但只是华约、经互会的单方面瓦解；北约依然存在，并且调整军事战略，欲在地区乃至世界发挥更大的作用。而原来华约中的东欧成员国纷纷投向其怀抱，追随美国及北约的外交目标，欧洲的政治格局被彻底打破了。同时，欧洲加快了经济一体化的步伐，欧盟的扩大和其成员国之间合作的加强显示其越来越重要的整体实力。

华沙条约组织与经济互助委员会，作为苏联与东欧社会主义国家之间建立的政治、军事与经济合作组织，已成为历史的陈迹。我们再次展现其历史概貌，不仅是因为华约与经互会过去所充当的角色的重要，而且冷战的历史遗产在现实中还起着不可忽视的作用，并未随之烟消云散。另一方面，恰恰是由于冷战的结束，新开放的档案，特别是有关苏联时期和东欧国家档案的公布，揭示了一些过去未知的秘密，为人们比较全面地了解华约与经互会组织提供了可能。

鉴于国内还没有一部详尽叙述有关这两个组织产生、发展到瓦解的图书，此书也可以作为工具书，为研究当代国际关系的学者和对此问题有兴趣的读者提供参考。在编写本书过程中，作者在广泛搜集相关资料的基础上，引用了已公布的文献和数字资料，同时尽可能多地翻译、整理和使用第一手文献和档案，奉献给读者。如果有不当之处，敬请指正。全书的序、导言及第一部分华沙条约组织由李锐撰写，其中第六章请了吴伟先生撰写；第二部分经济互助委员会由金哲撰写。

历史回眸

——苏联与东欧特殊关系的建立

华沙条约组织与经济互助委员会属于区域性的国际组织，但由于时代和地缘政治的结果它们又有与一般国际组织不同的特点。如果比较一下东西方两个阵营，人们对于美国与西欧的结盟似乎并不感到奇怪，其相近的历史文化传统、价值观念、政权体制成为它们合作的基础；反观东方阵营却很难找到这些共同点，而是苏联的意志和作用在其中起了尤为关键的作用。实际上，二战结束时，苏联在东欧就已经拥有了它的特殊地位和影响力，这是与苏联在二战中所发挥的作用分不开的，也是苏联当时外交政策所追求的，就是要在战后在其领土西部建立一个安全地带。正是随着二战的进程以及战后欧洲的政治发展，苏联与东欧的特殊关系逐渐确立起来。

一　二战时期的苏东关系

二战在东欧爆发

在地理上，欧洲东部地区仅指苏联的欧洲部分；而人们通常所说的东欧是个地缘政治概念，它包括了位于欧洲中部的波兰、匈牙利、捷克斯洛伐克以及位于巴尔干半岛的南斯拉夫、罗马尼亚、保加利亚和阿尔巴尼亚。尽管东欧各国有着不同的文化传统和历史背景，但在20世纪的历史学家的眼中却视它们为一个整体。在第一次世界大战后，随着沙俄帝国、德意志帝国、奥匈帝国和奥斯曼帝国的崩溃，在这些帝国废墟上形成的民族国家存在着类似的社会、经济和政治问题。

在两次世界大战之间，在东欧国家当中，除了捷克斯洛伐克拥有比较发达的工业化基础之外，大多数国家仍是农业国，农业人口的比例占到50%以上，有的高达70%～80%。这些国家的工业大多由外国资本所控制，投资主要来自英国、法国及德国。由于经济发展的落后，到20世纪30年代，东欧各国只有捷克斯洛伐克进行了土地改革，建立了多党民主制，其他各国的政治经济改革都没能进行下去，主张激进改革的民主政党也被右翼独裁者所取代。自希特勒的第三帝国兴起后，经济落后和政治不稳定的东欧国家又陷入危机，成为希特勒德国向东扩张和侵略的首要目标。

最先受害的是捷克斯洛伐克。在捷克斯洛伐克境内的苏台德地区有350万德意志少数民族，德国借口他们的民族地位问题向捷克政府发难。1938年9月，捷克同意给其境内的德意志少数民族以自治权，但遭到了德国政府拒绝，因为它要的不仅是这些，德国政府进一步要求捷克政府把德意志人占居民人数50%以上的苏台德地区割让给德国。英、法、德、意四国在德国的慕尼黑举行会议，把捷克政府拒之门外而决定了它的命运，把捷克斯洛伐克一万多平方英里的领土归属了德国，这就是臭名昭著的"慕尼黑阴谋"。之后，波兰也借口少数民族问题夺走了捷克特青周围约650平方英里（1600多平方公里）的土地。而在德国和意大利的施压下，匈牙利通过谈判获得了斯洛伐克南部7500平方英里（18000多平方公里）的大片土地。这样，捷克斯洛伐克 2/5 的领土被瓜分了。然而，遭到肢解后的捷克斯洛伐克遭遇的厄运并没有完结。希特勒曾保证，苏台德地区是他在欧洲最后的领土要求，这话只有英国人相信，1939 年 3 月 15 日德军占领了捷克首都布拉格。

下一个就轮到波兰了。慕尼黑会议之后不到一个月，德国就向波兰提出但泽的归属问题。第一次世界大战之后，波兰在被俄、普、奥瓜分 150 多年之后重建了独立国家。根据《凡尔赛和约》，但泽被划为国际共管的自由港，德国在波兰还留有一块飞地东普鲁士，中间隔着 80 公里宽的波兰走廊。此后，德国想把但泽要回去，修建一条超级公路和一条双轨铁路，经过波兰走廊连通到东普鲁士。波兰政府拒绝了这一要求，并提醒说，任何想把但泽自由市并入德国的企图，一定会不可避免地引起冲突。而德国人决定用武力解决，1939 年 9 月 1 日德军入侵波兰，战争开始了。

苏联的反应

布拉格失陷后，苏联一直试图与英、法谈判制止德国的侵略，它希望达成三点协议：（1）缔结一项纯属防御性的三边互助条约；（2）对中欧和东欧国家，包括所有与苏联接壤的欧洲国家在内做出援助保证；（3）规定苏、英、法三国彼此间及时向受到威胁的小国提供有效援助的形式和范围。但直到战争爆发前，由于英、法两国没有诚意为苏联周边的波罗的海诸国提供联合援助，而且波兰政府表示在任何情况下都不同意苏军过境，谈判没有获得任何进展。苏联很明白，英、法一直听任希特勒德国向东扩张，拖延签约是祸水东引。为了保全本国利益，延缓战争威胁，苏联与德国在 1939 年 8 月 23 日签订了《苏德互不侵犯条约》。

引发人们争议的是，条约签订一个星期之后，德国就向波兰开战了,《苏德互不侵犯条约》被视为希特勒发动战争的一颗定心丸。因为尽管德国摸透了英、法的脾气,认为在它入侵波兰后英、法不会施以援手,但它仍不敢贸然行事,以防万一。因此,德国必须与苏联达成协议,避免东西两线作战的危险。而德国能和苏联谈判成功是因为在私下与苏联达成了某种交易,这就是战后被西方披露出来的《苏德互不侵犯条约》的"秘密附加议定书"。议定书的内容如下。

1. 属于波罗的海国家(芬兰、爱沙尼亚、拉脱维亚、立陶宛)的地区如发生领土和政治变动时,立陶宛的北部疆界将成为德国和苏联势力范围的界限。在这方面,双方承认立陶宛在维尔诺地区的利益。

2. 属于波兰国家的地区如发生领土和政治变动时,德国和苏联的势力范围将大体上以那累夫河、维斯杜拉河和桑河一线为界。

维持一个独立的波兰国家是否符合双方利益的需要,以及这样一个国家将如何划界的问题,只能在进一步的政治发展过程中才能确定。

3. 在东南欧方面,苏联关心它在比萨拉比亚的利益。德方宣布它在政治上对该地区完全没有利害关系。

在《苏德互不侵犯条约》上签字的当事人之一,当时的苏联外长莫洛托夫一直否认上述秘密条款的存在。然而,后来所发生的事态就如双方事先都商定的一样。

1939 年 9 月 1 日,德军两个集团军群共 5 个集团军从南北方向和东普鲁士闪击波兰。英、法虽然向德宣战,但它们事先并没有做好军事动员,根本不能在欧洲西部对德国施展有效的压力。当时的苏联领导人斯大林认为,战争是在资本主义国家的两个集团之间进行,目的是重新瓜分世界、统治世界,不反对它们厮杀一番,相互削弱。苏联在一旁静观事态的变化。

孤立无援的波兰军队难以抵御德军闪电般的进攻,节节溃

WPO & CMEA

退。看到如此形势，苏联决定有所行动。9 月 17 日，苏联先是通知德国驻苏大使，苏联准备采取军事行动，要德军飞机不要飞越比亚威斯托克—布列斯特 - 里托夫斯克—利沃夫一线，以免发生误会。接着又向波兰驻苏联大使宣布照会说，鉴于波兰作为一个国家以及它的政府已经不复存在，苏联不能对波兰的事态继续保持中立。苏联政府已授权红军总司令部命令部队越过苏波边界，把西乌克兰和西白俄罗斯居民的生命财产置于自己的保护之下。留在波苏边境的波兰军队原本就没有多少，加上遭到来自东西两面的夹击便彻底瓦解了。9 月 18 日，波兰政府和最高统帅部取道罗马尼亚逃亡法国，后来在英国伦敦建立流亡政府。

9 月 28 日，苏德签订边界友好条约，划定了两国在波兰领土上的分界线：西部地区并入德国；中部包括华沙、克拉科夫、卢布林等省组成德国管辖下的波兰总督区；西白俄罗斯和乌克兰西部共 19 万平方公里的土地划归苏联。

不久，苏联分别与波罗的海三国立陶宛、爱沙尼亚和拉脱维亚签署了互助条约，三国同意苏联在其境内的指定地区建立军事基地和驻扎军队。但是，波罗的海三国的独立状态维持不到一年。由于法国向德国投降，苏联意识到德国的威胁离自己不远了，从而加紧构筑在苏联西部的防线，在西北部就是控制波罗的海三国。苏联以最后通牒方式要求波罗的海三国肃清国内的反苏势力，建立对苏联友好的政府。1940 年 7 月，波罗的海三国建成了苏维埃社会主义共和国并要求加入苏联，8 月苏联最高苏维埃批准了接纳三国加入苏联。

同时，在西南部，苏联要求取得在比萨拉比亚的利益，也就是"秘密附加议定书"的第三条所提到的。1940 年 6 月，德国为保证西线战事的顺利，笼络莫斯科，向罗马尼亚施压，迫使罗马尼亚答应把比萨拉比亚和北布科维纳割让给苏联。至此，苏联从北边的波罗的海到南边的黑海的"东方战线"向西部推进了不少。

东欧三国加入法西斯轴心国

1940 年 9 月 27 日，为把战火扩展到太平洋地区，转移世人对欧洲战场的注意力，德、意、日三国在柏林签订了同盟条约，正式结成柏林—罗马—东京三国轴心军事同盟。同盟条约还特意说明它不是针对苏联的，不会影响各缔约国与苏联现存的政治关系。但在实际上，德国一直在为发动对苏联的战争做准备，威逼利诱东欧的匈牙利、罗马尼亚、保加利亚三国加入轴心同盟就是它的一个步骤，以便它在欧洲控制更多的人力和物质资源。

第一次世界大战以后，霍尔蒂在匈牙利建立了军事独裁政府，与协约国签署《特里亚农和约》，使得匈牙利丧失了 2/3 的领土和半数人口，因此使得恢复传统疆界的民族主义情绪在匈牙利全国到处蔓延。30 年代法西斯势力兴起后，霍尔蒂政府想仰仗希特勒德国来更改疆界，在复兴匈牙利民族的要求下扩军备战。1938 年肢解捷克斯洛伐克时，匈牙利借机分吃了一大块；当希特勒军队占领捷克时，霍尔蒂政府的军队又配合德军开进了卢西尼亚，使外喀尔巴阡山南部土地归属匈牙利，这就是第一次维也纳仲裁时匈牙利的收获。

匈牙利在瓜分捷克斯洛伐克中得了不少好处，尽管如此，当看到希特勒德国日渐明显的侵略波兰的企图时，匈牙利还是有些胆怯，怕卷入战争和希特勒德国站到一起。1939 年 7 月 24 日，匈牙利总理特莱基致信希特勒和墨索里尼，表示一旦爆发全面战争，匈牙利将按照轴心国的政策决定其政策。但就在同一天，特莱基害怕德、意两国产生误会，又发去一封信，重申从道义上匈牙利不能够对波兰采取武装行动，显示了匈牙利政府的矛盾心理。而希特勒不能容忍匈牙利政府的这种态度，他提醒匈牙利外长，匈牙利能收回领土靠的是德国，如果德国在战争中失败，匈

WPO & CMEA

牙利也定会随之毁灭。在希特勒的恐吓下，匈牙利只能追随德国。作为回报，1940年第二次维也纳仲裁时，罗马尼亚的特兰西瓦尼亚重新划归匈牙利。同年11月20日，匈牙利霍尔蒂政府加入德、意、日法西斯轴心国集团。

罗马尼亚的情况稍有不同。罗马尼亚国王卡罗尔二世一直执行亲英、法的政策，因此在二战爆发前，罗马尼亚得到了英、法提出的安全保护。然而，波兰的命运证明了这种保护的承诺不过是废纸一张。为了保全自己的领土完整，避免引火烧身，1939年9月4日罗马尼亚宣布中立政策。同时，出于道义上的考虑，罗马尼亚给遭受侵略的波兰提供了不少帮助，包括允许供应波兰军队的物资过境，收容逃出来的波兰难民和军队，接受波兰政府避难的请求，并且帮助波兰把部分国宝运送到西方。

随着法国的投降，英、法军队的敦刻尔克大撤退，罗马尼亚很难保持国家的独立地位。在希特勒德国的施压下，罗马尼亚不仅把部分领土割给了苏联、匈牙利，还把南多布罗加割给了保加利亚。一系列的领土丢失导致政府的瓦解，卡罗尔国王只好任命扬·安东内斯库将军为政府总理，建立了军人独裁政权，国王也被迫让位给他的儿子米哈伊。随后，纳粹军队开进罗马尼亚，1939年11月23日罗马尼亚加入轴心国集团。

1941年3月1日，保加利亚也加入了轴心国集团。3个月之后，苏德战争爆发，罗马尼亚和匈牙利派军队参加了德国对苏联的入侵。

东欧问题成为合作筹码

当德国发动欧洲西线战事时，苏联采取中立态度，希望让自己远离战火。英国首相丘吉尔曾以承认苏联在巴尔干的领导地位为条件，希望与苏联结成反德联盟，但没有得到苏联的回应。苏德战争爆发后，苏联希望签订英苏联盟条约时，英国暗地里答应承认苏联有权获得二战爆发后并入苏联的领土，包括波兰的东部、芬兰的卡累利阿半岛、比萨拉比亚、北布科维纳和波罗的海三国。只是由于英、美在1941年8月就苏德战争爆发后的欧洲形势发表过联合宣言，即在著名的《大西洋宪章》里，特意提到了"不赞成未经有关民族自由意志所同意的领土变更，尊重各民族自由选择其政府形式的权利"，英苏联盟条约一时未能签成。后来在伦敦召开的盟国会议上，苏联表示同意《大西洋宪章》的基本原则；但是强调，这些原则要与各国的情况、需要和历史特点相适应。

实际上，苏联时刻都在维护本国的最大利益，并且相信这些利益必须靠实力才能赢得。1943年2月，苏联最终取得了历时6个半月的斯大林格勒保卫战的胜利，迎来了对德战争的转折点，开始了战略反攻。苏联军队作战十分英勇，在欧洲第二战场开辟前，唯有苏联军队快速推进。到1943年底，苏军已经打到斯摩棱斯克一线，很快就把德军赶出苏联国土。

1943年11月28日至12月1日，反法西斯同盟三巨头斯大林、罗斯福和丘吉尔在德黑兰第一次举行战时会议。会议讨论的重点是开辟欧洲第二战场，尽快打败法西斯德国，不过，关于战后世界的和平、如何处置德国以及波兰问题等都已提了出来。丘吉尔知道苏联想要什么，因而提出战后波兰的疆界应位于寇松线和奥得河之间，基本承认了苏联对波兰东部领土的占领。然而丘吉尔在这个问题上有他自己的算盘。早在1942年初太平洋战场和欧洲战场形势紧迫时，他曾担心唯一在欧洲大陆作战的苏联会单独与德国媾和，因而致信罗斯福，请求美国接受苏联的领土要求。英国内阁中还有人提议，如果不向苏联作出领土让步，英、美两国应支持苏联战后在其邻国设立战略基地，或者控制这些国家的外交和防务政策。波兰领土问题在丘吉尔眼里好像已是苏联囊中之物，不如顺水推舟做个人情。他想的是西方盟军尽快进攻巴尔干地区，以便抢在苏军之前进占欧洲中部，在开辟第二战场问题上坚持首先进攻意大利。

罗斯福很明白丘吉尔的心思，如果西方盟军能像楔子一样插入欧洲中部，就能阻止苏军进入奥地利和罗马尼亚，甚至还有可能阻止苏军进入匈牙利。但是他明白，苏联具有强大的军事实力，西方盟军必须集中兵力抢占西欧最有利的地区，否则会失去更多的主动权，因此他最后还是同意西方盟军在法国登陆作战，开辟欧洲第二战场。同时，罗斯福还意识到，要解决战后世界的和平问题，必须有苏联的合作，他与斯大林私下谈到了战后建立国际组织的设想。对于苏联的领土要求，罗斯福告诉斯大林，美国大选就要来临，尽管他不想谋求连任，但如果战争还在继续，他就还得连任总统。但在美国有 600 万～700 万波兰裔美国人，作为一个现实的政治家他不想失去他们的选票。作为个人，他同意苏波边界向西推移，波兰人为此应该从德国得到领土补偿。他希望斯大林能够理解他的出于政治上的原因，暂时不能够公开参与任何这样的领土安排。

德黑兰会议后，苏军在 1944 年初越过二战前的波苏边界。在伦敦的波兰流亡政府立即发表声明，重申它是波兰人民的唯一合法代表，不承认任何强加于波兰的决议。苏联政府也发表声明，提出未来的波兰将是一个强大的和对苏联友好的波兰，但是波兰的复兴不应靠占领乌克兰和白俄罗斯的土地，西乌克兰和西白俄罗斯已经是苏联领土的一部分，而是应该把被德国人割占的历来属于波兰的领土归还波兰。苏联公开了自己对波兰领土问题的立场。

苏联在东欧占据先机

为了尽快打败法西斯德国，同时掌握对战后问题安排的主动权，苏军集中优势兵力连续实施了一系列战略性进攻战役，从波罗的海到黑海整条战线发动全面进攻，向西推进的势头十分强劲。就像英国二战史专家利德尔·哈特描述的，"俄军的进军是西方人所难以想象的。坦克后面的先锋队，像巨大的游牧群那样地滚滚而来。"

苏军英勇、快速作战是苏联在东欧取得军事和政治上优势的保证。1943～1944年苏军发动了乌克兰战役，4个乌克兰方面军由第聂伯河向喀尔巴阡山方向发起进攻，解放了乌克兰西部地区。苏军攻入罗马尼亚境内后，1944年4月中旬受阻于雅西－基什尼奥夫一线，德军在那里建立了纵深梯次的防御体系。直到4个月后，乌克兰第2、3方面军做好了准备，8月20～29日对德国在雅西－基什尼奥夫的集团军实施合围攻击，8月24日解放了比萨拉比亚首府基什尼奥夫。就在苏军日益逼进的同时，8月23日夜至24日凌晨，罗马尼亚首都布加勒斯特爆发了反法西斯武装起义，推翻了安东内斯库军人独裁政府，建立由萨纳特斯库将军领导的民族民主同盟政府，罗马尼亚转到同盟国一边，参加了对德作战。

罗马尼亚的倒戈加快了苏军在东欧的战争进程，苏军其余主力部队迅速向保加利亚、南斯拉夫和匈牙利方向进军。1944年9月初抵达保加利亚首都索非亚，10月20日与南斯拉夫人民军一起解放了南斯拉夫首都贝尔格莱德。

波兰的状况稍微复杂一些。在伦敦的波兰流亡政府坚持波兰面临的是德国和苏联两个敌人，不承认战争带来的领土变更，要求恢复波兰在二战前的边界。苏德战争爆发后，苏联与波兰流亡政府恢复了关系，承认苏德之间涉及波兰领土变更的条约失效，但在实际上并没有解决波兰东部的领土问题。按照波兰流亡政府的理解，条约失效意味着边界维持原状；而苏联有自己的解释，认为西白俄罗斯和西乌克兰在法律程序上已并入苏联，与苏德条约无关。

WPO & CMEA

1943 年 4 月，大批屠杀波兰军官的"卡廷森林事件"被曝光，波兰流亡政府认为苏联应该对这起事件负责，并请求国际红十字会出面调查。苏联政府拒绝承认，反过来指责波兰流亡政府与德国勾结，进行敌视苏联的活动，断绝了与波兰流亡政府的关系。

解放波兰的战役从 1944 年的夏秋攻势开始，随着苏军的推进，苏联开始考虑战后谁来接管波兰。在波兰国内，由波兰工人党领导的左翼力量在 1944 年 1 月成立了全国人民代表会议，组建人民军，日益扩大影响。苏联决定依靠波兰国内这一政治力量。7 月 22 日，当苏军刚刚解放波兰边境小城赫尔姆时，波兰全国人民代表会议宣布，成立由波兰工人党、波兰社会党左翼、农民党左翼等组成波兰民族解放委员会，它将在战后执掌政权，并主张以民族分界线划定波兰东部边界，西部应以奥得 - 尼斯河为界。

1944 年 7 月底，苏军前进到维斯瓦河却不得不放慢进攻的步伐，一方面是由于遭遇德军顽强抵抗；另一方面是苏军经过一个多月的长途行军，运输线拉得过长，部队需要调整。当时在华沙城内的波兰人民军和市民对此并不十分了解，听到维斯瓦河畔的隆隆炮声，认为苏军就要打进来了。8 月 1 日，华沙军民发动起义，控制了华沙城的大部分地区。但是，他们期盼的苏军没有到达，盟军对起义者的武器援助也十分有限，在德国占领军的残酷镇压下起义失败，华沙城变为一片废墟。

经过长达近半年的调整，1945 年 1 月中旬，苏军从东线发动维斯瓦河 - 奥得河战役，攻破德军的层层防御，歼敌 15 万余人，解放了波兰。

解放匈牙利的战斗十分艰巨。在加入轴心国的东欧国家中，只有匈牙利被德国牢牢绑在战车上战斗到最后。1943 年下半年，当德国出现败势的时候，匈牙利的霍尔蒂政府为保全自己，曾与西方盟军在意大利的那不勒斯大本营取得联系，想与西方单独媾和，指望西方盟军抢在苏军之前占领匈牙利。这与丘吉尔的意图不谋而合，他说，我切望比俄国人先进入中欧的某些地区，匈牙利人已表示准备阻止苏军的推进，但如果一支英军及时到达，则愿意向英军投降。但是英国军队在意大利推进的速度太慢。另外，希特勒获悉了霍尔蒂政府的企图后，在 1944 年 3 月以武力占领了匈牙利。苏军进入匈牙利之后，霍尔蒂政府也曾派代表去莫斯科进行退出战争的秘密谈判，并在 10 月中旬宣布停战声明。结果希特勒把霍尔蒂劫持到德国，扶植法西斯分子在匈牙利执政。

苏军于 1944 年 11 月进抵布达佩斯近郊，遭到德国军队和匈牙利铁十字军的顽固抵抗。所有通往布达和佩斯的桥梁都被炸毁，苏军进攻几度受阻。1944 年 12 月 27 日解放匈牙利首都的战斗重新打响，到 1945 年 2 月 13 日，围攻延续了 6 个星期，东部的佩斯和西部的布达先后被苏军解放。1945 年 4 月，解放匈牙利的战斗胜利结束。

二　二战后东欧的政治安排

波兰问题解决方案

对战后东欧的政治安排以解决波兰问题为代表，涉及两个最重要的方面就是疆界的划分和政权的性质。波兰问题对于战时合作的同盟国是个很敏感的问题，欧战的爆发以希特勒德国进攻波兰为起始，接着苏联参与了对其领土的分割，波兰是战争的受害者。而苏联对波兰既有领土要求，又坚持波兰战后建立的必须是对苏联友好的政府。由于苏联在同盟国中发挥举足轻重的军事作用，以及它在反法西斯战争中所付出的巨大牺牲，几方面的因素使得英、美愿意对苏联有所让步，只是每个让步都是有限度的，提出了一定的附加条件。

1945年2月4～11日召开了雅尔塔会议，当时已进入欧战的最后阶段，美、苏、英首脑再次聚首，协调彻底打败德国的军事行动，商讨处理战后德国的基本原则、战后世界的安排和迫使日本尽快投降等问题。在谈判过程中，苏联仍具有一定的优势，一是，苏军在欧洲东线的作战十分重要，它所面对的是德军的主力，苏军在对纳粹德国的最后打击中起着重要作用；二是，美国希望苏联在结束欧战后转入对日作战，因此在苏联关切的波兰问题上最终达成了某种妥协。

根据《雅尔塔协议》，英、美基本默认了当时在波兰执政的临时政府。波兰临时政府于1944年底成立，成员中有7名波兰工人党人和社会党、农民党、民主党各3人，成立不久就得到了苏联的承认，而英、美却继续承认在伦敦的波兰流亡政府。当时英、美作为妥协，要求波兰临时政府在更广泛的基础上实行改组，以容纳波兰国内外的民主人士，同时要求临时政府承诺尽快举行自由选举。确认波兰临时政府的领导权是苏联在雅尔塔会议上的一大胜利，基本保证了苏联对波兰新政权的控制，因为即使补充新的成员，其前提也是这些成员不能反对苏联。

波兰临时政府改组工作由苏联外长莫洛托夫和美、英驻苏大使主持，于1945年6月在莫斯科举行会议。前流亡政府总理米柯瓦伊契克作为农民党的代表参加了会议，他因为建议接受苏联吞并波兰东部领土、版图整个西移这一事实，与流亡政府分道扬镳。会议结果成立了新的民族统一临时政府。英美两国很快承认了这个新组成的政府。

关于波兰边界问题，在雅尔塔会议上，美、苏、英三国首脑同意，东部疆界依照寇松线，而在若干区域应做出对波兰有利的5公里至8公里的逸出；对西部边界存在争议，但三国原则上达成协议，允许波兰在北方和西方获得广大的领土让予。1945年8

月波茨坦会议再次讨论时，认为波兰西部边界的划定应由和约解决。在未最后决定以前，西部边界以自史温曼德以西的波罗的海沿奥得河至与尼斯河西段汇流处，再至捷克斯洛伐克边境，东普鲁士的大部分以及但泽自由市归波兰政府管辖。之后，苏联与波兰签订两国间边界条约，确认了波兰东部边界以寇松线划分的事实。而波兰西部边界直到 1972 年得到联邦德国承认之前，一直是波兰的一块心病。

对匈牙利、罗马尼亚、保加利亚的和约

波兰问题的解决，为东欧其他国家的政治安排提供了一个模式。英、美两国明白，它们不可能改变苏联在东欧占有优势的现状，因此只能在东欧各国的政权性质上提出一些先决条件。苏联的态度是，只要不是反对苏联的，一般都不反对。对于当时与苏联已有外交关系的罗马尼亚政府，英、美同样提出了承认的前提，即：要求罗马尼亚政府重组，容纳国家农民党员和自由党党员各一人；重组后的政府应尽速根据普选与秘密方式举行自由选举，不受任何干涉；所有民主党派和反法西斯党派均有参加选举与提出候选人的权利；改组后的政府还应保证新闻、言论、宗教信仰与集会的自由。

对于保加利亚成立的祖国阵线政府，英、美则等待苏联转达的要求并实施之后再予以承认。英、美的要求是，在保加利亚祖国阵线政府内，应容纳其他民主党派的两位代表，希望有外来力量来制衡受到苏联承认的政府。

战争结束后，同盟国还与参加过轴心国的三个东欧国家匈牙利、罗马尼亚和保加利亚分别签订了和约。和约除了政治、经济和战争赔偿等条款外，还重新划定了匈牙利、罗马尼亚的边界，并对三国拥有的军事力量做了限制。

1947 年 2 月 10 日对匈牙利和约规定了关于匈牙利的边界：

14

废止 1940 年 8 月 30 日的维也纳仲裁，恢复匈牙利与罗马尼亚之间的原有边界；宣布 1938 年 11 月 2 日的维也纳仲裁裁决无效，恢复 1938 年 1 月 1 日的状态，并作如下变更：匈牙利将哥尔瓦齐亚法卢、奥罗施瓦尔、顿纳琼 3 个乡村连同土地割让给捷克斯洛伐克。

限定匈牙利拥有的武装力量人数：陆军，包括边防军、高射炮部队和河防部队，总人数为 6.5 万人；空军，包括后备飞机在内，应限制为 90 架，其中战斗机不得超过 70 架，人员总数应限制为 5000 人。匈牙利不得拥有携带炸弹装置的轰炸机。

在本条约生效后 90 天内，一切盟国军队撤出匈牙利，但苏联仍有权在匈牙利领土上驻扎为维持苏军与奥地利境内苏联占领区的交通线所需的武装部队。匈牙利应提供为维持与奥地利境内的苏联占领区的交通线特需的给养和便利，为此，苏联将付给匈牙利政府以相当的补偿。

在对罗马尼亚的和约中规定，苏联和罗马尼亚之间的边界应为 1941 年 1 月 1 日原有的边界。这样等于保留 1940 年 6 月 28 日苏联和罗马尼亚的协定，承认了苏联对北布科维纳和比萨拉比亚的占领。条约对罗马尼亚的武装力量做了如下限定：陆军包括边防部队在内的兵力为 12 万人；防空炮队兵力 5000 人；海军兵力 5000 人和合计 1.5 万吨的舰艇；空军包括海军航空兵和后备飞机在内，飞机为 150 架，不得持有用作轰炸机，全部兵力为 3000 人。

在和约生效之日起的 90 天内，西方盟国军队撤出罗马尼亚，而苏军仍继续驻扎。

在对保加利亚和约中规定，保加利亚的陆海空军备和要塞的保持应严格限于保护国内安全和对边境的防卫。各兵种的定额为：陆军包括边防部队在内的全部兵力为 5.5 万人；防空炮队兵力 1800 人；海军兵力 3500 人和总吨位 7250 吨的舰艇；空军包括海军航空兵，飞机为90架，其中至多70架为战斗机，全部兵力5200人。

三 铁幕拉开

遏制政策的出台

铁幕一词出自老谋深算的政治家丘吉尔之口。1946年3月，丘吉尔在美国密苏里州富尔顿城的威斯特敏学院发表演讲，他对于战后的欧洲形势做了如下描述："从波罗的海的什切青到亚得里亚海边的的里雅斯特，一幅横贯欧洲大陆的铁幕已经降落下来。在这条线的后面，坐落着中欧和东欧古国的都城华沙、柏林、布拉格、维也纳、布达佩斯、贝尔格莱德、布加勒斯特和索非亚——所有这些名城和居民无一不处在苏联的势力范围之内，不仅以这种或那种形式屈服于苏联的势力范围之内，而且还受到莫斯科日益增强的高压控制"。丘吉尔看得很清楚，苏联并不希望战争，它要"得到的是战争的果实，以及他们的权力和主义的无限扩张"。有人很戏剧化地描述丘吉尔演讲的经过，说丘吉尔以平民身份游历美国时，美国总统杜鲁门在白宫椭圆形办公室授意他讲这么一番话。演讲过程中，杜鲁门不仅亲自作陪，还以美酒、美女和雪茄相款待。这种说法实在有些低估了这位经历了两次世界大战的政治老手。实际上，还在战争进程中，丘吉尔就最先预见到胜利者要享受战争成果这一局面。同时作为一个极端害怕和仇视共产主义的政客，丘吉尔早就提出要遏制共产主义在欧洲的发展，只是无奈于英帝国衰落了，所以紧紧拉住美国参与到战后的欧洲事务当中。

当时，美国人对丘吉尔的讲话没做任何表态，因为杜鲁门还没有下决心干预欧洲事务。1945年4月，罗斯福病逝，杜鲁门

WPO & CMEA

作为副总统继任美国总统，他不再奉行罗斯福的通过合作软化苏联的原则，表示要对苏联采取强硬政策。但是美国在欧战中没有按照英国人的思路尽可能地抢占地盘，战争结束后也没有把军队留在欧洲。1945 年 7 月 17 日讨论战后问题的波茨坦会议召开，就在会议开始的前一天，美国成功试爆了原子弹，已经掌握了足以制约苏联的武器。杜鲁门甚至把东欧都设计在他战后的蓝图之中：匈牙利、罗马尼亚和乌克兰这一欧洲的"粮仓"区域和工业中心联系起来，形成欧洲统一的市场。但碍于对日作战还需要苏联帮忙，另外原子弹的实际效果如何还不确定，杜鲁门没有向苏联摊牌。战后，杜鲁门宣布不再举行三巨头会议，明确表示"我已厌倦于笼络苏联人"，而要用强硬的抗议和武力的"铁拳"对付苏联。可是，美国人还是没有实质的举动，特别是在对东欧已属于苏联的势力范围这个问题上，只不过在对罗马尼亚和对保加利亚的和约中加上政府改组的条款。

当然，美国的遏制政策不是一夜间形成的。1946 年初，不断有悲观的报告从美国驻苏大使馆传回美国。2 月 22 日，美国驻苏联大使馆代办乔治·凯南致国务院电报第 551 号，就是人们通常提到的 8000 字电报，给美国实施遏制苏联的政策提供了理论依据。凯南在报告中说，对于战后问题的看法，苏联官方宣传认为，苏联仍然生活在敌对的资本主义包围之中，从长远来说，与资本主义持久的和平共处是不可能的；资本主义内在矛盾决定了战争是不可避免的，战争可能是资本主义国家之间的，也可能是资本主义国家对社会主义世界进行干涉而发动，资本家会倾向于后一类战争。凯南分析说，"克里姆林宫对世界事务的神经质的看法，其根源在于俄国人那种传统的和本能的不安全感"。那么，苏联的政策会是"在一切认为适时和有希望的地方，努力扩大苏联的势力范围"。凯南向美国政府发出了警告，"一旦暗藏的苏联政治力量扩张到新的地区，其他地点随时都可能发生问题"。

就在美国对苏联势力发展惶惶不安的时候，有个让美国人重新介入欧洲事务的机会来了。1947年春，希腊局势出现危机。英国人认为，假如希腊政权落入共产党的手里，将会导致多米诺骨牌效应，不仅土耳其、伊朗，连意大利甚至法国也会受影响。1947年2月21日的下午，英国大使馆一等秘书西奇尔给近东事务司司长洛埃·亨德森送来两份照会。英国在照会里表明，到星期五下午（2月21日是个星期五）为止，英国一直是希腊经济的主要支持者和土耳其军队经费的主要承担者。第一份照会说，希腊在以后几个月内需要2.4亿到2.8亿美元，而英国无法提供这笔款项。第二份照会说，英国再也不能负担土耳其的军费了。

在接到英国无力承担对希腊和土耳其的经济援助，即将放弃两地的消息后，美国决定接手。1947年3月12日，杜鲁门在参众两院联席会议上发表了援助希腊和土耳其的演说，吁请国会通过4亿美元的贷款，以保证希、土两国民主政府的生存，并警告说，若美国不能援助希、土两国，其影响之深远，将不仅限于东方，且将波及西方。贷款计划得到了国会的批准，并授权总统派遣文职和军事官员前往希腊和土耳其。对希腊和土耳其的援助使得美国的注意力转向欧洲战后的现实，意识到如果继续传统的孤立主义政策，美国所信守的民主自由制度将受到冲击，而且还会威胁到美国对外的经济利益，甚至美国国内的安全。因此杜鲁门主义成为美国外交政策的一个转折点，它抛弃了孤立主义，以遏制政策为主导，介入欧洲乃至全球的事务，拉开了与苏联相对峙的序幕，从此国际关系进入了冷战时代。

马歇尔计划的诱惑

19 47年6月5日，马歇尔在哈佛大学发表演说："事情的真相是：欧洲今后三四年内所需要的外国食物和其他必需品——主要来自美国，其数量之大，远远超过它现有的支付能力，所以必须有大量的额外援助，否则就要面临非常严重的经济的以及社会和政治的恶化。"他还说：美国理所当然地应该尽力给予援助，谋求恢复世界的正常经济秩序，否则就没有政治安定，也没有稳定的和平。我们的政策是，不反对任何一个国家或学说，只反对饥饿、贫困、绝望和混乱，其目的是恢复世界经济的运转，从而产生使自由体制得以生存的政治和社会环境。凡愿为复兴的任务处理的国家，都将会得到美国政府的充分合作。任何国家若想方设法阻挠其他国家复兴，那就莫想得到我们的援助。而且，那些企图使人间苦难长久存在、想从中捞取政治的或其他方面利益的政府和政治党派，将会遭到美国的反对。美国的作用应该是，友好地协助起草一项欧洲计划，随后尽我们实际上所能做到的去支持此项计划。这个计划应是一项联合的计划，即令非全体欧洲国家，至少也是若干国家一致同意的。

马歇尔在哈佛大学发表演说后，他讲话的精神立即被英国心领神会，英国马上与法国进行磋商。1947 年 6 月 17 日和 18 日，英国外交大臣贝文和法国外长皮杜尔在巴黎举行预备性会谈，并在会后向苏联发出邀请，建议在 6 月 25 日前后举行英、法、苏三国外长会议。苏联对马歇尔计划并非没有兴趣，认为这是获得美国复兴战后欧洲贷款的一次机会，因而苏联在 6 月 22 日的照会中表示接受邀请，决定派莫洛托夫外长参加即将在巴黎举行的会议。

英、法、苏三国外长会议在 6 月 27 日、28 日、30 日、7 月 1 日和 2 日举行了五次会议，商定会谈应该秘密进行，会谈情况不予外泄。但在实际上会议一开始苏联与英、法两国就没有达成共识，而且它们之间的分歧很快在媒体上披露出来。

法国外长皮杜尔与英国外交大臣贝文的观点是一致的，他迎合美国的意见，提出要由欧洲制订一项欧洲经济计划，由美国提供援助，弥补贸易差额。他强调，没有外援，欧洲国家将面临不可克服的困难。皮杜尔认为，三国应负责提出一项"在每个欧洲国家所做出的努力和它们所期望的结果之间的差额表，要说明在它们认为是重要的设备和物资方面所缺少的数量，不足的数额应尽量由欧洲各国之间采取行动予以弥补，只有难以补足的余额才求助于外援"。英国外交大臣贝文强调，为顺利得到美国的援助，需要把申请援助的数额减少到最小限度，因此首先要研究欧洲国家互助可能达到的限度。

苏联与英、法的主要分歧是反对为欧洲各国"制订统一的经济计划"，主张各国根据对自己国内经济计划的估计来自行决定它需要通过贷款方式或供应物资方式获得援助。莫洛托夫外长在发言中认为，这是关系到每个国家主权的问题，其他各国不应干涉。他指出，援助并不是单方受益，美国的援助会大大促进欧洲复兴；但美国正好可以利用它可能实行的信贷来扩大国外市场，以回避日益逼近的战后经济危机带来的危害。在三国外长会议期间，6月29日莫斯科电台广播了塔斯社有关苏方观点的报道，内容就是莫洛托夫发言的精神：反对任何基于一些国家干涉其他国家事务的欧洲合作；反对全面调查或估计欧洲的需要；每个国家要自行确定它的需要；纳粹侵略的受害国应享受优惠待遇。

苏联在三国外长会议上没有采取积极的合作态度，似乎与苏联对美国经济形势和美国的政治目的判断有关。据冷战后公布的材料，1947年6月24日，苏联接受英、法邀请之后，苏联经济学家叶甫根尼·瓦尔加在为政府提供的一份报告中写道：美国的经济处境是推行马歇尔计划的决定性因素，美国需要马歇尔计划是为了处理掉过剩的产品和减缓预期的生产过剩危机。马歇尔计划除了为美国的利益提供贷款和价值上亿美元的货物给那些能偿还得起的债务人，它也一定努力从中得到最大的政治利益，其政治目的是确立一个在美国领导下的资产阶级国家集团。同一天，

WPO & CMEA

苏联驻美大使尼古拉·诺维科夫在回答来自国内的咨询时写道，马歇尔计划的结果是确立一个西欧集团作为美国政策的工具。可以想象，当美国提出马歇尔计划时，它不能预知苏联是否参加这个计划。但美国宣称任何妨碍其他国家复兴的政府不能指望得到美国的援助，这很明显是直接针对苏联的。

英、法两国没有因为三国外长会议的失败终止接受美援的步伐。1947 年 7 月 4 日，也就是会议结束的第二天，英、法两国政府邀请欧洲 22 国参加于 7 月 12 日在巴黎召开的会议，同时把邀请书的复本连同一封信交给苏联驻法国大使，东欧的波兰、捷克斯洛伐克、匈牙利、南斯拉夫、罗马尼亚、阿尔巴尼亚还有芬兰都在被邀请之列。但是，苏联的态度直接影响了东欧国家的决定，最初表示要参加巴黎会议的捷克斯洛伐克和波兰也受到苏联的明令禁止，莫斯科电台还在 7 月 8 日宣布波兰、南斯拉夫和罗马尼亚拒绝参加会议，7 月 10 日宣布芬兰和阿尔巴尼亚拒绝参加会议。

1947 年 7 月 12 日，除了苏联和东欧国家及芬兰外，英国、法国、奥地利、比利时、丹麦、希腊、冰岛、爱尔兰、瑞士、土耳其、意大利、卢森堡、荷兰、挪威、葡萄牙、瑞典 16 国出席了在巴黎召开的欧洲经济会议，会议拟就的报告要求美国提供 220 亿美元的援助。

面对欧洲的积极反应，美国加快了通过马歇尔计划的步伐。1947 年 12 月 19 日，美国总统杜鲁门向国会提交了"美国支持欧洲复兴计划"草案，要求国会在 1948~1952 年拨款 170 亿美元。这一草案于 1948 年 3 月在参议院和众议院分别被通过。该计划授权在 12 个月内给欧洲 53 亿美元经济援助，以后逐年审批援助额。成立经济合作署负责向美国企业采购西欧所需的物资，提供给受援国。售出物资后的货款和美国的特别账户构成"对等基金"，该基金的 95% 归受援国使用，其余 5% 由美国支配。

马歇尔计划在 1948～1951 年共提供了 129 亿 9240 万美元，启动了西欧经济的复兴。

四　苏联加强对东欧的控制

共产党情报局的建立

苏联在战后比较信守《雅尔塔协定》，虽然在欧洲甚至亚洲都出现了革命的形势，但它只是给予谨慎的支持。斯大林在 1946 年 9 月 17 日答英国记者问时说，苏联和外部世界"和平合作的可能性不仅不会减少，甚至能够增加"。他还提出在苏联一国建立共产主义的问题，打消西方对苏联推行世界革命的顾虑。

西欧的一些国家像法国和意大利，共产党人的力量是在反法西斯抵抗运动中成长起来的。他们在反法西斯战争中发挥了积极作用，在群众中赢得了很高的声望。在战后经济衰退的形势下，这些国家的共产党对未来的设想也让人们看到了建立公平社会的前景。在战后初期，这些国家组成的联合政府中，共产党成为占主要地位的政治势力之一。法国共产党在 1946 年的国民议会选举中获得了 182 席，占议会席位的首位。意大利共产党与社会党组成联盟参加了战后的联合政府。但是，在 1947 年 5 月形势发生了变化，法国共产党在政府中的 5 名部长因支持雷诺工厂罢工被免职，法国共产党成为在野党。同一个月，由于意大利社会党内部发生分裂，意大利内阁被解散，重新组建的天主教民主党和无党派联合政府排斥了共产党。在比利时和卢森堡的政府中，共产党也失去了自己的地位。并且，随着冷战的开始，西欧国家中反共的右翼势力得到了美国的支持，这些国家的共产党重返政府的希望越来越渺茫。

WPO & CMEA

对于苏联来说，战后它本来奉行西欧国家共产党参加联合政府的政策，甚至对东欧国家也是如此。西欧形势的变化让苏联感到十分担心。一是苏联共产党与西欧国家共产党缺少沟通，对他们采取的策略和行动不了解，使得苏联难有所为；二是如果东欧各国政府发生类似的变化，将直接影响苏联的利益。因此，苏联对这种局面必须加以控制，这就使得组建一个欧洲国家共产党国际机构的问题被提上了日程。

斯大林最初与南斯拉夫共产党领导人铁托和保加利亚工人党领袖季米特洛夫商谈新的国际组织问题时，设想的是建立一个情报性质的机构，以便交换情报和交流经验，宣传苏联和东欧人民民主国家，支持世界上的进步民主运动。斯大林还特别强调不应以任何形式恢复共产国际。苏联因此有意回避作为召开会议的发起人，建议由波兰工人党的领导人发出召开会议的邀请。

1947年9月22日，来自南斯拉夫、捷克斯洛伐克、保加利亚、匈牙利、罗马尼亚、法国、意大利，以及苏联和波兰共9个欧洲国家的共产党和工人党代表参加情报局的成立会议。会议是秘密举行的，所以会议地点选择了波兰西南部的一个小城什克拉尔斯卡－波伦巴。会议通过了《关于国际形势的宣言》。《宣言》指出，战后国际舞台上的基本政治势力已重新配置，世界形成了帝国主义反民主的阵营和反帝国主义的民主阵营。对美国和帝国主义阵营不能让步，否则就像慕尼黑政策纵容了希特勒侵略势力一样。《宣言》反映了苏联已经彻底放弃与西方的合作，结束了以往与西方的同盟关系而走向对峙。在此之后，两个阵营的说法被普遍应用。

共产党情报局的成立还有一个含义，就是再次确立苏联为世界共产主义运动的中心。一是要求各国共产党在巩固自己在本国的政治地位时，要考虑作为民主和社会主义主要支柱的苏联的威力的巩固；二是各国共产党应该公开支持苏联爱好和平和民主的政策，这种政策是符合其他各国爱好和平的人民的利益的。这实际上反映了苏联把自己的地位和利益放在了首位，以此作为衡量各国共产党的决策和行动的尺度，很容易把各国共产党与苏联之间的分歧和矛盾上纲上线。这一点在情报局成立会议上就已经表现出来，由苏联唱主调，掀起集体批判法国共产党和意大利共产党的浪潮。而不久之后，苏联批判的目标对准了南斯拉夫共产党。

苏南冲突

在东欧国家中，南斯拉夫的情况比较特殊。铁托领导的南斯拉夫共产党在抗击德、意法西斯战争中，组织游击武装，为解放南斯拉夫发挥了巨大作用，南共的影响力及其领导的武装力量是东欧其他国家不能与之相比的，因而南共具有更大的独立性。

战后初期，由于东欧国家新成立的人民民主政权缺乏执政经验，在经济建设和组建人民军队的过程中，都得到苏联的帮助。苏联派遣军事顾问、专业技术人员和干部到东欧各国，也包括南斯拉夫，在军队建设及其他各个部门的建设中都发挥了一定的作用。但是，这些人员在完成援建任务后并没有主动撤出来。他们虽然不是引发苏南矛盾的关键，但却是苏联拉开苏南冲突序幕的借口。1948年3月18日，莫洛托夫致电铁托，说南斯拉夫经济委员会副主席向苏联商务代表宣布，根据南斯拉夫政府的决定，不准向苏联机构提供经济情报。苏联认为，双方曾有一个苏联政府机构可以自由获得这类情报的协议；并且认为，南斯拉夫政府没有预先通知也未解释原因，单方面采取这一措施是对苏联驻南斯拉夫工作人员的不信任行为和对苏联不友好的表现，因此苏联政府命令召回所有派往南斯拉夫的文职专家和其他工作人员。同一天，苏联驻南斯拉夫军事顾问团团长巴尔斯科夫将军通知铁托，苏联政府已决定立即撤回其全部军事顾问和教官。

1948年3月27日，苏共中央在回复铁托对苏联撤离专家一事的质询时，把矛头对准了南斯拉夫共产党，批评南共散布反苏言论，没有制止对苏军的诽谤，在国内制造反苏气氛；指责南共丧失了党的领导作用，融化在人民阵线中，在报刊上见不到党组织的决议和党的会议公报，党几乎处于半合法地位，这样不能认为南共是马列主义政党，要求南共撤换其领导。随后，苏共把信件的副本转发给共产党情报局各个成员党，使得它们只听到苏共的一面之词。

苏共还不顾南共的反对，单方面把苏、南两党的分歧提交共产党情报局讨论。1948年6月在罗马尼亚的首都布加勒斯特举行了共产党情报局会议，由于南共拒绝参加，会议批评了南共的内外政策，在苏共的坚持下，通过了《关于南斯拉夫共产党状况的决议》，把南共开除出共产党情报局。

苏南冲突的一个严重后果是，紧随其后的是东欧各国在党内的"大清洗"。苏联把它与南斯拉夫的矛盾公开化、扩大化就是一个信号，东欧各国要紧随苏联的脚步。在东欧国家内，凡是主张走本国独立发展道路的人都被扣上"右倾民族主义者"的帽子，或是被看做是"与铁托集团勾结的叛徒"，制造了一系列冤假错案。波兰工人党总书记哥穆尔卡、匈牙利的拉伊克、罗马尼亚的巴特勒什卡努、保加利亚的科斯托夫、阿尔巴尼亚的科奇·佐泽等，一大批党的领导干部被撤职拘禁，其中一些人被视作人民的敌人而遭处决。

阿尔巴尼亚也脱离了南共的影响，和苏联靠近了。阿尔巴尼亚共产党①力量相对较弱，1941年才建立起自己的政党，在意大利占领时期仅有200名党员。在战争期间，来自南斯拉夫的顾问

---

① 阿尔巴尼亚共产党于1948年改名为阿尔巴尼亚劳动党。

为他们提供军事和组织上的指导，因此它是战后东欧唯一一个没有得到苏联直接援助，领土上也没有苏联军队的国家。

阿尔巴尼亚共产党领导人恩维尔·霍查在党的成立大会上被推举为临时书记，当时只有 33 岁，他并不是南共最喜欢的人，南共一直希望找到一个更顺从的人取代霍查，所以霍查始终面临着党内分裂主义的威胁。苏南冲突的爆发，使得霍查得到完全摆脱南斯拉夫共产党控制的机会。在共产党情报局布加勒斯特会议后，阿尔巴尼亚共产党虽然不是共产党情报局的成员，但积极响应共产党情报局关于南共的决议，发表公报公开批判南共领导。阿尔巴尼亚政府还宣布停止履行战后与南斯拉夫签订的各种条约和协议，令南斯拉夫专家立即离境。阿尔巴尼亚开始直接听命于苏联，在后来的经互会和华约组织中才有了阿尔巴尼亚的身影。

单一党派政权

杜鲁门刚上任时，美国驻苏大使哈里曼为他分析苏联对外政策时提出，苏联人相信自己能成功地采取两种政策：一是与美、英合作的政策，另一个是扩展苏联对邻国控制的政策。杜鲁门认为，苏联政府在战后重建计划上需要美国的帮助，因而不希望和美国闹翻。美国当初的这一推测并非没有道理。当欧洲战场尘埃落定之时，我们确实看到苏联在两种政策间保持平衡，既实施对东欧的占领，又遵守雅尔塔协定，尽可能从速经由自由选举以建立对于人民意志负责的政府。在东欧国家选举过程中，政党力量的形势相当复杂，苏联没有利用自己在同盟国监督选举委员会中的地位，强求扶植这些国家共产党，而是原则上要求政府中必须有共产党的位置，基本认可了这些国家选举产生的新政府。

匈牙利就是一个明显的例子。1945 年 11 月匈牙利举行全国大选，代表富裕农民和城市小资产阶级的独立小农党获得了

57％的选票，共产党和社会民主党分别获得17％和16.5％的选票，这基本上反映了战后匈牙利政治力量对比的现实。1946年初，匈牙利建立共和国，组成了以小农党领导人迪尔蒂·佐尔丹为共和国主席，小农党领导人纳吉·费伦茨为总理，有共产党、社会民主党和民族农民党参加的联合政府，得到了苏联和美国的承认。

捷克斯洛伐克于1946年5月举行了战后第一次议会选举，捷克共产党获得了38％的选票，三个资产阶级政党联合获得48％的选票。情况稍有不同的是，捷共领导人哥特瓦尔德出任新组成的民族阵线政府总理，而在26名政府成员中，共产党占9人，资产阶级政党是12人，政府中最重要的外交部长和国防部长由无党派人士扬·马萨里克和鲁·斯沃博达担任，共产党人仍占政府中的少数。

联合政府是否能在东欧国家长久存在下去是个问题，因为东欧国家的政党政治发展很不成熟，党派间的斗争迟早要有个结果。但是结果并非没有选择。当时苏联承认东欧国家建立联合政府的策略，就是考虑到了战后继续保持它与西方盟国的合作关系，因此不急于让东欧各国加速社会革命进程，走苏联式的道路。在东欧各国，许多党的领导人认识到战后的政治现实，也都提出过人民民主道路问题。其中比较有代表性的是波兰工人党总书记哥穆尔卡，他认为波兰特有的发展道路是以议会民主制为基础的，在政治上，强调波兰工人党与民主党派合作；在经济上，在对大工业和银行实行国有化的同时，允许合作社、私有经济等多种经济形式的存在，保留土地改革后在农村形成的个体经济形式，社会经济的变革和社会主义因素的增长将逐步得到实现。

这一人民民主道路的实践很快被中断了。由于冷战形势的出现，东欧国家共产党与其他政党较量的步伐加快了，特别是在苏南冲突之后，东欧国家的政治加速向单一政党政权转变，同时开始全盘接受苏联的经济模式。

在匈牙利以"反共和国阴谋案"为引线，迫使总统迪尔蒂·佐尔丹和总理纳吉·费伦茨同意逮捕议会中所有受指控的小农党议员。权力斗争的结果，在 1947 年 6 月，纳吉·费伦茨辞去总理之职，带着 4 岁的儿子流亡国外。之后举行的议会大选，匈牙利共产党获得 22% 的选票成为议会第一大党，小农党获得 15% 的选票，社会民主党得到 11% 的选票。1948 年 6 月，匈牙利共产党与社会民主党实现合并，成立匈牙利劳动人民党。为了响应对南斯拉夫的批判，劳动人民党总书记拉科西提出了人民民主制向无产阶级专政的转变，取消多党制。到 1949 年底，反对党被迫解散，愿意同共产党合作的民族农民党和独立党在组织上自行消亡，劳动人民党成为匈牙利唯一的政党。同时，匈牙利加快了农业合作化运动的步伐，提出 3～4 年间使 90% 的农民和 95% 的土地合作化；仿照苏联模式制定发展国民经济五年计划，加速以重工业为主的工业化。

波兰在 1947 年初举行了议会选举，波兰工人党最大的竞争对手是米柯瓦伊契克领导的波兰农民党，米科瓦伊契克当时任政府副总理兼农业部长，在战前许多政党退出政治舞台后，他成为反对派的唯一代表。从现实政策讲，他并不是反苏的，他既看重波兰与西方的关系，也希望莫斯科相信他能建立一个对苏友好的政府，但是他想在未来的政府中占绝对优势，不仅波兰工人党而且莫斯科都决不会答应的。为了确保选举中的胜利，波兰工人党、波兰社会党与两个民主政党组成民主联盟，联合提名候选人，结果他们获得 80.1% 的选票，米柯瓦伊契克的波兰农民党仅获得 10.3% 的选票；在 144 名议员中，民主联盟占了 94 席，波兰农民党占 28 席。在此之后，波兰农民党内部发生分裂，它的发展也受到遏制，地方党部被关闭，米柯瓦伊契克及其部分亲信逃往国外。

由于选举的胜利，波兰工人党与社会党的统一也就提上了日程。针对工人党内有把社会党"吞食"掉的思想，哥穆尔卡提出，创造一个单一的工人阶级政党是一个长期的思想转变过程，机械的统一只是使两党合并起来而不注意两者之间的分歧。但当批判右倾民族主义浪潮来临时，哥穆尔卡被指责热衷于搞思想妥协，对两党统一中的民族主义和机会主义倾向的危险视而不见。这实际上是把波兰独特的发展道路看做是民族主义的，看做是对苏联社会主义建设经验的怀疑。苏联模式成为唯一的选择，哥穆尔卡被解除了党的总书记的职务。1948 年底，波兰工人党与社会党合并为波兰统一工人党。

罗马尼亚和保加利亚也都经历了类似的转变过程。捷克斯洛伐克政权问题在 1948 年二月事件后也有了结果，对于 12 名资产阶级部长辞职导致的政府危机，捷克共产党采取了强硬的态度，迫使总统贝奈斯接受他们的辞呈，重新组建新政府，捷共在新政府中取得了绝对优势地位。1948 年 6 月，贝奈斯辞去总统职务，哥特瓦尔德被国民议会选举为共和国总统，捷共也与社会民主党实现统一。

总括语

19 48 年是东欧各国政治发展发生重要转折的一年，从此结束了这些国家政治生活的多元化和经济多种形态的发展。它的直接后果就是照搬建设社会主义的苏联模式，苏联与东欧各国更加紧密地联系在一起。

就在这一年，苏联与罗马尼亚、保加利亚、匈牙利签订友好互助条约，正是通过这些双边条约，苏联在自己的西部从北到南建立了一条安全的中间地带，主要针对的还是防止德国或以直接间接方式与德国勾结的其他国家再一次侵略的威胁。苏联一个有利的条件就是，除了在柏林和奥地利有苏联单独的军事占领区外，在波兰、匈牙利和罗马尼亚也都有苏联驻军，由此确立了战后社会主义阵营的安全体系。

而在拒绝了马歇尔计划之后，苏联加强了与东欧国家的经济合作，缔结双边贸易协定。由于美国采取的遏制政策，西方国家限制向东欧国家出口贸易，美国更是在1948年3月，由国会批准停止对社会主义国家的一切出口，这使得苏联与东欧国家不得不建立社会主义国家间的经济合作体系，经济互助委员会应运而生，从而形成了一套与西方资本主义国家平行的经济运作机制。

苏联与东欧国家的特殊关系以二战为介质，由于国家利益和意识形态等因素的多重作用，强化了这种关系，也使得东西方的对峙持续了近半个世纪。

华沙条约组织
（The Warsaw Pact Organization）

李锐 吴伟 编著

列国志

第一章

华沙条约组织的建立

20 世纪 50 年代中期，随着朝鲜战争的结束，欧洲出现了新的政治形势。冷战格局基本稳定之后，东西双方各自都开始加强内部建设，巩固合作关系。美国把重新武装西德（即联邦德国）当作构建西欧防务体系的重要一环，由此引发德国问题成为东西方斗争的焦点。这是导致华沙条约组织建立的直接原因，只不过此时和西方唱对手戏的由斯大林换成了赫鲁晓夫，使苏联的对外关系带有某些个人色彩，苏联与东欧国家的同盟关系也由于华沙条约组织的建立而具有新的特点。

一 西方军事合作的加强

北约的成立

其 实人们一直有个疑问，为什么在 1949 年北大西洋公约组织（简称北约）成立之时，苏联领导的社会主义阵营没有随即建立一个军事集团与北约相对抗？华沙条约组织（简称华约）的成立推迟了 6 年，就是说在这 6 年中又发生了哪些变化，促使苏联调整对抗战略。华约的建立并不是东方阵营单方面的举动，所以我们还要回过头去看西方策略的变化。

二战结束初期，美国并没有打算留在欧洲，除了在德国西部占领区外，它已经开始从欧洲大陆撤军。英国和法国不得不考虑战后欧洲的防务问题。而事实是，法国军队在战争中的溃败，英国的衰落，表明没有一个西欧国家有能力承担保卫欧洲大陆的义务，因此欧洲防务的关键是拉住美国，得到美国的援助和支持。英国外交大臣贝文比较懂得美国领导人的心理，知道英、法两国如果首先实现合作就有可能指望美国的参与。此时法国总理莫·古里安正好向英国建议签订英法联盟条约，因为法国与德国是夙敌，它比英国更担心西德的复活，希望与英国联手掌控欧洲大陆的安全。这与贝文的想法正相吻合，贝文做出了积极的回应。1947 年 3 月，英、法两国特意选择敦刻尔克这个有象征意义的地点，签订了为期 50 年的联盟条约，条约的主旨仍是防止德国东山再起。

比英法联盟更早提出合作的是欧洲西部的 3 个小国比利时、荷兰和卢森堡。它们在战后欧洲的联合中表现得非常积极，是欧洲经济政治一体化的积极倡导者。其原因很简单，荷兰和比利时在第二次世界大战中都受到了德国的侵略，荷兰抵抗了 5 天，比利时抵抗了 18 天。在法西斯德国的占领下，人民遭受了深重的苦难，荷、比两国对战争的恐惧与厌倦使之寻求永久和平的办法，认为只有加强国与国之间的经济联合，才能使反对侵略战争从物资的准备上成为可能。正是认同了这一观念，1944 年，比利时、荷兰和卢森堡 3 国在伦敦的流亡政府签署协议，确立了比荷卢关税联盟。1946 年上述 3 国决定将关税联盟扩大成为经济联盟，在经济领域拥有更强的力量。3 国联盟的顺利发展引起西欧其他国家的注意，法国、意大利都表示了合作的意愿，希望西欧各国紧密地联结在一起，防止战争再次爆发，使经济联盟走向政治联盟成为必然趋势。

　　为此，英、法两国与比、荷、卢3国走到一起。1948年3月5日，英国、法国、比利时、荷兰、卢森堡5国代表在比利时的布鲁塞尔举行谈判，最终缔结了一项由5国参加、以军事同盟为核心、包括政治经济文化的"合作和集体防御条约"，通称《布鲁塞尔条约》。与敦刻尔克条约不同的是，该条约不再明确针对德国的侵略，只是在第7条的第2点中提到，如遇到德国复活侵略政策时，缔约国就应采取的态度和步骤进行磋商。而在反映《布鲁塞尔条约》防务宗旨的第4条中规定，任何一个缔约国在欧洲国家成为武装攻击的目标时，其他缔约国应依照联合国宪章第51条的规定，向受攻击的缔约国提供它们力所能及的一切军事的或者其他的援助。

　　这里提到了联合国宪章第51条，为其防务作理论根据，那么在后来北约成立乃至华约建立也都写入了这一条款，它的具体内容是什么呢？联合国宪章第51条规定："联合国任何会员国受到武力攻击时，在安理会采取必要办法以维持国际和平及安全以前，本宪章不得认为禁止行使单独或集体自卫之自然权利。会员国应行使此项自卫权而采取之办法，应立刻向安全理事会报告。此项办法于任何方面不得影响该会按照本宪章随时采取其所认为必要行动之权责，以维持或恢复国际和平及安全。"从联合国宪章本身的旨意来讲，它所要打破的正是过去那种以军事同盟来影响国际局势的状态，而建立大国协商制度，以稳定世界的政治格局。该条款是为了维护会员国的正当自卫权。但是，西方国家利用它来重建军事同盟，实际上是突破了联合国对其行为的约束，带有导致新冲突危险的因素。

　　《布鲁塞尔条约》虽然没有直接说明它是针对苏联向西扩张的威胁，但以当时欧洲正在形成的冷战形势看，在欧洲具有武装攻击实力的恐怕只有苏联，因而该条约的性质不言而明。贝文为了使这个西方联盟发挥作用，希望以此条约为基础，建立一个共同的军事体系。1948 年 9 月，英、法、比、荷、卢 5 国国防部长聚集巴黎，讨论建立西方联盟总司令部，总部设在枫丹白露；同时建立 5 国参谋长联席会议，由英国陆军元帅蒙哥马利领导。

在西欧国家搭起了防务框架之后，就有了与美国谈判合作的基础。美国自然也不会放过与西欧国家再次密切接触的机会。美国总统杜鲁门在《布鲁塞尔条约》签订的当天就表示了支持的态度。他说，美国将以适当的方式，根据形势需要，对这些自由国家提供援助。之后，美国约请英国和加拿大的代表会晤，商讨北大西洋区域集体防务计划。美国准备在未来与西欧国家的合作中成为核心，并承担义务。

1948 年 6 月 11 日，美国参议院以 64 票对 4 票通过范登堡提出的一项决议案，敦促美国通过立法程序，参与某些区域性或集体性组织，这些组织必须是建立在持久有效的自助和互助基础上的，并且与美国的安全息息相关。这就为美国与《布鲁塞尔条约》建立联系提供了通道。7 月 6 日，美国副国务卿洛维特受命与加拿大、英国、法国、比利时、卢森堡和荷兰等国的大使举行了第一次非正式会谈，发表了两个月之后在华盛顿讨论有关安全问题的备忘录，规定了即将成立的北大西洋公约组织的性质、范围、缔约国承担的义务等。在美国与西欧国家商讨防务联盟期间，爆发了柏林危机，促使一些原本持中立立场的西欧国家加入美国防务计划里来。1949 年 4 月 4 日，美国、加拿大就与《布鲁塞尔条约》初始缔约国英国、法国、比利时、荷兰、卢森堡，以及后来参加《布鲁塞尔条约》的丹麦、挪威、冰岛、葡萄牙、意大利等 12 国，在华盛顿举行了《北大西洋公约》的签字仪式。美国参议院在 7 月份通过了这项条约，美国正式与西欧国家结成军事防务联盟。按照条约规定，它的期限为 20 年，除非提前两年通知终止条约，否则条约将自动延期。

苏联对《北大西洋公约》签订的反应很明确。当美国发表有关北大西洋区域集体安全声明时，苏联政府就做出回应，指出：《北大西洋公约》决不是为了自卫，而是为了实现一种侵略政策，为了实行制造一次新战争的政策。1949 年 3 月 31 日，苏联政府还向美、英、法等国政府提出备忘录，再次指责《北大西洋公约》是针对苏联的。但是，在北约成立后，苏联并没有采取更实际的行动，斯大林认为没有必要把自己的势力集结成联盟对抗北约。一方面，苏联与东欧国家通过双边条约已经形成了防务联盟，苏联在东欧国家还驻扎有军队，这比刚刚成立的北约更有实效；另一方面，来自西方内部的情报表明，北约在成立后的几个月中并没有从物质上提高军事能力，即是美国并没有给予西方盟国实质性的军事援助，北约还只是个抽象的联盟。显然，北约建立初始尚未对东方阵营的利益构成严重威胁，而苏联对东欧的控制也足以应付这一挑战，因此建立一个与北约相对抗的军事组织当时还没有在苏联的考虑之列。

1950 年朝鲜战争爆发，美国开始重视加强西欧盟国的军事力量，给了北约国家价值 1 亿美元的军事物资援助。英国在美国的压力下宣布重整军备计划，在支出 36 亿英镑后将军费提高到 41 亿，在 3 年内建立 6 ~ 10 个正规陆军师。同时，苏联也开始在东方集团内推行武器装备一体化标准。朝鲜战争的爆发让世界矛盾的焦点暂时由欧洲转移到亚洲，同时也促使西方国家考虑形成欧洲防御共同体，于是重新武装西德也被提上日程。

德国的分裂

德国在战后相当长时期内是东西方斗争的焦点。其根源不仅在于德国是二战的战败国，欧洲各国对它有防范心理；更重要的是，在处理战后德国问题上，美国、苏联和英国对德国采取了分而治之的策略。随着冷战形势的出现，苏联和西方国家间的较量首先在德国问题上展开，德国的分裂变得不可避免。

1945 年 6 月，苏、美、英、法 4 国发表关于德国占领区的声明：按照 1937 年 12 月 31 日即德国吞并奥地利之前的疆界分 4 个区，东区约 10.7 万多平方公里的领土由苏联占领，下辖 5 个州：梅克伦堡、勃兰登堡、萨克森－安哈耳特、图林吉亚和萨克森，人口 1700 多万；美国占领区为东南部 3 个州，面积及人口与苏占区差不多；英国占领区包括鲁尔工业区在内的西北 4 个州，面积为 9.7 万多平方公里，人口是 4 个占领区中最多的，达到 2200 多万；法国占领区是从美、英占领区分出来的西区，面积 4 万平方公里，人口 500 多万。各占区的军事管制机构由占领国家委派的总司令领导，只对占领国政府负责。4 国总司令组成盟国管制委员会，协调 4 国在整个德国的统一行动。

对德国的分区占领照顾到苏、美、英、法四方的利益，为各自取得战争赔偿提供了方便，同时由此埋下了分裂德国的隐患。各占领区实行的政策都以占领国的意志为主，盟国管制委员会虽然掌管全局，但从其组成看并不是一个具有权威的建设性机构，它通过的各项法令常常流于形式，无法在各占领区实施。

随着德国的经济恢复逐渐走向正轨，美国首先提出组成一个 4 国占领区的经济联盟。当时只有英国做出回应，因此美、英两国在 1946 年秋合并了它们的占领区，称为西占区，经济上采取统一的行动。当马歇尔提出复兴欧洲计划时，已经开始把德国占领区考虑在内，并且提出不让德国的经济复兴优先于欧洲其他国家，以消除英、法两国的顾虑。美国这样做的目的是让西部占领区得到部分经济援助，减少复兴欧洲的压力，更重要的是防止西部德国被拖入东方轨道。

1948 年，冷战的形势已经变得十分明显，捷克斯洛伐克的二月事件，让西方感到震惊，意识到东欧国家完全在苏联的掌控之下，因此美国决定抛开苏联在德国西占区采取单独行动。美国在德国的行动必然要有欧洲国家的支持，而此时美国国会通过实施马歇尔计划，它正可利用对欧洲的经济援助，推行美国的对德政策。1948年2~6月，美国、英国、法国、比利时、荷兰和卢森堡在伦敦召开了一次长达4个月的会议，讨论在美、英、法3个占领区单独建立德国政府的问题。

苏联认为，西方国家这样做，是为了把德国变为自己的据点，逐步将德国纳入反社会主义阵营的军事政治集团。苏联作出的第一反应是宣布退出盟国管制委员会，同时采取措施限制美、英、法3国在苏占区的交通运输。苏联从4月初起检查所有通过苏占区的美国人的证件，并对进出苏占区的货物进行检查，还对西占区与柏林之间的交通实施10天的限制。美、英、法3国没有止步，在未能与苏联达成协议情况下，于6月18日宣布在西占区实行币制改革。此前，4个占领区一直使用通用货币，它是联系整个德国经济的重要纽带。西方单方实施币制改革使得西占区经济自成一体，迈出了分裂德国的第一步。第二天，苏联政府发表声明，提出大柏林在苏联占领区内，经济上为苏占区的一部分，为防止对苏占区货币流通的破坏，不容许西占区发行的货币在苏占区和大柏林地区流通，对西占区进入柏林的道路实施交通管制。美、英、法3国仍按照伦敦会议商定的决议行事，6月21日在德国的西占区实行币制改革，两天之后又扩大到柏林的西方占领区。作为反击，苏联决定在苏占区和大柏林地区发行新货币，并从6月24日起以技术原因为由，切断西占区与柏林的交通联系和能源供应。

苏联对柏林的封锁一时使得形势十分紧张，美军驻柏林司令克莱向华盛顿告诫说，战争可能会戏剧性地突然爆发。箭虽在弦上，但双方都忍而未发，没有让柏林危机升级为武装冲突。在封锁时期，美、英利用空中走廊向西柏林的200多万居民运送粮食、煤炭和日用品，还禁止向苏占区运送煤炭和钢铁等物资，对苏占区和东柏林实行反封锁。

随着柏林危机的爆发，双方在柏林各自的占领区内建立了独立的市政机构，大柏林分裂成东西柏林两个部分。柏林危机持续长达 324 天，到 1949 年 5 月 4 日苏、美、英、法 4 方达成取消所有交通限制的协议，4 国重新召开外长会议讨论对德问题。苏联本来希望通过封锁柏林阻止或者至少能推迟德国分裂的进程，或者把西方排挤出大柏林，但是它的两个目的都没有达到，德国分裂实际上已不可避免。

1949 年 5 月 23 日，西占区通过《德意志联邦共和国根本法》，8 月举行了议会选举，基督教民主联盟和社会民主党获得了议会的多数，组成了以基民盟主席阿登纳为总理的联邦政府。8 月 20 日，联邦德国（即西德）正式成立，首都为波恩。联邦德国成立后，美、英、法 3 国并没有把全部主权交还西德，依照占领当局保持权力的占领法规，美、英、法 3 国对西德的行政立法有监督否决权，对其外交、国防、外贸保有管制权。

在苏占区，德国共产党和社会民主党合并组成的德国统一社会党主持了政府的组建工作。1949 年 10 月 7 日，德意志民主共和国（简称民主德国、民德或东德）宣布成立，人民议院选举德国统一社会党中央委员会主席威廉·皮克为总统，组成以奥托·格罗提渥为总理的第一届民主德国政府。苏联驻德国占领区总司令崔可夫大将宣布，苏联军事行政当局把行政权力移交给德意志民主共和国政府，同时设立一个苏联监察委员会实施监管。

西德加入北约

朝鲜战争的爆发促使美国及西欧盟友重新审视西欧局势，为应付与苏联可能的对抗，西欧国家开始考虑接纳西德为西方联盟的一员。1950 年 8 月西德成为欧洲理事会的联系会员国，第二年取得正式会员的资格。同年，美、英、法修改了占领法规，允许西德重建外交部，恢复了西德的部分主权，

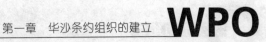

由总理阿登纳兼任外交部长。阿登纳是战后西德政府中一位非常积极和灵活的政治家，他通过加强与西欧国家的合作，不断谋求西德地位的提高。英、法分别在 7 月 9 日、15 日，美国在 10 月 9 日正式宣布结束对德国的战争状态。

为西德松绑实际上是美国加强西欧防务战略的一部分。美国总统杜鲁门宣称："没有德国，欧洲的防御不过是大西洋岸边的一场后卫战。有了德国，就能够有一个纵深的防御，有足够的力量对付来自东方的侵略。"艾森豪威尔将军在北大西洋联盟会议上直言不讳地说，美国无论在地理上或是在军事上，都需要西德的帮助，如果美国能够利用西德的力量，继续组织欧洲军，美国就会较快地达到自己的目的，因此美国支持重新武装西德。

法国坚决反对建立一支纯粹的德国人的军队。法国总理勒内·普利文提出了一项折中方案，即设立一个部长级人员组成的欧洲防务委员会，各成员国派出军队组成一支欧洲军，西德可以加入欧洲军，但是不能单独行动，也不能有自己的国防部、国防军和参谋部。美国赞成组织欧洲防务委员会的计划，但仍坚持重新武装西德。普利文计划因此做了修改，组成由法国、西德、意大利、比利时、荷兰、卢森堡武装部队参加的欧洲防务集团，必要时以美、英在欧洲驻扎军队作为附加条件。但由于联邦德国的地位问题没有解决，以及德、法之间的在萨尔问题上的争端，这项计划迟迟没有实施。

直到 1952 年 5 月 26 日，美、英、法与西德签订相互关系条约，结束了 3 国对西德的占领，将实际主权归还给联邦德国。第二天，法、意、荷、比、卢和西德 6 国在巴黎签订了《欧洲防务集团条约》。条约声称，欧洲防务集团是超国家性质的防御性组织，在《北大西洋公约》范围内参加西方的防务工作；对其任何成员国或对欧洲防务军的一切武装攻击，将视为对全体成员国的攻击。条约规定，在 3 年内建立由 40 个师组成的一体化军队，这支欧洲防务军隶属于北大西洋公约组织的最高司令统率，在战时也由北约组织最高司令行使其职权所赋予的全部权力和职责。

法国在《欧洲防务集团条约》上签了字，却招致国内的一片批评。由于法国当时陷入印度支那战争，致使国内矛盾重重，法国内阁更迭频仍。法国国内舆论认为头等大事是解决印支问题，因此各届政府都不愿把条约提交议会批准。1954 年 4 月签约的 6 国只剩下法国和意大利没有完成对条约的批准手续，西德能否作为主权国家成为西欧联盟的一员到了决定性的时刻。法国激进党人孟戴斯－弗朗斯组阁后，在日内瓦签订了印度支那停火协议，然后才把《欧洲防务集团条约》提交法国国民议会表决。8 月 30 日，法国国民议会在 8 月 30 日的表决中以 319 票对 264 票否决了该条约，使得建立有西德军队参加的欧洲军的计划流产。

美、英对此结果很是失望，但并没有放弃，而是很快又找到了一个替代方案。英国首相艾登积极游说法、意、荷、比、卢和西德 6 国，提出了"艾登计划"，即由西德先加入《布鲁塞尔条约》，再参加北约组织，同时保证英、美在西欧的驻军，以解除法国对西德重新武装后会形成军事优势的顾虑。1954 年 9 月 28 日，美、英、法、意、西德、荷、比、卢和加拿大 9 国外长在伦敦举行会议，讨论英国首相艾登提出的方案。尽管法国仍要求限制西德，不希望西德成为北约中平起平坐的伙伴，但美国坚持减少对西德的管制，在北约范围内监督西德武装力量，最后双方在伦敦会议上达成妥协。10 月 23 日，美、英、法等西方国家签订《巴黎协定》，决定承认西德政府，吸收它加入北约组织。

法国国民议会在 12 月 24 日第一次讨论《巴黎协定》时，否决了其中关于重新武装西德的条款。英国外交部很快发表声明，向法国施加压力，让法国意识到重新武装西德已是不可争议

的结果，迫使法国国民议会在 12 月 30 日第二次讨论时批准了
《巴黎协定》。在各国完成批准手续后，1955 年 5 月 5 日，《巴黎
协定》正式生效，美、英、法 3 国废除了对德国的占领法规，
西德获得了完整的主权，并作为平等的一员加入西欧联盟和北约
军事集团。

二 苏联悄然调整对外政策

东方阵营面临挑战

美国和西欧国家采取的德国政策对苏联领导的东方阵营
确实是个挑战。由于苏联在德国东部占领区驻扎有军
队，民主德国政府成立之后苏联并没有在占领区内建立东德的军
事力量，仅有一支警察部队负责维持社会治安。当美国和西欧国
家逐步把西德纳入西方防御体系时，西德重新武装的态势变得日
益明朗化，民主德国对于这种形势和自己的地位深表担忧。

1952 年 4 月，民主德国由高层领导人组成的代表团来到莫
斯科，与苏联商谈德国的形势和应采取的对策。民主德国领导人
关心的主要问题是，苏、美、英、法 4 国是否要召开对德和约会
议，东德所能期待的结果是什么？如果举行全德自由选举，东德
是否应该针对这样的选举掀起一次群众性运动，努力推翻阿登纳
政府？德国统一社会党在未来将怎样继续与西德作斗争？特别是
在面临西方的威胁情况下，东德应该采取怎样的军事防御措施？
正是在这次会谈中，苏联提出了在东德建立一支防御部队的问题。

根据档案记录，在 4 月 1 日东德领导人与斯大林会谈时，东
德总统威廉·皮克介绍说，现在东德有一支人民警察，但这不是
防御部队，装备很差，有的只是缺少子弹的左轮手枪。德国统一
社会党书记乌布利希补充说，世界上没有这样的警察部队，他们

在对抗犯罪时都不能保护自己。斯大林询问：为什么会造成这种情况？乌布利希说，因为有 4 国协议的限制，东德不能生产自己的武器。斯大林说，你们没有很好了解你们的权利，你们有权保持自己的受过良好训练、有着良好装备的警察队伍。当皮克问东德是否应该设法建立一支军队时，斯大林回答说，你们需要建立一支军队。皮克担心东德建立军队会与以前宣传的德国非军事化、和平主义相冲突。斯大林说，是西方国家在西德破坏了所有的协议，为所欲为，对邪恶不用暴力抵抗不是和平主义；但斯大林主张，东德此时不必要弄出很大的动静，不要宣传，等军队建立之后再说。

在 4 月 7 日两国领导人的会谈中，斯大林又提出要用苏联的武器来武装东德的警察和军队。他说，阿登纳已经在美国人的口袋里了，事实上一个独立的国家已经在德国西部建立。东德也应该组织一个独立的国家，东西德之间的界线应该被看做是一条边界线了。要加强这条边界的防御，东德人守卫在防御的第一线上，苏联的部队放在第二线。

从苏联与东德领导人的会谈可以看出，当东德、西德两国政府建立时，苏联和东德还没有放弃统一德国的策略，还希望通过苏、美、英、法 4 国谈判来解决德国问题。但是现在苏联意识到，分裂是不可避免了，应该加强东德的防卫力量，成为抵御西方的第一道防线。

东德的地位对于苏联和东方阵营的安全有着重要的意义。1953 年 6 月 17 日东柏林发生了工人和市民的示威游行，引发了全国 30 多万人的罢工浪潮。苏联驻军出动坦克镇压了东柏林的骚乱，控制住整个局势。尽管柏林还是四国占领区，美、英、法 3 国对苏联的行动提出了抗议，但是它们不能干涉和插手苏联占领区的事务，干涉就意味着战争，柏林的分裂也已成为事实。东德的建立并没有得到西方的承认，从经济实力讲它也大大不如西占区，因此东德迫切需要确立自己的地位，建立自己的军队，加强对内控制和对外防御。

东欧国家的领土之忧

西德的复兴对于东欧国家来说涉及国家与民族的现实利益，最重要的就是领土和疆界问题。1938 年慕尼黑协定之后，匈牙利和波兰都向捷克斯洛伐克提出了领土要求。根据德、意两国对匈、捷领土冲突的维也纳仲裁，斯洛伐克南部的匈牙利族聚居区被划给了匈牙利，之后匈牙利又占领了外喀尔巴阡乌克兰。波兰则把军队开进了波兰人聚居的西里西亚的切欣。1945 年 1 月，同盟国在与匈牙利签署的停战协定中，宣布了维也纳仲裁无效，匈牙利让出了所吞并的领土。但不久，1945 年 6 月，苏联又与捷克斯洛伐克签订协定，把外喀尔巴阡乌克兰合并到苏联的乌克兰共和国。同时，苏联说服波兰把切欣归还给捷克斯洛伐克，而匈牙利多瑙河岸的三个乡村连带土地被割让给捷克斯洛伐克作为补偿。随着领土的变迁，引起大规模的人口迁移。根据《波茨坦宣言》，波兰、捷克及匈牙利的德国居民应遭返德国。据估计，在战后初期有上百万德国人被迁走，波、捷、匈有大批本国居民迁到边境地区。

波兰的领土问题则更为敏感。根据《雅尔塔协定》和战后波、苏两国签订的疆界条约，波苏边界依照寇松线划分，战前属于波兰的西乌克兰和西白俄罗斯被划给了苏联，波兰失去近 18 万平方公里的东部领土，为此波兰被许诺在北方和西方获得领土补偿。在《波茨坦公告》中，把以前德国的东部领土，自史温曼德（又译斯维内蒙德）以西的波罗的海沿奥得河至与尼斯河西段汇流处，再至捷克斯洛伐克边境，还包括部分东普鲁士和但泽自由区，划归波兰。波兰人虽对东部领土的丧失十分不满，但已是既成事实，而波兰从德国获得 10 万多平方公里土地的补偿，却是一个待定的结果，因此西部的奥德－尼斯河边界线一直是波兰的一块心病，即使到 1950 年波兰和民主德国签订了边界协定，确认了这条边界，波兰仍担心德国的卷土重来。

奥地利模式

就在德国形势发生不利于苏联和东欧的变化时，苏联开始重新启动对奥地利和约的谈判。

奥地利在战后的地位十分特殊，由于 1938 年它被德国吞并，作为德国的一部分参加了第二次世界大战，因此苏联和西方盟国在战后对奥地利也分为 4 个占领区，由 4 国共同占领。与德国不同的是，在苏联进入维也纳 3 个星期后，奥地利组成了以卡尔·伦纳为总统，社会党、共产党和人民党人参加的联合政府，在 1945 年 10 月得到了在维也纳的盟国管制委员会的承认。从此，奥地利就有一个中央政府在盟国监督下工作。为了签订奥地利国家条约，恢复奥地利主权，撤退占领军，结束被 4 国占领的局面，奥地利政府与 4 个占领国之间的谈判几乎持续了 10 年。

苏联在对奥和约谈判中，一直坚持奥地利问题与德国问题联系起来解决，同时涉及德国人在奥地利拥有的财产、南斯拉夫对奥地利卡林西亚和斯蒂里亚的部分领土要求，以及苏联对奥地利齐斯特尔斯多尔夫油田的权利和控制多瑙河轮船公司的要求等问题。对于这些问题，苏联与西方盟国存在分歧。而为保证苏联驻奥地利军队供给线的情况下，苏联在罗马尼亚和匈牙利保留自己的驻军。苏联同样担心，奥地利如果倒向西方，那么从西德到意大利的西方阵营就连成了一线。

由于德国形势的变化，苏联在赫鲁晓夫上台后，在对奥和约问题上有了更积极的举动。1954 年初，苏联在美、英、法、苏四国外长柏林会议上提出，如果奥地利承担义务，不参加军事集团，不把它的领土提供给外国作为军事基地，苏联支持迅速缔结对奥和约。1955 年 4 月奥地利代表团在莫斯科与苏联进行谈判，同意接受奥地利国家中立化的建议。苏联所提出的对德国资产的要求及油田控制权等也做了相应的变通，奥地利恢复了对油田的控制权，在 10 年内由奥地利向苏联交付石油及其他货物。苏联表示愿意在缔结对德和约前签订对奥和约，并从奥地利撤出苏联的军队。

1955 年 5 月 15 日，苏、美、英、法 4 国与奥地利的外交部长在维也纳签订了和平条约，全称《重建独立和民主的奥地利的国家条约》。根据条约，1955 年 10 月 25 日，4 国占领军全部撤离。次日，奥地利国民议会通过了关于奥地利永久中立的根本法。

苏联在奥地利问题上的让步被西方看做是苏联改变斯大林时期强硬立场的一个征兆，也促成了 1955 年 7 月苏、美、英、法 4 国重新在日内瓦召开首脑会议，商讨德国问题。赫鲁晓夫后来在苏共中央会议上解释了他的做法，回应莫洛托夫对他主张的外交政策的批评。他说，由于拖延签订和平条约，我们正在失去我们的优势。如果当与《巴黎协定》有关的事情正酝酿时，我们差不多已解决了奥地利问题，这些协定就可能以不同的方式提出来。可见，赫鲁晓夫原本希望奥地利中立化的方案，能成为解决德国问题的一种模式。

三 华沙条约组织的成立

西方国家拒绝召开全欧安全会议

在《巴黎协定》签订后，苏联在 1954 年 11 月 13 日照会 23 个欧洲国家，并将照会的副本送交美国和中华人民共和国政府。苏联在照会中提出，《巴黎协定》与处理德国问题的现有国际协定的原则相违背，它准备在西德恢复军国主义、建立军队并把西德纳入军事集团，显然是与欧洲其他国家相对抗的。这些计划无助于欧洲形势的缓和，反而会使欧洲的局势复杂化，一旦实施，不可避免会导致欧洲国家间关系的紧张、加剧军备竞赛和增加人民的军费负担。为此欧洲所有爱好和平的人们必定要采取新的措施保卫他们的安全。

苏联呼吁立即召开全欧会议，希望参加会议的所有欧洲国家以及美国，商讨在欧洲建立一个集体安全体系，以缓和紧张的国际关系。苏联建议这次会议在 11 月 29 日召开，地点可以在莫斯科也可以在巴黎。苏联认为，考虑到一些国家将在 12 月讨论批准《巴黎协定》，拖延全欧会议的召开是不明智的。如果批准了《巴黎协定》，在很大程度上将使整个欧洲局势复杂化，破坏解决悬而未决的欧洲问题、首先是德国问题解决的可能性。

苏联在照会中特别说明，召集全欧会议建立集体安全的建议是苏联与波兰和捷克斯洛伐克 3 国政府协商之后共同提出的。同时，由于联合国安理会常任理事国在维护国际和平与安全上所承担的特殊责任，苏联政府希望邀请中华人民共和国派出观察员参加会议。当时中华人民共和国还没有恢复在联合国及其安理会的合法席位，苏联在此表明，它承认中华人民共和国在国际上应有的地位，同时希望得到中华人民共和国对其立场的支持。

除了波兰和捷克斯洛伐克外，东欧其他国家对苏联的建议表示赞同。匈牙利部长会议在 11 月 19 日回函苏联政府，表示积极支持所有维护和平的努力和建议。匈牙利政府在照会中说，匈牙利的历史教训表明，几个世纪以来德国极力要掌握权力，阻碍匈牙利民族独立和民族文化的发展，最近，更是两次把匈牙利卷入灾难性的战争。为了防止德国新的侵略，匈牙利政府与苏联和其他国家签订了互助友好条约。除此双边条约，所有欧洲国家的安全集体条约将是防止德国军国主义复活和避免导致战争冲突的进

一步有效的保证。为了实现这一目标，匈牙利政府再次以其行动表证明，它将积极参加扩大各国间合作和在欧洲确立集体安全体系。

东欧国家积极响应苏联的倡议，此时的关键就看西方国家的反应。从1954年初莫洛托夫在4国柏林会议上第一次提出全欧集体安全协议草案，而西方已经几次拒绝了苏联的提议。当苏联再次发出11月底召集全欧安全会议的呼吁时，美、英、法3国聚集在伦敦商讨对苏联照会的共同答复。

1954年11月29日，就是苏联提出召集全欧会议的当天，美国回应了苏联的建议。美国在给苏联政府的备忘录中提出，苏联的建议除了尽快召集一次欧洲会议之外，没有任何新的东西，苏联显然是公开并且有意地阻止批准《巴黎协定》。为此美国提出要召开讨论德国、奥地利和欧洲安全问题的会议，其先决条件是达成签署奥地利国家条约的协议；自由选举作为德国统一最首要的步骤，苏联政府应该阐明它在德国自由选举问题上的立场；在批准《巴黎协定》之后再召开真正期待解决问题的4国会议。美国在照会中还强调，它是在与英、法和其他北约成员国政府及西德政府协商后，做此回应的。由此表明，西方国家采取了共同的立场，实际上拒绝了苏联召开全欧安全会议的提议。

尽管遭到了西方国家的抵制，保障欧洲和平与安全会议在1954年11月29日至12月2日如期在莫斯科召开。苏联和东欧8国政府在会后的声明中宣布：一旦《巴黎协定》被批准，苏联和东欧国家将在组织武装力量及其司令部方面采取共同措施；并且还要采取加强它们国防力量所必需的其他措施，以保障它们人民的和平劳动，保证它们国境的不可侵犯性，保证击退可能发生的侵略。

据后来公布的档案，捷克斯洛伐克总理威廉·西罗基曾向会议提交了一份建议书。他提议：由捷克斯洛伐克、波兰和东德签署特别安全协议以增强防卫，应对西德重新武装后可能对这3个国家产生的直接威胁。这项提议没有付诸实施，而是最终被一个范围更广的联盟条约所取代。这项新建议是由波兰提出的，它认为特别安全协议应扩大到苏联和其他东欧国家。这一提议得到苏联的支持。集体安全条约符合苏联的利益，也使得东欧各国更加紧密的团结在一起，而且从军事上也帮助苏联解决了一个难题，就是使苏联在东欧的驻军合法化，不必因奥地利条约的签订而马上撤走在匈牙利和罗马尼亚的驻军。

在法国国民议会同意西德加入西欧联盟之后，苏联还在作最后的努力，1955年1月25日，苏联政府宣布正式结束对德战争状态，希望西德放弃重新武装，并以实施自由选举作为签署和约的前提。而西方国家完全不理会苏联采取的积极举动，已按照预先的计划，在1955年3月分别完成了批准《巴黎协定》的法律程序。

1955年3月初，苏联明白《巴黎协定》几乎已成定局，开始着手签署新的联盟条约的准备工作。苏联把条约草案送给预定签约的东欧各国共产党的总书记，把即将在华沙召开的会议称为"第二届欧洲国家维护欧洲和平和安全会议"。4月1日，苏共中央委员会决定了召集华沙会议的具体时间，同时谈到联盟的军事性质问题。苏共中央在一个十分简短的通告里，命令朱可夫起草一份建立联盟统一军事指挥的文件。赫鲁晓夫还在4月对波兰进行访问时，公开讲述了联盟的军事性质，即为东欧国家抵御西德的侵略提供安全保障。

与此同时，苏共中央委员会和苏联部长会议于1955年3月26日召开会议，做出决定，并由苏联国防部长朱可夫受命执行。在1955～1956年，苏联的4个预备役工程旅将被派往下述地区：把第72预备役工程旅派往东德，加强苏联驻东德部队的力量；第73旅派往保加利亚，由莫洛托夫与保加利亚就此安排达成协议；第90旅派往外高加索军区；第85旅派往远东军区。有关这

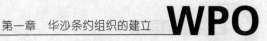

些军事部署的绝密档案是在 1996 年被披露出来，说明当时针对西方国家批准《巴黎协定》，苏联采取了防御性措施。

华沙条约组织成立

1955 年 5 月 5 日，《巴黎协定》正式生效，西德作为主权国家加入了北约。5 月 11～14 日，苏联、波兰、罗马尼亚、保加利亚、匈牙利、捷克斯洛伐克、阿尔巴尼亚和德意志民主共和国在波兰首都华沙举行第二次欧洲和平与安全会议，即华沙条约组织成立大会。蒙古、越南、朝鲜和中国以观察员身份出席会议。

中国派出以彭德怀为团长的代表团出席了华沙会议，中国代表在大会召开和缔约式上发了言。彭德怀提出，现在"欧洲局势是更加紧张了，战争的危险是更加严重了"。他说："如果帝国主义的疯狂的统治者竟违背人民的意志，胆敢发动新的世界大战，那么以苏联为首的和平民主社会主义阵营同世界上一切爱好和平的国家和人民在一起，必将给侵略者以致命的打击，其结果是帝国主义阵营的彻底灭亡，整个资本主义体系的完全崩溃"。

会议的最终结果是，1955 年 5 月 14 日，阿尔巴尼亚人民共和国、保加利亚人民共和国、匈牙利人民共和国、德意志民主共和国、波兰人民共和国、罗马尼亚人民共和国、苏维埃社会主义共和国联盟、捷克斯洛伐克共和国在华沙签署《友好合作互助条约》，即《华沙条约》。条约全文如下。

　　缔约国各方，重申它们希望在欧洲所有国家（不问它们的社会制度和国家制度如何）参加的基础上建立欧洲集体安全体系，以便联合它们的努力来保障欧洲和平。

　　同时，考虑到由于巴黎协定的批准而在欧洲形成了新的局势——该协定规定组织一个有正在重新军国主义化的西德参加的"西欧联盟"这样一个新军事集团，把西德拖入北大西洋集团，这样就加深了新战争的危险，并且对爱好和平的国家的安全造成威胁。

深信在这种条件下爱好和平的欧洲国家必须采取必要的步骤，以保障自己的安全和维护欧洲和平。

遵循联合国宪章的宗旨和原则，为了根据尊重各国的独立和主权以及不干涉它们的内政的原则来进一步巩固和发展友好、合作和互助，决定缔结本友好合作互助条约，并且特派下列人员为全权代表：

阿尔巴尼亚人民共和国人民议会主席团特派阿尔巴尼亚人民共和国部长会议主席穆罕默德·谢胡；

保加利亚人民共和国国民议会主席团特派保加利亚人民共和国部长会议主席伏尔科·契尔文科夫；

匈牙利人民共和国主席团特派匈牙利人民共和国部长会议主席安德拉希·赫格居斯；

德意志民主共和国总统特派德意志民主共和国总理奥托·格罗提渥；

波兰人民共和国国务委员会特派波兰人民共和国部长会议主席约瑟夫·西伦凯维兹；

罗马尼亚人民共和国国民议会主席团特派罗马尼亚人民共和国部长会议主席格奥尔基·乔治乌－德治；

苏维埃社会主义共和国联盟最高苏维埃主席团特派苏联部长会议主席尼古拉·亚历山德罗维奇·布尔加宁；

捷克斯洛伐克共和国总统特派捷克斯洛伐克共和国总理威廉·西罗基；

他们互相校阅全权证书，认为妥善后，同意下列各条：

第一条

缔约国各方按照联合国宪章保证在它们的国际关系中不

以武力相威胁或使用武力，并以和平方法解决它们的国际争端，以免危及国际和平和安全。

第二条

缔约国各方宣布，它们准备本着诚恳合作的精神参加所有旨在保障国际和平和安全的国际行动，并贡献它们的全部力量来达到这些目的。

缔约国各方将努力争取通过同其他愿意在这方面合作的国家取得协议的办法，来采取普遍裁减军备、禁止原子武器、氢武器和其他大规模毁灭性武器的有效措施。

第三条

缔约国各方将从加强国际和平和安全的需要出发，就一切有关它们的共同利益的重要国际问题彼此磋商。

每逢任何一个缔约国认为产生了对一个或几个缔约国发动武装进攻的威胁时，缔约国各方为了保证联合防御和维护和平和安全的利益毫不拖延地在它们之间进行磋商。

第四条

如果在欧洲发生了任何国家或国家集团对一个或几个缔约国的武装进攻，每一缔约国应根据联合国宪章第五十一条行使单独或集体自卫的权利，个别地或通过同其他缔约国的协议，以一切它认为必要的方式，包括使用武装部队，立即对遭受这种进攻的某一个国家或几个国家给予援助。

缔约国各方将就恢复和维护国际和平和安全所必须采取的联合措施彼此间立即进行磋商。

根据本条所采取的措施，将按照联合国宪章的规定，通知安全理事会。一俟安全理事会采取了恢复和维护国际和平和安全的必要措施，上述措施即告终止。

第五条

缔约国各方同意建立它们的武装部队的联合司令部，统率根据缔约国各方协议拨归其指挥的各国武装部队。该司令部将根据共同制定的原则进行工作。缔约国各方并将采取加强它们的防御能力的必要配合措施，以便保障它们的人民的和平劳动，保证它们的疆界和领土的不可侵犯性并确保对可能的侵略的防御。

第六条

建立一个政治协商委员会，由每一缔约国派一名政府成员或一名特派代表参加，以实行本条约所规定的缔约国之间的磋商和审查由于本条约的实施所引起的问题。

委员会在必要时得设立辅助机构。

第七条

缔约国各方保证不参加其目的和本条约的目的相违反的任何联盟或同盟，不缔结其目的和本条约的目的相违反的任何协定。

缔约国各方宣布，它们根据现行的各种国际条约所承担的义务和本条约的各项条款不相抵触。

第八条

缔约国各方宣布，它们将本着友谊和合作的精神，进一步发展和巩固它们之间的经济和文化关系，恪守互相尊重它们的独立及主权和互不干涉内政的原则。

第九条

凡表示愿意通过参加本条约来促进爱好和平的国家的共同努力以保障和平和国际安全的任何国家，不论其社会制度和国家制度如何，均得参加本条约。这种参加将在本条约缔约国各方的同意下向波兰人民共和国政府交存参加证书之后生效。

第十条

本条约须经批准，批准书将向波兰人民共和国政府交存。本条约将在最后的批准书交存之日起生效。波兰人民共

和国政府应于每一批准书交存时通知本条约的其他签字国。

第十一条

本条约的有效期限为 20 年。如缔约国各方在这一期限满期前 1 年没有向波兰人民共和国政府提出宣布条约无效的声明，条约将继续生效 10 年。

如在欧洲建立了集体安全体系并为此目的缔结了全欧集体安全条约（这是缔约国将坚持不渝地努力争取的），本条约将在全欧条约生效之日起失效。

1955 年 5 月 14 日订于华沙，用俄文、波兰文、捷克文和德文书就，4 种文字的条文均有同等效力。本条约的验明无误的副本将由波兰人民共和国政府送交本条约的其他签字国。

各方全权代表在本条约上签字盖章，以昭信守。

另一份重要文件是关于成立武装部队联合司令部的决议。

根据阿尔巴尼亚人民共和国、保加利亚人民共和国、匈牙利人民共和国、德意志民主共和国、波兰人民共和国、罗马尼亚人民共和国、苏维埃社会主义共和国联盟、捷克斯洛伐克共和国友好合作互助条约，缔约国通过了关于建立武装部队联合司令部的决议。

决议规定，有关加强防御力量和组织缔约国联合武装部队的问题，将由政治协商委员会审议，然后由委员会做出相应的决议。

苏联元帅伊·斯·科涅夫被任命为缔约国联合武装部队总司令。

各缔约国的国防部部长或其他军事领导人员被任命为联合武装部队副总司令，他们负责指挥拨归联合武装部队作为整体的一部分的各该国的武装力量。

德意志民主共和国参加有关联合司令部的武装部队的措施的问题，将在以后研究。

联合武装部队总司令下面设立缔约国联合武装部队总部，总部人员包括缔约国总参谋部的常任代表。

总部将设在莫斯科。

联合武装部队将根据联合防御的需要和这些国家的协议在缔约国领土上驻扎。

《华沙条约》的批准

1955 年 5 月 19 日，波兰人民共和国议会举行第 7 次会议，部长会议主席西伦凯维兹代表政府就批准《华沙条约》问题做了报告。他说，沿着社会主义建设的道路前进的友好国家之间缔结了《华沙条约》，因为它们受到西德重新军国主义化的威胁。这一条约使我们有了充分的保障，侵略我们国家的任何企图都会立刻遭到联合的和坚决的反击。《华沙条约》体现出为巩固彼此的安全而进行合作的友好国家共同保卫主权和独立的坚如磐石的意志。他代表政府请求议会批准 8 国签署的《华沙条约》。会议经过讨论后于 5 月 21 日一致通过决议批准了《华沙条约》。

5 月 20 日，德意志民主共和国人民议院举行第 6 次全体会议，听取格罗提渥总理所作的政府声明。格罗提渥在声明中谈到《华沙条约》的内容，并且指出：《华沙条约》是缓和国际紧张局势、保卫各国人民的和平和安全的工具，也是在和平和民主的基础上恢复德国统一的一个步骤。这个条约对于德意志民主共和国是一个新的力量的源泉。德意志民主共和国政府将不遗余力地继续为德国的和平、民主、统一而斗争。

格罗提渥在谈到《华沙条约》中关于保障安全的措施时提到，参加华沙会议的其他国家都拥有装备良好的武装部队，只有德意

志民主共和国除了有人民警察外，还没有武装部队。组织国家的武装部队将为德意志民主共和国参加联合司令部创造必需的条件。

德意志民主共和国人民议院第 6 次全体会议一致批准了 8 国签署的《华沙条约》。5 月 24 日，德意志民主共和国驻波兰人民共和国特命全权大使赫曼根据《华沙条约》第十条的规定，向波兰人民共和国政府交存了批准书。

5 月 28 日，保加利亚人民共和国国民议会举行特别会议，讨论批准《华沙条约》问题。保加利亚部长会议主席伏·契尔文科夫作了关于欧洲国家华沙会议的报告。他强调说，《华沙条约》完全符合保加利亚人民的切身利益，并且是保加利亚的民族独立和国家主权的一个可靠保障。他建议国民议会特别会议批准《华沙条约》。

保加利亚国民议会外交委员会也详细审议了这个条约，建议国民议会特别会议予以批准。国民议会特别会议经过热烈的讨论，欢迎《华沙条约》的签订，认为这是对加强世界和平的又一贡献，国民议会特别会议一致批准了参加华沙会议的 8 国签署的《华沙条约》。

5 月 28 日下午，阿尔巴尼亚人民共和国人民议会举行会议，部长会议主席、代表阿尔巴尼亚在条约上签字的谢胡在会上作了关于华沙会议的报告。他说，政府代表团深信：《华沙条约》体现了阿尔巴尼亚全体人民的意志。对于阿尔巴尼亚人民来说，《华沙条约》具有特别重要的历史意义：我国人民在历史上第一次参加了这样强有力的防御和国际安全的体系，这种体系保障我国人民的独立，大大加强我们国家的国际地位，使好战的帝国主义者和他们的仆从们的一切对付我国的计划不能得逞。这个条约是保障国际和平和安全的一个非常强有力的工具，它在国际局势的有利发展中将起巨大的作用。它不仅符合缔约国人民的切身利益，而且也符合全世界所有国家人民的切身利益，因为它的最高目的是保障所有人民都珍视的和平。谢胡代表部长会议建议人民议会批准《华沙条约》。

阿尔巴尼亚人民议会外交委员会主席法·帕奇拉米发言说，外交委员会全体委员一致赞同《华沙条约》，并建议人民议会批准这个条约。人民议会经过讨论后一致批准了在华沙签订的《华沙条约》。

5月24日，捷克斯洛伐克共和国国民议会举行会议，就批准在华沙签订的《华沙条约》进行审议。

在表决前，共和国总理西罗基作了关于欧洲国家保障欧洲和平和安全的华沙会议的成就的报告。西罗基说，捷克斯洛伐克政府同苏联及所有的友好国家一起，将努力争取各国之间的和平和友谊。在讨论中，各民主党派和群众团体的领导人都发了言。会议同意批准《华沙条约》。

5月25日，匈牙利人民共和国国民议会举行会议，讨论批准《华沙条约》问题。

外交部长雅·波尔多奇基代表匈牙利政府，将关于批准《华沙条约》的法案提交国民议会审议。部长会议主席、出席华沙会议的匈牙利政府代表团团长安·赫格居斯作了关于华沙会议的报告。他指出，部长会议考虑到关于复活德国军国主义的《巴黎协定》已被批准，认为缔结友好合作互助条约以及成立缔约国武装部队联合司令部是正确的。匈牙利人民决不会让他们在苏联的帮助下获得的自由和独立成为交易的对象。他们坚决反对任何这种企图。

在讨论报告时，匈牙利劳动人民党中央委员会第一书记马·拉科西讲话。他说，全世界各地凡是希望人类有幸福和有美好前途的人都十分满意地欢迎《华沙条约》。以匈牙利劳动人民党为首的匈牙利人民在批准《华沙条约》时，他们就准备采取一切必要的措施来粉碎帝国主义的侵略计划。

同一天，苏联举行最高苏维埃主席团会议审查了苏联部长会议关于批准《华沙条约》的建议。部长会议主席布尔加宁作了关于《华沙条约》的报告。联盟院外交委员会主席苏斯洛夫报告了联盟院和民族院两院外交委员会的结论。会议就批准《华沙条约》问题展开讨论，最后达成一致意见，决定批准《华沙条约》。塔斯社于当日在莫斯科发表了苏联最高苏维埃主席团主席克·伏罗希洛夫和主席团秘书尼·别哥夫签署、苏联最高苏维埃主席团关于批准《华沙条约》的命令。

5 月 30 日，罗马尼亚人民共和国国民议会会议在布加勒斯特召开。罗马尼亚部长会议主席、出席华沙会议的罗马尼亚政府代表团团长乔治乌－德治作了关于批准《华沙条约》问题的报告。他强调指出：《华沙条约》是真正的和平的防御性的条约，它完全是为欧洲和平和安全的利益服务的。罗马尼亚政府在签订《华沙条约》后再次表示：决心本着真正合作的精神参加旨在保障和平和国际安全的一切国际措施。我们深信，认识到自己的国内和国际责任的、爱好和平和自由的罗马尼亚人民将光荣地完成自己面临的任务，将为祖国的巩固和繁荣，为加强国防力量，为和平和国际合作的胜利而进行英勇的劳动，来支持《华沙条约》。

罗马尼亚国民议会外交委员会的代表在会上做了补充报告，建议批准《华沙条约》。罗马尼亚国民议会一致批准了《华沙条约》。

6 月 4 日，罗马尼亚人民共和国驻波兰大使扬尼斯库向波兰人民共和国政府交存了《华沙条约》批准书。至此，这个条约的所有缔约国都交存了批准书。根据条约第十条的规定，《华沙条约》开始生效。6 月 5 日，波兰《人民论坛报》以《华沙条约生效》为题发表社论说，正当西方侵略者和正在重新武装的西德法西斯势力口口声声叫喊他们的"实力政策"时，《华沙条约》的生效将束缚这些新战争制造者的手脚，使他们不能为所欲为地从事战争冒险。

第二章

华沙条约组织的组织
机构及其发展概况

一 华沙条约组织的机构设置

根据《华沙条约》章程，1955 年 5 月 14 日华沙条约组织（简称"华约组织"）设立了两个组织机构：政治协商委员会和联合武装力量司令部，协调华沙条约组织成员国间的政治、外交和军事政策。1969 年 3 月，华约政治协商委员会布达佩斯会议做出决定，成立国防部长委员会，附属于政治协商委员会；同时建立军事委员会、技术委员会作为联合武装力量司令部的常设机构。1976 年 10 月，在布加勒斯特举行的华约政治协商委员会会议上，决定建立华约国家外交部长委员会和联合秘书处，进一步完善华约组织范围内的政治合作机构。（华约组织行政机构及其辅助机构见下图）。

政治协商委员会

它是根据华约章程第六条而建立的，规定由缔约国派一名政府成员或一名特派代表参加。随着华约组织的发展，政治协商委员会成为华沙条约组织的最高管理机构，参加者为缔约

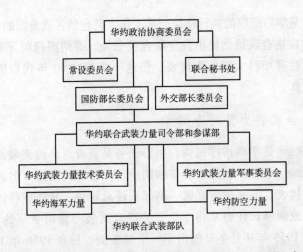

国共产党的总书记或政府首脑、外长及国防部长。政治协商委员会的职责是讨论华约组织在文化、政治和经济等领域所面临的问题。在危机情况下，它有权决定各成员国应承担条约所提出的军事义务。

政治协商委员会第一次会议于 1956 年 1 月 27 ~ 28 日在捷克的首都布拉格举行。会议结束后发表的公报透露说，这次会议主要内容是，研究和批准了华约联合武装力量总司令科涅夫提出的联合武装司令部的条例，解决与联合武装力量活动有关的组织问题；接受德意志民主共和国的提案，在民主德国国家人民军建立之后，它的部队将并入联合武装力量，同时，根据相关程序，民主德国国防部长成为联合武装力量司令部的成员，担任副总总司令之一。会议提出，为了解决华约组织执行过程中的问题，政治协商委员会要及时召开会议，原则上一年至少召开两次会议，政治协商委员会的各国代表轮流担任会议主席。会议还决定，在莫斯科设立政治协商委员会的辅助机构，即常设委员会和联合秘书处。

（1）常设委员会，审查有关外交政策提案，推动所有成员国达成共识，为政治协商委员会和联合秘书处提供建议。

（2）联合秘书处，负责记录、编辑和分发政治协商委员会的

决议，是华约组织的执行机构，其工作人员包括各成员国的代表。

布拉格会议虽然提出设立联合秘书处，缔约国像匈牙利也指派本国驻莫斯科大使作为代表，但这一机构在 60 年代以前并未开展工作。

联合武装力量司令部

它是军事指挥机构，主要任务是负责对华约武装部队的领导、训练、装备和调动等。各缔约国派 1 名将军作为常驻代表，苏联国防部第一副部长任总司令，其他成员国的国防部长或副部长任副总司令。有关联合武装力量司令部的地位，苏联在 1955 年 9 月 7 日提出了一个总条例，后在 1956 年 1 月在布拉格召开的华约政治协商委员会第一次会议上获得通过，但此项条例的具体内容在冷战时期一直没有公开。该条例规定：

一、联合武装力量总司令

参加 1955 年 5 月 14 日华沙会议友好合作和互助条约的成员国的联合武装力量由总司令指挥。

联合武装力量总司令的义务：

1. 执行政治协商委员会直接有关联合武装力量的决定；

2. 领导联合武装力量的作战和战斗准备，组织和实施联合武装力量的陆军、海军和参谋部的联合演习；

3. 全面了解由联合武装力量组成的陆军和海军的状态，通过缔约国的政府和国防部采取一切措施保证这些力量的持久备战；

4. 研究和向政治协商委员会提交有关进一步提高联合武装力量的数量和质量的建议措施。

二、联合武装力量总司令的权力

检查联合武装力量的战斗准备状态、作战和军事训练，并根据检查的结果下达命令和提出建议；

向政治协商委员会和缔约国政府汇报他涉及行动范围内的所

有问题；

缔约国国防部长或副部长任联合武装力量的副总司令，为了讨论和解决出现的问题，应他们的要求召集不定期会议。

三、联合武装力量副总司令

联合武装力量副总司令来自每一个缔约国，在以下几个方面负有完全的责任：

作战和动员准备，同时负责联合武装力量的部队和舰队的作战、战斗及政治准备；

负责组成联合武装力量的部队和舰队，按照军需系统的要求，补充人员，供应装备、武器和其他战斗器材，同时负责军队的安置和后勤工作。

副总司令应该经常向总司令报告受联合武装力量司令部指挥的部队和舰队的战斗状态和动员准备、行动、作战和政治准备。

四、联合武装力量参谋部

总司令下设参谋长领导的联合武装力量参谋部。

参谋部的组成：

缔约国参谋总部的常设代表；

负责作战战术和组织动员等事务的机构；

各兵种监督员。

联合武装力量参谋部的责任：

全面了解联合武装力量的军队和海军的状态，并通过缔约国参谋总部采取保证这些力量长期战备的措施；

详细定出进一步提高联合武装力量数量和质量的计划；

评估联合武装力量的武器系统，军队在武器和军事技术上的需求。

参谋长的权力：

与副总司令和缔约国参谋长讨论自己活动范围的所有问题；

建立反映联合武装力量部队和舰队状态的情报制度。

五、联合武装力量与各缔约国总参谋部之间的相互关系

联合武装力量参谋部应该与各缔约国总参谋部合作组织自己的工作。

缔约国总参谋部的责任：

依照联合武装力量参谋部制定的制度，经常向该参谋部通报战斗人员的构成、战斗动员准备、军备和武器状况，以及战斗和政治准备。

与联合武装力量参谋部协调划归联合武装力量司令部指挥的部队、舰队和参谋部的部署。

六、联络

联合武装力量总司令和参谋长为了保持与副总司令和各缔约国总参谋部的联系，可以利用外交信函和受联合武装力量司令部指挥的国家提供的其他联系方法。

联合武装力量参谋部总部原来设在莫斯科，1971年迁到了立沃夫，参谋长由苏联第一副总参谋长担任。

国防部长委员会

于1969年成立，附属于政治协商委员会，由各成员国国防部长组成。每个成员国国防部长作为各国军事力量的指挥，同时担任作为联合武装力量的副总司令。国防部长委员会主要作用是联络各国的国防计划制定者。该委员会成立以后，委员会主席一直是苏联的国防部长担任，总部设在莫斯科。下设华约联合军事力量司令部和参谋部，控制海军、空军、军事委员会和技术委员会及各国军事力量。

外交部长委员会

19 76年11月成立，是华约政治协商委员会的辅助机构，负责协调华约缔约国的对外政策。

二　华沙条约组织的机构改革

华沙条约组织的建立，应该说是为苏联与东欧国家之间的协商与交流增添了一个渠道。但是由于苏联在整个社会主义阵营中所处的绝对领导的地位，苏联与东欧国家间的协商相当有限；特别是在赫鲁晓夫时期，华约组织基本上就是苏联与西方谈判中的一个砝码。从华约组织成立的 1955 年至 1960 年，政治协商委员会只举行了 3 次会议，苏联通常是先行动再向东欧国家打招呼，例如裁军问题、古巴导弹危机等。因此曾有华约组织成员国批评苏联不事先跟成员国通报情况，总是在苏联政府刊登各式各样的声明后，它们才从报纸上了解到情况。于是，东欧国家提出改革的要求，认为华约组织成员国之间应该在对外政策方面加强协商，在华约组织中增强决策程序的多边性。60 年代初，赫鲁晓夫主张的缓和政策遇到危机时，华约组织的军事性质也开始受到重视，并逐步得到强化。

加强华约组织的军事现代化

1961 年 3 月 27 ~ 29 日华约成员国在莫斯科召开了政治协商委员会会议，作出了关于华约军队现代化建设的秘密决议。决议认为，为了降低生产的材料消耗，华约成员国有必要进一步发展军事生产的专业化和合作，利用现存的能力创造机会提高军事装备的出口，为此政治协商委员会做出如下决定。

1. 起草一份 1962 ~ 1965 年军事装备生产和相互供应份额的建议草案。草案考虑了联合武装力量司令部提出的需求，经过了经互会有关国防工业会议的审查。这次会议是 1961 年 3 月 17 日在莫斯科召开的，由经互会成员国国家计划委员会的代表及华约各成员国的参谋长参加。

2. 责成经互会成员国国家计划委员会和华约成员国的国防部长与联合武装力量司令部一起，在两个月的时间内，根据建议草案决定生产军事装备和相互供应的份额，并把结果报告各成员国政府。1962 年和下一年的军事装备相互供应的份额，通过华约成员国的双边协议确定。这里考虑到了军队组织的变化和采用新型军事装备。

3. 组织 1962～1965 年军事装备的生产，要考虑到华约成员国进一步发展军备生产所缺部件和材料的需要，像真空半导体设备、防热合金、钢筋及其他。

4. 为了完成这些任务，要促进现有军事装备的生产能力使之合理化，更合理地使用资源。如果必要的话，要保证国家的经济计划拥有最低限度的专款用来扩大现有的国防工业能力，或是吸收民用企业（转入军工生产）。

政治协商委员会认为，加强华约成员国国防能力最重要的任务之一，是提高各国经济的应急准备，特别是战争时期的军事装备生产能力。它要求华约联合武装力量司令部和经互会国防工业委员会与各成员国国防部和国家计划委员会一道，加强调整华约成员国的经济应急计划，特别是要找出那些可能降低应急预案的"瓶颈"并采取措施，在和平时期摆脱这些瓶颈。

政治机构的改革

19 65 年 1 月在华沙举行的政治协商委员会会议上，民主德国代表团提交了一份草案，建议设立外交部长委员会，以保证华约组织成员国定期协商外交政策。这一提案遭到罗马尼亚的反对。罗马尼亚希望华约成员国有更多的自主性，反对政治协商委员会举行经常性的会议以及制定与此相关的程序和规章；认为只有当发生某一具体事件，而且所有成员国同意召集

会议时，政治协商委员会才应该举行会议，并有义务事先把会议讨论的日程和相关资料及时送交各成员国。罗马尼亚不赞成华约组织成立外交部长委员会和定期协商外交事务。

苏联在勃列日涅夫上台后，开始重视华约组织的地位和作用。他在写给东欧各国党中央委员会的信中，督促改善华约组织的政治和军事结构。1966 年 2 月 10 ~ 12 日在柏林举行的华约成员国副外长会议时，苏联代表提出关于政治协商委员会的改革方案，制定政治协商委员会的基本章程，以及确立政治协商委员会的辅助机构。除罗马尼亚外，其他成员国的代表同意苏联的提案。罗马尼亚代表反对定期召开由成员国党的第一书记或政府首脑参加的政治协商委员会会议，要求政治协商委员会做出决议，把它的活动限制在仅仅是协商的范围之内。

由于内部意见的不统一，主要是罗马尼亚始终持反对意见，华约组织机构改革的问题一直拖延到 70 年代中期。1974 年 4 月在华沙召开的政治协商委员会会议上，齐奥赛斯库才表示罗马尼亚方面同意建立华约的外交部长委员会，定期召开协商性质的会议。政治委员会委托波兰负责协调机构改革的组织工作。

1975 年 1 月 10 日，在综合各成员国提出的改革提案的基础上，波兰副外长将改善华约组织政治合作机构的方案提交给华约组织成员国讨论。许多成员国代表认为，这次的改革方案与 1956 年布拉格会议的文件相比更具有实际意义，为各成员国之间交换看法提供了一个框架。在处理国际事务中，各成员国可以相互协调，采取与华约政治协商委员会提出的政治路线一致的行动。

1976 年 11 月，在布加勒斯特举行的政治协商委员会会议上改革方案获得通过。这一方案最重要的改革是决定建立华约成员国外交部长委员会和联合秘书处，进一步完善华约组织范围内的政治合作机构。

外交部长委员会的性质和作用

1. 外交部长委员会是政治协商委员会的辅助机构。

2. 外交部长委员会的成员由各成员国外长或副外长或特派员组成，代表级别由各方事先互相协商。

3. 外交部长委员会每年在政治协商委员会开会之前举行一次会议；应任何一成员国的要求，它可以举行特别会议。

4. 外交部长委员会会议，按照各成员国国名首个俄语字母的顺序，在各成员国首都轮流举行。

5. 会议主席由会议主办国外交部长（或副外长或特派员）担任。

6. 会议的时间和日程，在会议召开前30天由会议主席与联合秘书处工作人员协商制定。

7. 外交部长委员会的职责：

为政治协商委员会准备外交问题的提案和说明；

负责拟定执行政治协商委员会决议的措施；

为成员国提出外交政策方面的问题提供交换意见和信息的机会；

按照政治协商委员会在现实国际事务中总的政治路线协调活动；

执行政治协商委员会指派的其他任务。

8. 外交部长委员会应采取成员国外长一致同意的立场，一旦出现意见不一致的情况，持赞成意见的成员国可以作出决议并发表声明，表明此义务仅限于己方承担。

9. 如果需要，外交部长委员会可以建立工作委员会。

10. 外交部长委员会会议一般是保密的，如成员国一致同意，可以举行公开会议。

11. 外交部长委员会的官方用语为各成员国的语言，工作语言为俄语。

12. 外交部长委员会的会议经费由会议主办国承担。

联合秘书处的性质和作用

1. 联合秘书处是政治协商委员会和外交部长委员会的辅助机构。

2. 关于联合秘书处的组成，秘书处长由政治协商委员会指任，代表由各成员国委任，工作人员由秘书处长在各成员国推荐基础上指派。

3. 如果需要，在政治协商委员会休会期间，联合秘书处照常发挥职能作用。

4. 联合秘书处的职责：

为政治协商委员会和外交部长委员会会议做准备，在会议期间提供组织和技术上的支持；

收集成员国有关华约组织的提案和其他材料，负责传递文件、发送邀请函和编辑会议备忘录；

处理华约组织的文件，提供必要的参考文献；

对于成员国，对于其他国家及国际组织，联合秘书处秘书处长代表华约组织；

执行政治协商委员会和外交部长委员会交给的所有任务。

5. 联合秘书处的成员应是成员国副外长或大使级特派员。

6. 在外交部长委员会和政治协商委员会举行会议之前，或应某一成员国的请求，联合秘书处应举行会议。

7. 联合秘书处会议是保密的。

8. 联合秘书处的官方语言为俄语。

9. 联合秘书处由秘书处长领导。

10. 联合秘书处的会议由秘书处长安排，至少在会前一周提供会议的日程安排。

11. 联合秘书处的费用由各成员国按等比分担。

12. 联合秘书处秘书处长和他的代表应被授权，拥有与所有成员国的外交机构同等的权利。

13. 联合秘书处的会议在莫斯科举行。

军事指挥机构的改革

约组织成立的最初阶段，成员国之间并没有开展重要的军事活动。直到 1961 年 10 月，针对柏林危机，华约组织举行了第一次有民主德国、波兰、捷克斯洛伐克和苏联参加的联合军事演习。联合武装力量司令部的早期活动主要是帮助成员国构建军队组织机构和训练体系，为成员国筹备作战区和建立联合防空系统提供建议。进入 60 年代后，华约组织开始加强成员国的军事合作，使得指挥系统面临更为复杂的问题，就如何协调行动计划，对拥有现代装备和军事技术的军队的物资供应，以及成员国间如何分配劳动资源和生产军事技术产品等，都需要一个有效的机构来进行组织管理。

1965 年 1 月华约组织政治协商委员会在华沙举行会议，鉴于一些华约成员国要求对华约军事指挥系统进行改革，政治协商委员会委托联合武装力量总司令与各成员国国防部长一起制定一个方案，其目的是改进指挥体系，进行相应的组织建设。

为此，1965 年 4 月 20 日，匈牙利国防部给匈牙利劳动党中央写了一份报告，谈到联合武装力量的指挥体制存在的问题。一是华约组织成员国内军事技术产品生产的混乱状况。报告认为，过去军事技术产品的专业化生产是由经互会下属的常设军事工业委员会来监管的，但是它的意见不具有约束力，因此成员国往往不遵守协议，出现了许多重复性研究和生产。例如，匈牙利花费很大精力去发展现代雷达设备，但产品却得不到广泛应用，因为其他华约成员国也在生产类似的设备，由此造成资源的浪费。二是，就华约组织的军事指挥体系来讲，联合武装力量司令部也不是一个独立的、集体领导的组织。尽管华约组织是多个成员国组

成，但重大事宜的决定通常是由苏联与每个成员国以双边的方式做出的，联合武装力量司令部充当的不过是苏联与东欧国家之间在军事方面的调解人或联络人的角色。报告建议成立一个军事委员会，作为集体领导华约成员国军队的军事组织，它将包括各成员国的国防部长、总参谋长，以及联合武装力量总司令和参谋长。

在各成员国商议的基础上，1966 年 5 月 27~28 日华约成员国国防部长在莫斯科举行会议，拟定了一项有关联合武装力量的议案，目的是为了解决联合武装力量司令部与各成员国军队指挥机构的关系问题，使各成员国具有更多的平等权利，其主要内容包括：

参与联合武装力量部署的各成员国部队仍然直接服从本国的指挥机构；

联合武装力量司令部副总司令将不由各成员国国防部长充当，改成各国政府指派的将军担任；

原则上，联合武装力量司令部总司令和副总司令可以来自任何一个成员国；

联合武装力量司令部执行任务时与各国指挥机构协调，它的建议要得到各成员国政府或是政治协商委员会的赞同；

联合武装力量参谋部的建立应包括不同国家的成员，以保证与各国军队总参谋部的有效联系；

由每个成员国指派的担任联合武装力量司令部副总司令的将军，同时在联合武装力量司令部代表各自国家的军队总参谋部；

建立一个新机构即"技术部"，负责协调军事技术研究和发展、军事供给服务和军备系统，它将与经互会下属的军事工业常设协调委员会一起工作。

改革方案只涉及和平时期的联合武装力量司令部，而对于战时的指挥系统问题没有达成一致意见。但有一点是各成员国都认同的，参战的决策、使用核武器和卷入武装冲突都属于各国政治领导机构和政府的权力，只有当政治协商委员会和各国政府授权时，战时指挥系统的具体工作才能启动。

议案还强调，联合武装力量司令部不是要成为各成员国军队的统一领导，即军事行动的实际管理者，只是一个确保各国军队总参谋部协调行动的机构。

这次国防部长会议提出的议案为华约组织军事机构的改革设计了总体框架。经过成员国间多次商议和修改，1968年5月，华沙条约联合武装力量总司令雅库鲍夫斯基将联合武装力量司令部拟定的军事机构改革草案发给各成员国的国防部。草案包括以下几个文件：《华沙条约》缔约国联合武装力量章程；《华沙条约》缔约国军事委员会章程；《华沙条约》缔约国防空防御共同体系；《华沙条约》缔约国联合武装力量司令部组织原则的说明和技术委员会的组织说明，主要内容有：

1）联合武装力量章程规定，政治协商委员会的任务是解决总的问题，加强华约成员国的国防能力，改进联合武装力量的结构，指定联合武装力量总司令。总司令做出决定、下达指示和完成的工作成果要向政治协商委员会汇报。

2）在联合武装力量军事委员会章程规定，军事委员会是联合武装力量的军事组织，其作用是进行协商和提出建议。军事委员会的建议和方案的采纳依据简单多数原则。军事委员会由联合武装力量总司令、总司令在成员国军队的代表、联合武装力量参谋长、负责防空防御和负责装备的副司令和由总司令指任的秘书组成。

3）华约缔约国防空防御共同体系的章程规定，参加防空共同体系的是华约缔约国所有防空防御部队。苏联的防空部队部署在苏联的拉脱维亚、立陶宛、白俄罗斯、乌克兰和摩尔达维亚。

章程还规定，华约缔约国的防空防御部队司令对防空防御共同体系行使职权，其指挥机构是防空部队司令指派国的参谋部。

　　为了执行共同的作战任务，华约缔约国"联合军队"以下列原则为基础：使用所有力量和手段击退第一次打击，在作战中使用统一的作战计划，装备同一类型的作战技术手段，集中指挥共同的作战行动，使用共同的雷达和通讯系统。

　　华约缔约国防空防御共同体系运转的规划由防空部队司令负责，在联合武装力量总司令与各国国防部长意见一致后批准实施。同时，依照他自己的计划或是当总司令委派时，防空部队司令被授权管理布防和作战准备，掌控参谋部和联合防空部队的作战能力。除此之外，防空部队司令有义务熟知防空部队各方面的情况，通过与各国防空部队的司令达成双边协议，采取步骤，以保证他们的作战能力。

　　关于军事指挥机构的改革，华约组织讨论了多次，持续了几年时间。1969 年 3 月 17 日在匈牙利首都布达佩斯召开的华约政治协商委员会上，通过了华约缔约国国防部长委员会章程、华约联合武装力量章程和华约防御组织和机构完善等文件，建立了华约国防部长委员会、华约军事委员会和技术委员会等机构。华约缔约国加强了军事合作，华约的军事联盟性质得到了巩固。

　　联合武装力量司令部法律地位的认定

19 73 年 4 月 24 日，华约组织公布了华约成员国联合武装力量司令部及其他指挥机构的法律权能、特许权和豁免权的公约，从法律的角度完善了其军事指挥机构的地位。以下是该项公约全文：

　　　　保加利亚、匈牙利、民主德国、波兰、罗马尼亚、苏联和捷克斯洛伐克政府遵循 1955 年 5 月 4 日在华沙签署的友好、合作与互助条约、华约成员国政治协商委员会 1969 年 3 月 17 日在布达佩斯通过的华约成员国决议，鉴于华约成员国通过的关于联合武装力量司令部及其他指挥机构所承担的共同任务和使命、联合武装力量和联合指挥的规定，认识到为了完成联合武装力量司令部及其他指挥机构所肩负的任务，应该享有下列法律权能、特许权和豁免权：

第一条

1. 联合武装力量司令部由华约成员国的陆、海军将军和军官组成，在执行任务时享有本条约提供的特许权和豁免权。

在联合武装力量司令部工作的、司令部所在国派遣人员中，按照本条约规定，部分人员享有特许权和豁免权，其范围和人数由联合武装力量司令部与本条约签约国军队司令部协调决定。名单每年由联合武装力量司令部告知签约国司令部。

2. 在本条约中，联合武装力量司令部一词包括其他指挥机构。

3. 联合武装力量司令部所在地设在莫斯科市。

第二条

华约成员国联合武装力量司令部在执行所担负的任务时是法人，具有以下法律权能：签署协约，购置、租赁和充公财物，出席法庭。

第三条

1. 联合武装力量司令部在各国境内享有本条约规定的特许权和豁免权。

2. 联合武装力量司令部的所在的建筑物、所有财产和文件，即使在个别情况下失去豁免权，也都免受行政和法律的剥夺。

3. 联合武装力量司令部在各成员国都免除各种税收，但要为具体的公共服务支付费用。

74

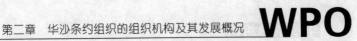

4. 联合武装力量司令部为行使其职权所需货物免收海关税。

5. 联合武装力量司令部在各成员国内享受邮政、电报、电话的优惠待遇，享受和成员国军队同样的待遇。

第四条

1. 联合武装力量司令部的主要官员享有下列的特许权和豁免权：

1) 所有文件免检；

2) 个人行李享有与所在国外交人员同样的待遇；

3) 在各成员国内免征所得税；

4) 不能对其拘捕、软禁，享有法律和行政豁免权；

5) 上述第2、3两项适用司令部人员的家属。

2. 联合武装力量司令部的总司令和副总司令除上述特许权和豁免权外，在各国内享有外交人员的特许权和豁免权，并持有外交人员证件。

3. 本条款规定的特许权和豁免权在这些人员执行公务时享有。

联合武装力量司令部总司令经与各成员国国防部长协调，有权利和义务剥夺司令部违法人员的豁免权。

4. 联合武装力量司令部的工作人员和家属持有司令部颁发的专门证件，该证件注明了他们享有的特许权和豁免权。司令部的工作人员和家属统一由司令部办理签证。

5. 上述4款不包括在司令部工作的本国公民和家属。

6. 享有本条约规定的特许权和豁免权的人员，必须尊重所在国的法律，不干涉所在国的内政。

第五条

当联合武装力量司令部工作人员被总司令按照第四条中有关规定剥夺了豁免权后，不论他违反该国的刑法或行政

75

法，他要接受该国法律和军事法庭的审判。

本条约的军事法庭在处理案件时与联合武装力量司令部相互协调和帮助，可以提出相互协助的请求。

第六条

1. 本条约适用所有签约国

2. 本条约保存在苏联

3. 该条约只要3国批准，从批准之日起生效。其他国家在签约时间起生效。

4. 本条约在解释和执行过程中出现争议，由签约国通过本国国防部或外交渠道或其他谈判渠道解决。

5. 本条约正式文本一份，由俄文书写，正式文本由苏联政府保存，其他国家保存经过公证的文件副本。

三 华沙条约成员国的变动及其条约的期限

19 55年5月14日，阿尔巴尼亚、保加利亚、匈牙利、民主德国、波兰、罗马尼亚、苏联和捷克斯洛伐克在《华沙友好合作互助条约》签字，成为华约的成员国。根据该条约第九条的规定，任何国家只要愿意参加《华沙条约》，通过促进爱好和平的国家的共同努力来保障和平和国际安全，不论其社会制度和国家制度，都可以参加《华沙条约》。但是，直到1991年解散，华约也没有接纳任何新的成员；其间，蒙古曾提出申请，但没有被接受。

蒙古人民共和国申请加入华约

19 63年7月10日，苏联领导人赫鲁晓夫向东欧各国党的领导人提出，蒙古人民共和国希望加入华约组织，

建议给予考虑并尽快商讨此事。在苏联打过招呼之后，7 月 15 日，蒙古人民共和国部长会议主席余·泽登巴尔致信波兰人民共和国部长会议主席约瑟夫·西伦凯维奇，提出加入《华沙条约》的请求。

泽登巴尔在信中说：为了进一步加强蒙古人民共和国与经互会成员国的全面合作，蒙古人民共和国政府十分重视华沙条约组织，它事实上坚守着所有社会主义国家的成果，完全赞同条约保证各国和平与安全的目标。

考虑到全球许多地方事态的发展，特别是在远东，美帝国主义正准备采取措施用新的大规模杀伤性武器武装日本，由此意识到需要加强蒙古人民共和国的防御能力。因此，根据《华沙条约》第九条，蒙古人民共和国表达它正式加入《华沙条约》的愿望。

《华沙条约》带有防御性质，并且根据联合国宪章呼吁维护集体安全的重要利益。随着加入华约，蒙古人民共和国将与加入华约的社会主义兄弟国家一道，严格履行条约提出的所有义务。

蒙古人民共和国政府请波兰人民共和国政府征得华约各国政府的同意，让蒙古人民共和国加入条约。蒙古人民共和国在此感谢波兰人民共和国为让其他华约参与国考虑蒙古的申请提供了很大帮助。

针对蒙古人民共和国希望加入《华沙条约》组织的请求，波兰外交部长拉帕斯基给波兰统一工人党中央政治局写了一份备忘录，提出反对意见。他认为，此时接受蒙古加入华约，其政治上的影响值得考虑。首先从社会主义阵营的利益来看，由于中苏分歧的公开，接受蒙古的举动会被亚洲社会主义国家、甚至西方看做是直接针对中国的一个步骤。其次，即使中国认同蒙古强调的它面临着帝国主义威胁的这一说法，对华约也是不利的。因为这意味着一旦蒙古遭受帝国主义侵略，华约要为蒙古提供安全保证。但同时，华约并没有给越南、朝鲜和中国等更直接面临美、日侵略危险的国家提供额外保证。再次，华约是欧洲社会主义国家直接反对帝国主义在欧洲活动的条约，接受蒙古加入，将导致《华沙条约》基本条款的改变，华约就可能转变成由社会主义阵营所有国家参加的安全条约。

拉帕斯基在备忘录中还提出，针对中国的特殊情况，如此决定是不现实的。即使实现对条约性质的改变，与加强它在亚洲的作用相比，更可能削弱它在欧洲的反帝国主义作用。最后，还要考虑到缔约国能否对此达成一致意见，罗马尼亚可能会采取反对立场；而阿尔巴尼亚实际上已经与华约分裂，但在名义上还是其中一员，它的反对还是合法的。

另外从蒙古的利益考虑，它的安全在1946年通过与苏联签订联盟条约已得到保证；同时还要考虑到，蒙古在亚非国家组织中所确立的地位，蒙古加入军事条约，是否会削弱它在亚非国家组织中拥有的政治信任度以及它的影响。

1963年7月26日，就蒙古人民共和国准入华约组织一事，华约组织政治协商委员会召开会议进行讨论，东欧多数国家没有公开表示反对，除罗马尼亚外都投了赞成票。此时反倒是苏联提出，华约的扩大会是个威胁的信号，同苏联与美、英缔结禁止核试验条约所预示的缓和相矛盾。会上，各成员国在听取苏联的意见之后，权衡利弊，决定不再讨论蒙古人民共和国的申请。

阿尔巴尼亚退出华约

由于阿尔巴尼亚与苏联在发罗拉海军基地问题上的冲突，1961年6月苏联宣布撤走在阿尔巴尼亚的军舰、武器和技术装备，召回舰船及其他部门的所有苏联人员。此后，阿尔巴尼亚于同年被停止参加华约组织的任何会议。1968年华约5国入侵捷克斯洛伐克之后，阿尔巴尼亚于同年9月13日宣

布退出华约组织。

除了华沙条约组织成员国，中国、朝鲜、蒙古、越南、老挝均派出观察员出席华约组织政治协商委员会会议。但中国从1962年起停止派出观察员。

条约的期限

《华沙条约》于1955年签订，根据条约第十一条规定，条约有效期为20年。如果在期满前一年未有缔约国向波兰提出条约无效声明，条约将继续生效10年，据此，1975年《华沙条约》自动延长10年。1985年5月14日条约即将期满，在此之前，4月26日华沙条约组织各国领导人在华沙就条约延长期限举行正式会谈，决定华约再延期20年，同时签署了一项议定书，规定续订的条约到2005年期满时再顺延10年。会后发表的公报说，华约成员国不打算取得对西方的军事优势，同时也不允许西方取得对于华约成员国的军事优势，赞成在尽可能低的水平上确保均势；并保证，华约成员国将继续采取必要措施使联合武装力量保持在应有的水平上。但是，没到20年，华约组织于1991年7月宣布正式解散。

第三章

华沙条约组织的主要政治活动

一 谋求欧洲和平的提案

华约组织成立之后，一方面，通过召开华沙条约组织政治协商委员会会议，并在会后发表联合声明，表明苏联及其他成员国在对外政策中的统一立场；另一方面，利用国际组织和首脑会议，宣传苏联及其他华约成员国的政治主张。作为区域性的政治联盟，华约组织自成立到 20 世纪 60 年代中期，它的主要政治目标是呼吁缓和欧洲紧张局势，建立欧洲集体安全体系。正是以华约组织的政治和军事实力为依托，苏联作为华约组织政治主张的代言人，发起和平攻势，希望实现与西方的平等对话。

欧洲集体安全条约草案

1955 年 7 月 18 日，苏、美、英、法 4 国首脑会议在日内瓦召开。自波茨坦会议后 10 年，4 国首脑再次聚会，苏联对此非常重视，赫鲁晓夫和苏联部长会议主席布尔加宁一起赴会。在会上，布尔加宁代表苏联表示，希望参加《北大西洋公约》和西欧联盟的国家同参加《华沙条约》的国家之间

缔结一项条约。其原则是：双方保证不使用武装力量来互相对峙；在它们之间发生了可能对欧洲和平构成威胁的任何分歧或争论时互相协商。这项条约属于暂时性质，最终是双方签订建立欧洲集体安全体系条约。

苏联代表团对此显然是有备而来，向 4 国首脑会议提交了《保障欧洲集体安全的全欧条约草案》。草案共列 15 项条款，除了强调不得使用武力，应当用和平方法解决缔约国之间可能发生的一切争端外，主要内容还包括：所有欧洲国家，以及美国，不管它们的社会制度如何，只要它们承认条约中陈述的宗旨，并且承担条约中规定的义务，都可以参加这个条约；在执行条约规定的建立欧洲集体安全体系的措施的第一阶段（2~3 年），缔约国不解除根据现有条约和协定承担的义务，以及条约为 50 年期限等条款。也就是说，苏联提出北约与华约成员国间缔结条约的前提并不是先解除这两个条约组织，而是保留了在一定期限内继续承担各自的义务。苏联在提案中还特别指出，条约的目的是使所有欧洲国家一致努力来保障欧洲的集体安全，而不是组织某些欧洲国家反对其他一些欧洲国家的集团，从而引起国际摩擦和紧张关系并且加重互不信任。

美、英、法认为，德国应该通过自由选举实现统一，德国的分裂是欧洲不稳定的一个根本因素；不认同苏联提出的在德国实现统一前，可以承认两个德国并存的主张，德国问题的解决应和欧洲安全直接联系在一起。而且按照西方的设想，统一后的德国要参加北大西洋公约组织和西欧联盟。这实际上是和苏联努力的方向背道而驰的，苏联提出的欧洲集体安全的全欧条约自然也就不可能达成。

但是，苏联还是采取比较主动的外交途径，1955 年 9 月开始与西德进行建交谈判，达成了两国建立大使级外交关系的文件，之后又在 9 月 20 日与东德签署两国关系条约。德国的分裂

既是现实，两个军事集团的存在也不可避免。苏联在苏共"20大"之后调整了对外政策的战略目标，希望达成东西方的和平共处。华沙条约组织的成员国波兰也积极提出保持中欧和平的外交倡议。

拉帕茨基计划

针对北大西洋公约组织理事会将决定在北约成员国的领土上配置核武器和火箭武器，以及美国要向西德军队提供核武器，甚至让西德有可能生产这类武器，1958年2月14日，波兰外交部长拉帕茨基接见了苏联、美国、英国、法国、捷克斯洛伐克、民主德国、丹麦、比利时和加拿大驻华沙的外交使节，递交了波兰政府关于在中欧建立无原子武器地区的备忘录，即"拉帕茨基计划"。

备忘录说，建议中的中欧无原子武器地区应该包括波兰、捷克斯洛伐克、德意志民主共和国和德意志联邦共和国的领土。因建立无原子武器地区而产生的义务应以下述原则为依据，这就是：一，包括在这一地区内的各国保证不生产、不积聚、不输入、也不允许别国在本国领土上配置所有类型的核武器，并且不建立、也不允许别人在本国领土上设置包括火箭发射台在内为核武器服务的设备和装置；二，法国、美国、英国和苏联4国承担义务，保证不用原子武器来武装自己驻扎在无原子武器地区各国的军队，不在本地区各国领土上贮存和建立包括火箭发射台在内为原子武器服务的设备和装置，不得在任何形式下以任何方式把原子武器和为原子武器服务的设备和装置交给本地区的政府或其他机构；三，拥有原子武器的国家应承担义务，不使用这种武器来对付本地区的领土和本地区领土上的任何目标，这样，这些国家就承担了尊重这个地区作为无原子武器地区的地位和不得对它使用原子武器的义务；四，在本地区任何国家领土上驻扎有军队

的其他国家也应当承担和法、美、英、苏4国同样的义务，至于履行这些义务的方法和方式可以详细协商。

备忘录说，为了保证上述第一、二、四各条所包括的义务的效力及其履行，有关国家应保证在本地区领土上建立广泛有效的监督系统，并且服从监督。这个系统应既包括地面监督，也包括空中的监督，还要建立有关的监督岗，它们拥有可以保证检查有效进行的权力和活动条件。履行监督的方式和细节可以根据迄今在这方面获得的经验和各国在进行裁军谈判过程中所提出的方案加以协商，其形式和范围要能适应于本地区的领土。

为了对上述义务的履行情况进行监督，应当建立相应的监督机构。例如，北大西洋公约组织和华沙条约组织可以派代表（也可以以个人名义）参加这个机构。没有参加欧洲任何一个军事集团的国家的公民和代表也可以参加这个机构。监督机构的成立方法、活动方式和报告制度可以进一步协商。

备忘录接着谈到拟定加入无原子武器地区各国履行义务的方式问题。备忘录说，签订相应的国际条约，是拟定加入无原子武器地区各国的义务的最简单的方式。但是，为了避免某些国家可能认为这样解决问题过于复杂，波兰政府建议还可以采取以下几种方式：一、以4个单方面宣言形式拟定这些义务，这种宣言具有国际义务性质，并交由各方协商选出的保存国保存；二、以联合文件或单方面宣言形式拟定大国义务；三、以单方面宣言形式拟定在无原子武器地区驻有武装部队的其他国家的义务。

备忘录最后说，根据上述建议，波兰政府建议着手举行谈判，以便进一步详细研究建立无原子武器地区的计划，以及与此有关的文件、保证和履行所承担的义务的方法。波兰政府确信，接受在中欧建立无原子武器地区的建议，就将有利于就适当限制常规军备和缩减驻扎在无原子武器地区各国境内的外国军队的人数达成协议。

华约与北约互不侵犯公约草案

19 58 年 5 月 24 日，在莫斯科召开了华约组织政治协商委员会会议，会后发表的联合声明中提出，建议签订华沙条约参加国和北大西洋公约组织参加国之间的互不侵犯公约。在解释这一公约的目的时，声明说，华沙条约参加国主张取消所有军事同盟和军事集团，因为这些集团的存在使各国之间的关系走向尖锐化，并在各国之间造成长期军事冲突的威胁。但是鉴于西方国家不准备解散它们所建立的军事集团，并以建立欧洲和世界其他地区的有效的具体安全体系来代替。因此，华约缔约国认为，必须采取迫切的措施来和缓两个主要集团之间所形成的纠纷和防止它们之间的矛盾变成军事冲突，双方在公约中要保证：

1. 相互不使用武力和武力威胁；

2. 互不干涉内政；

3. 只用和平的方法，本着谅解和公正的精神，通过各有关方面举行谈判的途径来解决彼此之间可能产生的争执问题；

4. 在欧洲形成可能威胁和平的局势时，相互进行协商。

会议拟定了北约与华约互不侵犯公约草案，同时决定将该公约草案递交北大西洋公约组织参加国政府。该公约草案的具体内容如下。

第一条，注意到国际法特别是联合国宪章禁止在国际关系中使用武力或武力威胁，华沙条约参加国和北大西洋公约参加国庄严承诺，严格遵守这项禁令，不使用武力或武力威胁联合或单独反对另一方。

第二条，在双方一个或多个缔约国之间可能引起的所有争端，应该只用和平的方法解决，以遵守互不干涉国家内政准则为基础，本着相互理解的精神，通过有关各国的协商，或是使用联

合国宪章提供的和平解决国际争端的其他方式。

第三条，要是形成了可能威胁维护欧洲和平与安全的局势，参加互不侵犯公约的国家应该抱着采取和执行联合措施的目的一起协商，依照联合国宪章和平解决可能是最适宜的。

第四条，现公约有效期限为 25 年。

公约自华约缔约国和北约缔约国的全权代表签字之日生效。

一旦北约和华约宣布终止，现条约也将失效。

第五条，现公约以俄文、英文和法文书写正式文本，将送交联合国秘书长妥善保管。其副本随后由联合国秘书长转交给公约的所有缔约国政府。

华约缔约国呼吁北约组织接受缔结互不侵犯公约的建议；并且认为，如果双方缔结互不侵犯公约，这将是两个军事集团的成员国由对立向着相互信任和和平合作发展转折的一个良好开端。新战争只可能是这两个集团之间冲突的后果，如果由世界上拥有最发达的军事工业的 23 个国家组成的这两个军事集团不互相进攻，战争就能够避免。此外，互不侵犯的义务是一种有效的遏制手段，有利于反对侵略的力量的团结，从而有利于粉碎侵略者。华约缔约国表示，准备随时派出代表同北大西洋公约集团国家的代表就互不侵犯公约建议中的问题交换意见。交换意见可以在最高级会议之前进行，以便促进在最高级会议上通过关于缔结这一公约的最后决定。

裁军措施

19 55 年 8 月，在华约组织刚成立不久，赫鲁晓夫就宣布苏联单方面裁减 64 万军队。在西方人看来，这是苏联作出的一种姿态，并不影响苏联的军事实力。实际上，赫鲁晓夫却是真的要对军队结构进行改革，他还敦促华约组织成员国削减它们的军队，要求波兰和捷克斯洛伐克缩减军队的编制，用

5 年时间实行军队现代化。为了表示谋求和平的诚意,苏联于 1958 年 1 月在联合国裁军小组委员会解散之后,再次宣布单方面裁减军队 30 万人。同年 5 月,在莫斯科举行的华约组织政治协商委员会会议上,在提出两个军事集团缔结互不侵犯公约的同时,宣布除了苏联要裁减 30 万军队之外,华约组织缔约国同时裁减 11.9 万军队,其中包括:罗马尼亚 5.5 万人,保加利亚 2.3 万人,波兰 2 万人,捷克斯洛伐克 2 万人,阿尔巴尼亚 1000 人。这样,华约组织总裁军达到 41.9 万人。

1959 年 12 月,赫鲁晓夫再次向苏共中央主席团提出裁军 100 万~150 万的建议。他认为,苏联现在的经济发展相当好,在导弹建设上也是处于非常有利的地位,拥有服务于各种军事目的的火箭。当苏联已拥有原子弹和氢弹,以及能发射到全球各个角落的火箭把那些攻击苏联的国家从地球上抹掉的时候,哪个欧洲国家或者国家集团还敢攻击苏联?由此,苏联没有必要为保持一支庞大的军队而削弱自己的经济潜力。苏联不是准备打进攻战,而是防御,苏联所拥有的核武器足以保卫祖国和自己的盟友。但是,尽管 1960 年 1 月召开的最高苏维埃代表大会通过了这一裁军方案,但由于后来爆发了柏林危机,苏联未提出裁减百万军队的计划。

对于缔结两个军事集团互不侵犯公约的建议,以及苏联与东欧采取的裁军措施,西方没有给予认真对待,并认为这不过是苏联集团发起的宣传攻势。美国毫不掩饰地说,它不会接受一项禁止美国在必要时使用武力来保卫其在柏林权利的协议。美国认为,苏联提出的互不侵犯公约势必将使欧洲分成两个集团,而美国希望保持同欧洲所有国家能够发展关系的可能性。

呼吁召开全欧安全会议

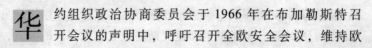

华约组织政治协商委员会于 1966 年在布加勒斯特召开会议的声明中,呼吁召开全欧安全会议,维持欧

洲各国的领土现状，采取措施解散北约和华约两个军事集团，以全欧贸易联盟代替欧共体，鼓励欧洲大陆的科学、技术和文化合作。1969 年 3 月 17 日，华约组织政治协商委员会在布达佩斯举行的会议上再次呼吁召开欧洲安全会议；指出：召开这样一次会议存在着现实的可能性，通过私人的接触，欧洲国家没有一个国家的政府反对召开全欧安全会议，而且自二战后，全欧国家没有聚到一起，尽管有一系列的问题要在谈判桌上进行研究。

会议声明，华约成员国反对世界由于分成军事集团、军备竞赛造成的分裂，以及对人民和安全的威胁。在尊重平等、独立和国家主权的基础上，加强经济、政治和文化关系，以防止新的军事冲突，对于欧洲各国人民是至关重要的问题。

声明还重申，欧洲各国现存边界的不可侵犯性，包括奥德—尼斯河、民主德国和联邦德国的边界，是欧洲安全的基本需要，同样是对民主德国和联邦德国存在的承认。

与过去的华约组织政治协商委员会的会议声明不同，布达佩斯会议的声明在提出召开全欧会议时，不提解散两个军事集团，也不提美国是否参加的问题，等于对会议的召开没有设立前提条件，实际上也是苏联接受了没有美国参与的讨论欧洲安全问题是没有意义的。因此，这也为后来的赫尔辛基欧洲安全与和平会议（Conference on Security and Cooperation in Europe，CSCE）打开了一条道路。

二　应对第二次柏林危机和古巴危机

进入 20 世纪 60 年代，东西方关系本来是以缓和为主调，此时却接连发生两次危机，很有可能带来东西方的直接冲突，这就是第二次柏林危机和古巴危机。第二次柏林危机涉及民主德国，与其相邻的华约成员国非常关注形势变化可能产生的影响。而在古巴部署导弹实际上是苏联的单独行动，苏联在事先没有与东欧国家协商甚至没有通知东欧国家的情况下在古巴部署导弹，但是华沙条约组织各成员国在古巴危机中还是采取了一致的立场，发表了支持苏联的声明。

修建柏林墙

东西德分裂后，不少生活在民主德国的居民逃往西德，其中很多是科技人员，并且以柏林这个可以自由往来的城市作为主要通道。到 60 年代初，情况愈演愈烈，引起民主德国领导人的极度担忧。因此，1961 年 3 月在莫斯科召开华约组织政治协商委员会会议时，特别讨论了大量东德人通过柏林逃向西方的问题。民主德国统一社会党总书记乌布利希提出，要关闭通往西柏林的通道。

为了尽快解决德国和柏林问题，赫鲁晓夫约见刚刚出任美国总统的肯尼迪，并于 1961 年 6 月初在维也纳举行会谈。赫鲁晓夫希望在 1961 年底前签订对德和约，使柏林成为非军事化的自由城市，如果西方反对，苏联将单独和德意志民主共和国签订和约。然而，这次苏、美两国首脑会谈没有取得任何成果，相反，两方各自开始增加军费，摆出要较量一番的架式。

如此态势使得华约组织其他成员国也多召开了中央紧急会议，讨论可能出现的后果及需要采取的措施。7 月 25 日，捷克斯洛伐克共产党政治局会议决定：9 月 1 日前完成防空师指挥掩所的建设，并完成包括所有设备的准备工作；10 月 30 日前完成保卫与联邦德国边界相关的防御；吁请苏联国防部长给予援助，加快输送 T—54 型作战坦克的备用部件。波兰、东德和匈牙利也都采取了相应的军事动员。

1961 年 8 月 13 日凌晨，民主德国国家人民军和警察预备队

封锁了与西柏林的边界线，6个小时后，东西柏林间43公里的边界被铁丝网和临时路障隔开，随后进行构筑水泥墙的工作。修建后的柏林墙总长160多公里，高近4米，靠近民主德国一侧设立了禁区，并有哨兵在瞭望塔上站岗。民主德国公民需要有特别许可证才能过境前往西柏林，进入东柏林的西柏林市民要出示个人身份证。

华沙条约缔约国就柏林墙的修建发表了联合声明，一致表示支持民主德国的举动。声明说，华沙条约缔约国政府多年来一直为争取对德媾和而努力，这个问题早已成熟，不容再拖延。苏联政府在华沙条约组织各成员国的完全赞同和支持下，曾经向参加反对希特勒德国战争的各国政府建议：同两个德国缔结和约，并在此基础上解决西柏林问题，办法是赋予西柏林以非军事化自由城市地位。这个建议考虑到战后时期在德国和欧洲实际形成的局势。其目的不是反对谁的利益，只是为消除第二次世界大战的残迹和加强普遍的和平。

声明指责说，西方国家政府迄今对于通过有关国家的谈判协商解决这个问题没有表现出诚意。此外，对社会主义国家的和平建议，西方国家的回答却是加紧备战，煽动战争歇斯底里，并以武力相威胁。北大西洋公约组织一系列国家的官方人士扬言，要增加本国武装部队的人数，并谈论局部军事动员计划。在北大西洋公约组织的某些国家里，甚至还公布了对德意志民主共和国进行军事进攻的计划。侵略势力乘没有和约之机，加紧西德的军国主义化，加速建立西德联邦国防军，并给它装备最新型的武器。西方国家的政府千方百计地支持武装西德，粗暴地践踏有关铲除德国军国主义和防止它以任何形式复活的极重要的国际协定。西方国家不仅不努力使西柏林的局势正常化，反而继续加紧利用它作为对德意志民主共和国和社会主义大家庭其他国家进行破坏活动的中心，经常往德意志民主共和国派遣间谍，进行种种破坏活动，甚至招募间谍，煽动敌对分子在德意志民主共和国内组织怠工和破坏秩序的活动。现行的西柏林边界通行条例，被德意志联邦共和国统治集团和北大西洋公约组织国家的情报机关当成了破坏德意志民主共和国经济的工具。德意志联邦共和国的政府机关和军火康采恩以欺骗、收买和恫吓的方法，迫使德意志民主共和国的一些不坚定的居民到西德去。这些受骗的人被迫在联邦国防军队中服务，他们被广泛招募到各国的情报机关，以便作为间谍和特务再潜回德意志民主共和国。为了对德意志民主共和国和其他社会主义国家进行这种破坏活动，还设立了特别基金。西德总理阿登纳不久前曾要求北大西洋公约组织各国政府增加这项基金。

声明指出，值得注意的是，最近以来，当苏联、德意志民主共和国和其他社会主义国家提出立即对德媾和的建议以后，来自西柏林的破坏活动越发加紧了。这种破坏活动不仅给德意志民主共和国造成损失，而且也损害社会主义阵营其他国家的利益。面对德意志联邦共和国及其北大西洋公约组织盟国的侵略图谋，华沙条约缔约国不能不采取必要措施来保障它们的安全，首先是德意志民主共和国的安全，以保卫德国人民的利益。

华沙条约缔约国政府建议德意志民主共和国人民议院和政府、德意志民主共和国全体劳动人民，在西柏林四界建立这样的制度：可靠地堵塞对社会主义阵营各国进行破坏活动的道路，在西柏林全境的四周（包括西柏林同民主柏林交界地方）实行可靠的防卫和有效的监视。当然，这些措施不应触及西柏林和西德交通线的通行和监督的现行制度。

华沙条约缔约国政府当然知道，在西柏林四界采取防卫措施会对居民造成某些不方便。但是，在当前局势下，罪咎完全在于西方国家，首先是德意志联邦共和国。既然西柏林的四界迄今仍然敞开，那么就希望西方国家不要利用德意志民主共和国的善意

90

而为非作歹。但是，西方国家并不考虑德国人民和柏林居民的利益，利用西柏林边界的现行制度来实现它们阴险的和破坏的目的。因此，在西柏林四界加强防卫和监视工作，旨在结束目前的不正常状况。华沙条约缔约国政府同时认为并有必要强调指出，一旦对德媾和实现，并在此基础上解决了有待解决的问题，那么，这些措施就没有必要存在。

苏联《真理报》28 日发表社论，评述柏林局势说，在西柏林形成了极端危险的、充满严重后果的局面。西方国家把它变成了对德意志民主共和国和其他社会主义国家进行破坏活动的中心，变成间谍、颠覆和挑衅的温床。社论还说，社会主义国家对于西德正在动员一切力量准备第三次世界大战不能熟视无睹，它们对于由此在西柏林发生的一切不能漠然视之。华沙条约缔约国建议德意志民主共和国人民议院、政府和全体劳动人民，在西柏林边界上建立一种能够可靠地堵塞对社会主义阵营国家进行破坏活动的道路的秩序。社论认为，这是理智和正义对战争势力的胜利，是和平解决德国问题、加强和平道路上的重要步骤。

对古巴危机的态度

根据 1962 年 5 月苏联国防部写给赫鲁晓夫的报告，苏联国防部依照指示，拟在古巴部署的军事力量主要包括以下几项：（1）在古巴岛部署苏联一个集团军，包括各个兵种，由苏军在古巴的总司令领导下的联合参谋部指挥。（2）向古巴派遣第 43 导弹师，由 5 个导弹团组成，配备 24 个 R–12、16 个 R–14 共 40 个导弹发射架，以及 60 枚导弹。苏联军队和导弹师可以在 7 月初以两个梯队从苏联派出。（3）为了古巴的空中防御和保护在古巴的苏联集团军，派出两个防空师，包括 6 个导弹防空团、6 个技术营、1 个由米格—21 和 F—13 战斗机组成的空军团。2 个防空师 1 个在 7 月派出，1 个在 8 月派出。另外还派出保护古巴海岸和可能遭受攻击的基地的火箭部队、导弹巡逻艇、负责技术部队安全的摩托化步兵团，以及和驻军配套的医院、弹药库和面包厂等。整个计划派出 4.4 万名作战人员、1300 名工人和文职人员，需要 70 ~ 80 艘苏联舰船来运送这些部队和作战装备。

苏联于 1962 年 7、8 月开始实施在古巴部署导弹的计划，10 月被美国 U - 2 侦察机发现。10 月 22 日，美国总统肯尼迪发表电视演说，宣布对古巴实行海上封锁。在此之前，苏联实施如此大规模的军事行动计划却没有向华约组织成员国透露一点信息。直到肯尼迪讲话的第二天，由华约组织联合武装力量总司令格列申科向华约成员国在莫斯科的代表通报了古巴的形势，同时命令华约组织进入戒备状态。10 月 23 日，苏联政府发表声明表示，如果苏联舰船遭到拦截，苏联将进行最猛烈的回击。

得到消息和通报后，东欧各国政府纷纷发表声明。波兰政府于 10 月 24 日发表声明说，美国政府的这一决定在和平时期是史无前例的。这是美国企图摧毁古巴人民的独立和主权，反对古巴共和国的一系列侵略步骤中的又一个新环节。美国想通过禁运和武力把自己的意志强加给古巴人民，这再一次明目张胆地破坏了不干涉他国内政的原则。波兰政府在声明中提出警告：当美国侵犯波兰船队的权利时，它有得出一切结论的权利。声明还表示，波兰政府支持苏联政府 10 月 23 日的声明，并且响应声明中向各国政府和人民提出的呼吁：抗议美国对古巴的侵略行动，并为保卫和平采取行动。

匈牙利政府于 10 月 24 日发表声明，表示赞同苏联政府于 10 月 23 日发表的声明。声明指出，从匈牙利人民共和国的利益出发，并同华沙条约组织及其他爱好和平的力量协调一致，匈牙

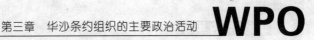

利政府已经采取了相应的措施，以对付美国政府的挑衅行为。声明表示声援古巴政府和英勇的古巴人民。

罗马尼亚政府于 10 月 25 日发表的声明表示，完全赞同苏联政府 10 月 23 日发表的声明，并且重申全力声援古巴人民的英勇斗争。

最终，古巴危机以苏联宣布从古巴撤走导弹而结束，11 月 21 日，华约组织联合戒备正式解除。

三　华约国家势力向欧洲以外扩张

与西德签订双边条约

20世纪 60 年代东西方之间发生的重重危机化解后，防止双方的冲突、缓和紧张关系仍是当时的主要目标。到了 60 年代末，西德总理勃兰特的新东方政策使得德国问题的解决终于有了突破口。1970 年 8 月 12 日苏联与联邦德国签署条约，1970 年 12 月 2 日华约组织政治协商委员会在柏林召开会议，发表了《关于加强欧洲安全、发展和平合作问题的声明》。苏联和德意志联邦共和国条约的缔结以及波兰和德意志联邦共和国条约的草签具有重大国际意义。它们承认由于第二次世界大战和战后发展所形成的欧洲现状，承认欧洲国家边界的不可侵犯性，遵守只用和平手段解决争端的原则而不诉诸武力或以武力相威胁。所有这一切对于欧洲和平的命运，对于欧洲人民的和平未来都具有巨大意义。上述两项条约的生效将符合所有欧洲国家和人民的切身利益。70 年代中期以后，苏联加强了对拉美、非洲以及东南亚地区的势力渗透，扩大对这些地区国家的经济和军事援助。华约组织的个别成员国为此追随苏联。

苏联加强对亚非拉的渗透

苏联与拉美国家的政治往来，主要是苏共代表团与拉美国家共产党领导人之间的互访。在拉美国家中，当时只有哥伦比亚、古巴、墨西哥和委内瑞拉4国共产党的活动是合法的。于是，苏联积极促进与禁止共产党活动的国家玻利维亚、巴西、乌拉圭的外交、贸易和科技合作关系，通过大量的媒体报道支持尼加拉瓜的民族解放运动。但是，拉美地区作为美国后院是极其敏感的地区，苏联不会贸然发展与拉美国家的军事关系，除了古巴之外，只与秘鲁签订有军事援助协议。

在1955年到1978年间，苏联接受了来自发展中国家，主要是阿富汗、阿尔及利亚、埃及、印度、印度尼西亚、叙利亚和索马里约4.4万多名军事受训者。还有发展中国家的近6000名军人前往东欧国家培训。有些受训者先在波兰接受海军培训，而由捷克斯洛伐克提供对飞行、电子和通讯技术的培训。

这些培训大多与苏联和东欧国家卖给第三世界国家的军事设备和武器有关，所以它们的技术人员和顾问同时被派往这些国家。据估计，仅1978年就有1.2万多名苏联和东欧国家的军事技术人员派往发展中国家。苏联还为这些国家援建军工企业、维修设施。如在印度援建米格－21直升战斗机生产工厂，苏联为此提供了经济和技术援助。

表 3 – 1　1955～1978 年在苏联和东欧受训的发展中国家的军事人员

地　　区	苏　联	东　欧	地　　区	苏　联	东　欧
北　　非	3385	335	东　　亚	7590	1710
撒哈拉以南非洲	10035	1065	南　　亚	6425	370
拉　　美	725	—	中　　东	15630	2485

资料来源：美国中央情报局；《共产党在发展中国家的援助行动1978》，华盛顿，1979。转引自罗伯特·唐纳森《苏联在第三世界：成功与失败》，维斯特威尔出版社，1981，第405页。

表 3 – 2　苏联向发展中国家输出武器的金额（1955 ~ 1978 年）

单位：百万美元

地　区	苏　联	地　区	苏　联
北　非	4965	东　亚	890
撒哈拉以南非洲	3900	南　亚	4290
拉　美	650	中　东	14960

资料来源：美国中央情报局：《共产党在发展中国家的援助行动1978》，华盛顿，1979。转引自罗伯特·唐纳森《苏联在第三世界：成功与失败》，维斯特威尔出版社，1981，第393页。

表 3 – 3　1978 年苏联、东欧国家派往发展中国家的军事技术人员

地　区	人数	地　区	人数
北　非	2760	南　亚	850
撒哈拉以南非洲	3815	中　东	4495
拉　美	150		

资料来源：美国中央情报局：《共产党在发展中国家的援助行动1978》，华盛顿，1979。转引自罗伯特·唐纳森《苏联在第三世界：成功与失败》，维斯特威尔出版社，1981，第407页。

表 3 – 4　1967 ~ 1976 年东西方国家对印度输出武器比较表

单位：百万美元

国　家		国　家	
苏　联	1365	波　兰	45
英　国	75	法　国	41
捷克斯洛伐克	55	美　国	40

资料来源：美国军备控制和裁军署，《世界军费和武器转送》，华盛顿，1978，第158页。

保加利亚对亚非拉的援助

亚　洲：1956年保加利亚第一次给越南人民共和国以经济援助。1965 ~ 1971年间，保加利亚政府作出17次

秘密决议，向越南提供军事、财政和经济援助。1971 年 8 月 21
日，越南总理范文同致信保加利亚总理斯坦科·托多罗夫，请求
给予 750 万卢布的无偿经济援助，以及额外的 1.5 万支步枪、
1300 枚反坦克手雷和大量弹药。1973 年 7 月越南总理范文同访
问索非亚前夕，保加利亚共产党中央政治局通过第 440 号秘密决
议，向越南无偿提供 700 万卢布的军事援助。1965 ~ 1975 年间，
保加利亚政府给越南总数为 6000 万卢布的信贷。

1974 ~ 1976 年，保加利亚向老挝提供价值 65 万保加利亚列
弗的新军事设备。80 年代，保加利亚增加了对柬埔寨和阿富汗
的经济和军事援助。1979 ~ 1986 年，保加利亚向阿富汗提供价
值 3100 万美元的信贷，以及近 150 万美元无偿的军事和技术
援助。

非洲：20 世纪 60 年代初，保加利亚与不少非洲国家建立了
军事联系，有上百名非洲军人在保加利亚军事学院受训。1961
年保加利亚曾通过埃及向刚果（布）运送武器，对刚果（布）
的军事援助达 50 万美元，并为他们的军队提供军事培训。
1976 ~ 1983 年，保加利亚与安哥拉和莫桑比克签订多项军事援
助议定书。例如，1982 年保加利亚无偿提供给莫桑比克价值 75
万保加利亚列弗的枪械，包括 1000 支自动步枪、50 支 "RPD -
44" 型机关枪、1000 支 "TT" 自动手枪、500 支卡宾枪和 2000
发炮弹等。1981 年，莫桑比克国家安全部的 50 名军人到保加利
亚内务部特别高等院校接受培训。保加利亚在 1980 年与埃塞俄
比亚签订友好合作条约，其中包括军事领域的合作。

拉丁美洲：1961 年保加利亚向古巴提供了超过 800 万美元
的武器和信贷，还通过古巴向拉美左翼游击队组织输送了 3.5 万
支老式德国卡宾枪。1979 年，尼加拉瓜桑迪尼斯塔革命之后，
保加利亚共产党中央政治局作出一项秘密决议，向尼加拉瓜提供
特别军事援助，总值达 200 万美元。1980 年和 1981 年，保加利

亚与尼加拉瓜签订三个信贷协议，共计 1850 万美元。1982 年，保加利亚政府作出秘密决定，向尼加拉瓜无偿援助价值 37.4 万保加利亚列弗（大约 20 万美元）的武器等军事装备，包括 25 挺 MG－34 型轻机枪、2000 支手提机关枪、300 支 M－27 左轮手枪、1000 套军装和其他军事装备。从 70 年代末到 80 年代末，保加利亚一直保持对尼加拉瓜经济和外交政策上的支持。

除此之外，保加利亚在 1981～1984 年间，给萨尔瓦多民族解放阵线提供价值 85.4 万保加利亚列弗的步兵装备、医药和服装。1980 年，保加利亚祖国阵线通过古巴向危地马拉民族革命阵线提供医药、食品和价值 8 万保加利亚列弗的 150 顶帐篷。1982～1984 年保加利亚向洪都拉斯左派游击队送去 1.5 万美元的特别援助。

第四章

华沙条约组织内部关系的
调整与变化

在华沙条约组织内部，苏联占有特殊的领导地位，它在华约主要成员国领土上驻扎有军队，建有导弹基地，是社会主义阵营的主要防御力量。在东西方对峙的态势下，东欧国家不得不依赖苏联的庇护，但又希望争取更多的自主权。苏联也在有限的范围内调整与其他华约组织成员国之间的关系。

一　1956 年危机

苏联对波兰事件的反应

1953 年斯大林逝世，苏联国内政治开始"解冻"。此后，这股"解冻"思潮也逐渐影响到东欧国家。在波兰，人们对社会政治上的松动表现得很敏感，清理过去的历史问题、要求社会变革的呼声越来越高。苏共第 20 次代表大会上对斯大林个人崇拜的批判引起了人们思想上更大的震动。1956 年 6 月 28 日，波兹南采盖尔斯基机车车辆厂的工人因领导对工人提出的合理要求置之不理，长期受到压抑的不满情绪终于爆发出来。他们走上街头游行，冲击政府机关，最终矛盾激化导致严重的流血事件。

波兹南事件之后，1956 年 10 月波兰统一工人党将召开党的二届八中全会。这次会议讨论的关键问题是政治局成员发生重大变动，其中涉及国防部长罗科索夫斯基将被撤换。罗科索夫斯基出生在波兰，曾参加苏联红军，二战中成为苏军元帅，担任白俄罗斯第一、第二方面军司令，指挥过苏军的几次重大战役。1949年被苏联派往波兰担任国防部长和波兰军队总司令。

苏联得知波兰领导层发生变动之后，立即与华沙取得联系，要求允许苏方代表团前往波兰，举行双方会晤，交流意见。波兰领导人认为苏联代表团暂时不宜来。苏联认为这是波兰要投靠西方反对苏联的征兆，因此不顾波方的劝阻，赶在会议召开之前，苏共主要领导人赫鲁晓夫、莫洛托夫、布尔加宁、卡冈诺维奇、米高扬和国防部长朱可夫，在华约组织联合武装力量总司令科涅夫元帅和 10 名苏军陆军上将的陪同下，突然飞抵华沙。

10 月 19 日，苏共中央还致电中共中央，通报了苏联对波兰形势的担心，但没有说苏共中央代表团已动身前往波兰，中国是从外电报道中得到赫鲁晓夫率代表团到达华沙的消息。这是苏联第一次主动向中方通报东欧国家的情况，中国领导人反对苏联武装干涉另一个社会主义国家，认为这样做违反最起码的国际关系准则，也违反无产阶级国际主义原则。由于中国的表态致使苏联最终没有出兵波兰，后来就有了中国挽救了波兰之说。

波兰统一工人党的二届八中全会由于苏共中央代表团的到来而暂时中断，在把情绪激动的苏联领导人安排到贝尔维德尔宫后，会议按原定议程把哥穆尔卡等人重新选进中央委员会，并授权未经改选的政治局和哥穆尔卡与苏共中央代表团进行对话，双方会谈从 10 月 19 日 11 时持续到 20 日凌晨 3 时。

苏共中央代表团强调，波兰应加强与苏联的政治、经济和军事联系。针对波兰提出主权自主，要求苏联不要干涉波兰内部事务，要求撤走苏联在波兰的顾问，撤换罗科索夫斯基和苏联在波兰军队的其他高级官员，苏方的反应十分强烈，认为波兰要摆脱的是值得信赖的、忠于社会主义的革命者，波兰这样做是转向西方反对苏联。会谈期间，苏联的军舰在格但斯克摆起阵势，在波兰边界的苏军集结待命，驻扎在波兰境内的苏军坦克和步兵部队缓慢向华沙移动。

波兰领导人面对军事威胁，表现了思想上的团结和统一。一方面严词要求苏军立即后撤；另一方面向苏联代表团说明，波兰要建立更为民主的社会主义，不是要脱离华沙条约组织，以消除苏联对波兰的怀疑。同时，波兰的内务部队把守着通往首都华沙的主要道路，做好了保卫首都的准备。在双方会谈的贝尔维德尔宫外，华沙市广大群众举行集会和示威游行，支持和声援波兰代表团，准备自卫和抗击苏军入城。

苏联领导人在得到波兰的保证之后，停止了军事调动，苏共中央代表团返回了莫斯科。波兰统一工人党二届八中全会结束后，罗科索夫斯基没能进入新的政治局，他的国防部长职务由斯彼哈尔斯基取代。罗科索夫斯基被召回苏联国内，担任苏联国防部副部长兼总监察长等职，直到 1968 年去世。

波兰地缘政治因素在波兰事件的平息中起着重要作用，对此波兰统一工人党第一书记哥穆尔卡有着清醒的认识。他在 1956 年 11 月的一次讲话中谈到，"波苏联盟对波兰的现在和未来都是一个关键性问题。我们再一次郑重声明，只要对外关系不足以保证我们国家的安全和完整，我们就认为一定数量的苏联军队驻扎在波兰是适宜的。"他向波兰人民陈述历史教训，提出现实的警告："为了我们自己的、民族的、国家的和社会主义的利益，波兰必须始终不渝地坚决地和无情地反对任何想通过自愿或者强迫方式变波兰领土为军事'东进'的通道的企图，如果那样，波兰自己就不得不付出最大的代价。"

苏联出兵匈牙利

1956 年 10 月 23 日，匈牙利大学生要求举行声援波兰的游行，同时散发传单，提出更换匈牙利党的领导人、苏军撤出匈牙利领土等激进要求。游行在得到准许之后声势扩大。由于匈牙利政府没能有效地控制局面，示威转变成骚乱，报社和电台被占领，形势急剧变化。

苏联在处理匈牙利事件过程中，它的行动分三个阶段：一进、一退、再出兵。第一次出兵是 1956 年 10 月 24 日，苏联内务部长从苏匈边境报告，根据朱可夫的指示，第 128 步兵师和第 39 机械化师于凌晨 2 时 15 分穿过匈牙利边界；由苏联驻扎在匈牙利的部队、部署在苏匈边界和苏联在罗匈边界的部队组成 5 个师，共 31550 人，配备上千辆坦克、大炮和装甲车，并有战斗机掩护，执行占领城市重要目标和恢复秩序的任务。当天，匈牙利军事委员会发表文告公布了这一消息，电台同时播放刚刚接替赫格居斯出任匈牙利总理的纳吉签署的戒严令和在全国范围内实行军事法庭审判令，匈牙利武装部队已受命对破坏分子还击。

苏联出兵后，形势的发展在几个方面发生变化，是苏联和匈牙利两国党的领导人始料未及的，不仅没有达到平息事态、恢复秩序的预期目标，而且使苏联陷入进退两难的境地。

苏军的到来在匈牙利普通百姓中产生了消极的影响。事件的发生本来就有反苏情绪的存在，苏军的介入被视为对匈牙利民族独立的威胁，同时削弱了匈牙利党和政府的权威。匈牙利人民在是否支持由纳吉组成的新政府问题上出现分歧和动摇。一些工厂成立了各种革命委员会，部分工人参加了抵抗行动。布达佩斯的警察局和一部分匈牙利军队的士兵倒戈，大批武器流向社会，在首都街道上不时发生枪战。

10 月 24 日，受苏共中央的委托，苏共中央主席团成员米高扬和苏共中央书记苏斯洛夫到达匈牙利首都布达佩斯。他们在写给苏共中央的报告中认为，匈牙利工人党第一书记格罗夸大了反对派的力量，而低估了自己的实力。报告说，"匈牙利同志，尤其纳吉赞成更多地使用匈牙利部队、民兵及公安武警部队以减轻苏军的负担，并突出匈牙利在平息暴乱中的作用"。在询问匈牙利党政领导能否控制局势时，他们得到了肯定的答复。而就在10月25日，匈牙利工人党的领导班子进行调整，卡达尔当选匈牙利工人党第一书记。

当时正在莫斯科进行苏共中央与波兰统一工人党中央的会谈，同时苏联也邀请了中国共产党派代表团到莫斯科参加会谈。苏联对已经发生的波兰事件和正在发生的匈牙利危机进行了反省，并在10月30日发表了《关于发展和进一步加强苏联同其他社会主义国家的友谊和合作的基础宣言》，承认苏共在处理社会主义国家关系上的错误，侵害了党际平等的原则。谈到苏军在匈牙利问题，宣言说，"鉴于苏联军队继续留在匈牙利可能导致局势更加紧张，苏联政府已经指示自己的军事司令部，一俟匈牙利政府认为必要，即将苏联军队撤出布达佩斯"，并准备在华沙条约组织内就苏军驻留匈牙利领土问题进行有关谈判。

事情的转折发生在10月30日。米高扬和苏斯洛夫从布达佩斯写给苏共中央的报告说，"匈牙利的政治形势没有好转而是更加恶化了，党组织正在崩溃。骚乱分子占领了地方电话局，电台和报纸都听不到共产党的声音"。报告还提到，拿着武器的叛乱者在与政府谈判时宣称，苏军应当撤出匈牙利，否则他们不会放下武器。如此，和平解决是不可能了，苏军有能力清除这些武装，但我们最担心的是匈牙利军队的观望态度。

苏联克格勃主席谢罗夫在10月28日和29日写给苏共中央的报告里也谈到了正在恶化的匈牙利形势。他说，匈牙利工人党的基层组织已经解散，而在各地成立了各种各样的"革命委员

会。它们的行动就是解除当地原有的保安组织的武装。"在一些城市，监狱中的犯人包括刑事犯有 8000 多人被放出来。一些地区还出现武装人员到公寓搜查共产党人、发生枪杀他们的事件，在布达佩斯附近的一个工业城市，有 18 名党员被杀。

10 月 30 日，苏联向在莫斯科参加会议的中共代表团通报了匈牙利的形势及苏联准备从匈牙利撤军的决定。中共代表团对此感到有些意外，因为在莫斯科会谈期间，中共代表团认为波匈事件的发生有苏联的责任，对苏联在处理社会主义国家间关系上的大国沙文主义倾向进行了批评，但没有想到匈牙利形势已经失控，感到震动很大。中共代表团经过一天的讨论，通过电话请示了中共中央，认为不能轻易放弃匈牙利，苏军不应当撤退，应该坚决维护匈牙利人民政权。当晚，中共代表团约见苏共领导人表明了中国共产党的意见。这个反对苏联撤军的意见第二天提交到苏共中央会议上。

在同一天，意大利共产党总书记陶里亚蒂也给苏共中央发了一份电报，提出匈牙利事件给意大利工人运动和意大利共产党带来严重影响。他还强调，意共领导担心"波匈事件会危害苏共'20 大'确定的苏共中央领导的团结。如果这样的事情发生，后果是非常严重的。"10 月 31 日苏共中央给予回电，同意陶里亚蒂对匈牙利形势的评估，指出苏联不会容忍事件发生转化，强调苏共中央集体领导的团结，会一致做出正确的决定。

苏共中央做出再次出兵的决定后，还授权赫鲁晓夫、马林科夫和莫洛托夫向社会主义国家、特别是向波兰和南斯拉夫领导人通报情况。波兰是反对苏联继续出兵的，哥穆尔卡多次提出，愿意为苏联和匈牙利提供会谈场所，但没有被苏联接受。南斯拉夫领导人铁托表示理解苏联再次出兵的决定，他后来解释说，匈牙利局势可预见的发展，是社会主义被彻底埋葬，这是苏联不能容忍的后果。南斯拉夫支持苏联，但不赞成对纳吉的处理，为此两国交涉了一段时间，发生些摩擦。事实上，不论其他国家有何表态，苏联军队已经行动。

11月1日，匈牙利的纳吉政府就苏军坦克进入索尔诺克——布达佩斯东南的一个城市，约见苏联驻匈牙利大使安德罗波夫。纳吉称，由于苏联政府没有停止军队的前进，也没有做出满意的解释，匈牙利政府当天上午已通过一项声明，终止匈牙利的华约成员国身份，宣布匈牙利中立，向联合国提出美、中、英、法四大国保证这种中立的请求。安德罗波夫离开后一小时，这项声明立即生效。

当晚，苏联的军用飞机把卡达尔和匈牙利内务部长明尼赫接到莫斯科，已然决定放弃纳吉政府。11月4日，卡达尔在索尔诺克宣布成立匈牙利临时工农革命政府，纳吉政府的重要成员到南斯拉夫驻匈使馆政治避难。受苏联支持的卡达尔政府重新控制了局面，巩固政权的斗争持续了一年多，并对纳吉等人于1958年6月作出了死刑判决。

驻东欧国家苏军法律地位的确定

波匈事件后，苏联在对东欧各国的关系上做了调整。1956年12月17日，苏联和波兰签订了《关于暂驻波兰苏军的法律地位的条约》，表明苏联不得不正视东欧盟国的主权。条约主要内容如下。

第一条

一、苏联军队暂时驻扎在波兰，决不损害波兰国家的主权，并不得干涉波兰人民共和国的内政；

二、暂时驻扎在波兰人民共和国境内的苏联军队如调动到驻地以外，每次必须征求波兰人民共和国政府或波兰政府授权的主管机关的同意；

三、苏联军队如在驻地以外进行操练或演习，必须根据同波兰主管机关商定的计划进行，或者每次必经波兰人民共和国或经其授权的主管机关同意而进行。

第二条

驻在波兰人民共和国境内的苏联军队、军队组成人员及其家属必须尊重或遵守波兰人民共和国的法令。

……

第六条

关于苏联军队使用兵营、机场、练兵场、带有各种设备和设置的打靶场、建筑物、交通运输工具、邮电设备、电力、公用事业和商业服务的程序和条件，将由缔约双方主管机关另以协议规定。

第七条

在苏联军队驻在地建筑房屋、机场、公路、桥梁、固定的无线电装备，包括其频率和马力的规定在内，须经波兰主管机关同意；同样，对在苏联军队驻地以外设置为苏联军队组成人员提供日常生活服务的固定处所，也须征得同意。

……

第九条

与苏联军队驻留在波兰人民共和国境内有关的管辖问题，将按下列规定处理：

一、对于苏联军队组成人员或其家属在波兰人民共和国境内犯罪或犯过错的案件，一般适用波兰法律，并由波兰法院、检察院和有权追究罪行和过错的其他波兰机关处理；

二、本条第一款的规定不适用于下列情况：

甲、如苏联军队组成人员或其家庭成员仅对苏联以及对苏联军队组成人员或其家属犯罪或犯过错；

乙、如苏联军队组成人员在执行职务是犯罪或犯过错。

甲、乙两项所提到的案件，应有苏联法院和其他机关按照苏联的法律受理。

……

第十五条

一、苏联军队和军需品通过波兰人民共和国领土时的交通路线、期限、程序和过境费用的支付条件，以及在波兰人民共和国境内的军事运输，将另行协议处理；

二、本条约的各项规定，特别是有关司法管辖和赔偿责任的规定，都应适用于在波兰人民共和国领土过境的苏联军队。

……

第十七条

为了妥善处理有关苏联军队在波兰驻留的经常问题，苏维埃社会主义共和国联盟政府和波兰人民共和国政府各派出办理苏联军队驻波兰事务的代表。

第十八条

本条约所称"苏联军队组成人员"是指：苏联军队中的军人；驻波兰人民共和国的苏联部队中工作和具有苏联国籍的文职人员；

"驻地"是指划归苏联军队使用的地区，包括部队驻扎地连同练兵场、射击场、打靶场和这些部队使用的其他设备。

第十九条

为了解决本条约和本条约所规定的协议的解释和适用有关的各项问题，应成立苏波联合委员会。该联合委员会由缔约双方各派代表3人组成。联合委员会应根据自己制定的规则办事。联合委员会的地址设在华沙。如联合委员会不能解决所受理的问题，该问题应通过外交途径尽速解决。

1957 年 3 月至 5 月，苏联还分别与民主德国、罗马尼亚和匈牙利签订了类似的条约，对苏联在这些国家的驻军做了法律规定。在条约的正式条文前，附加的说明强调，苏军的驻扎是由于美国和北约在社会主义国家附近驻扎大批军队和保持许多军事基地，威胁社会主义国家的安全。苏联军队的暂时驻扎对防御它们可能的侵略是必要的。

苏联军队和专家撤出罗马尼亚

19 58 年 5 月，在莫斯科举行了华约组织政治协商委员会会议，在会后发表的华沙条约国宣言中公布了苏联军队和苏联专家撤出罗马尼亚的消息。苏联和罗马尼亚商讨撤军问题是在 1958 年 4 月，当时罗马尼亚代表团刚刚结束了对亚洲各国的访问。在访问中国时，中、罗双方曾发表联合声明，呼吁用集体安全体系取代在欧洲和亚洲的各种军事集团，取消在别国领土上建立军事基地和撤出在别国领土上驻扎的军队。罗马尼亚代表团在回国途经莫斯科时，和苏联领导人进行了会谈。

根据新公布的材料，1958 年 4 月 17 日，赫鲁晓夫代表苏共中央写给罗马尼亚工人党书记乔治乌－德治的一封信。信中谈到，战后苏军在罗马尼亚的驻扎是符合罗马尼亚和双方共同事业的利益的。而目前国际形势发生了变化，社会主义国家爱好和平的政策使得国际形势的缓和有了可能。鉴于罗马尼亚已经拥有可靠的武装力量，苏军不必要继续留在罗马尼亚。另外，帝国主义集团利用苏军仍然驻扎在罗马尼亚的事实，进行反苏宣传和诋毁罗马尼亚，苏联因而希望尽快与罗马尼亚在撤军问题上达成一致。一个星期后，4 月 26 日，乔治乌－德治回信赞同苏联的建议。

1958 年 9 月，苏联又同意苏联撤走在罗马尼亚的苏联顾问和专家。有关苏联专家问题，苏、罗两国在 1957 年初就交换过意见，之后一部分苏联顾问回到国内。1958 年重提这个问题，显然是两国在苏联专家的撤或留问题上仍存在着矛盾，苏联在给罗马尼亚工人党中央的信中，表面上是说苏联担心在罗马尼亚的苏联顾问和专家在某种程度上会妨碍罗马尼亚本国科研队伍的发展，但也不得不承认，"我们的一些专家并不总是熟悉你们国家的政治形势和民族特性。所以会发生一些误解，而不利于我们的双边关系。"苏联因此提出召回所有在罗马尼亚的苏联顾问和专家。

罗马尼亚在华约组织中保持相对独立的地位，主张维护国家的独立自主，不赞成把华约组织发展成为超越国家的政治军事组织，也不允许在它的领土上举行华约组织的军事演习。

二 1968 年苏联入侵捷克斯洛伐克

扼杀"布拉格之春"

19 68 年 1 月，杜布切克取代诺沃提尼当选为捷克共产党中央委员会第一书记，结束了诺沃提尼因循守旧的时代。根据捷共中央一月全会的精神，捷共制定了《捷克斯洛伐克通向社会主义的道路》的改革纲领，提出改革官僚体制，充分发挥社会主义民主，保障公民更充分的自由，形成具有人道面貌的社会主义。这一"改革纲领"引发了捷克斯洛伐克的"布拉克之春"①。

就在捷共领导人更迭的过程中，发生了一件事，捷克一名少

---

① "布拉格之春"是指 1968 年春天在捷克斯洛伐克进行的社会主义改革运动。它引起社会的震动，首先作出反应的是媒体，出现了不少抨击现状的报道。随后，出现群众集会；大学生打着反政府、反苏标语的游行时有发生。捷共党内对于这一新的变化也发生了激烈的争论。

将军官谢纳伊在 1968 年 2 月底叛逃西方，很快被送往美国。他作为捷共中央国防委员会书记、捷共中央武装部副部长，他的叛逃肯定会泄露捷克斯洛伐克和华约组织的不少军事机密，为此华约组织联合武装力量总司令雅库鲍夫斯基特意前往布拉格了解情况。不久，英国《星期日快报》报道说，苏联军队正在民主德国的德累斯顿附近集结，苏联的坦克和步兵运输车正从民主德国北部地区往南调动。

　　随着捷共"改革纲领"的制定，杜布切克还提出发展对苏关系的原则和改善华沙条约组织的主张。他在捷共中央全会发表讲话说，捷克斯洛伐克将其对外活动全面地活跃起来，要在平等、互利、互不干涉内政的基础上发展同苏联及东欧各国的全面合作。他还要求改善华沙条约组织的结构，改进华约组织联合武装力量司令部的活动。

　　捷克斯洛伐克政治形势的变化让苏联和东欧盟友们十分关切。1968 年 5 月 8～9 日，苏、保、匈、波和民主德国的领导人在莫斯科会晤，讨论捷克斯洛伐克局势。会晤是由民主德国倡议的，波兰则力求实现这次会晤。实际上波兰比东欧其他国家更早的表示了了自己的担忧。早在 4 月 19 日，哥穆尔卡与雅库鲍夫斯基在华沙会谈时，他就非常担心捷克斯洛伐克的民主改革会影响到波兰，并且害怕捷克斯洛伐克军队的涣散会影响捷克与西德边境的安全。匈牙利持保留态度并反对压制捷克斯洛伐克。

　　1968 年 5 月 17 日，以苏联国防部长格列奇科为首的 8 名苏联高级将领组成的代表团突然抵达布拉格。苏联代表团以共同防御西德入侵为由，向捷方提出在捷克驻扎 1 个师的苏军，遭到捷方的拒绝。后来捷方同意苏联提出的有少数参谋人员参加的华约组织联合武装力量司令部组织的演习，目的是"检验在现代战争条件下协同和指挥能力，改进部队和指挥机关的战斗准备状况"。

　　5 月 24 日，塔斯社宣布，华沙条约国联合武装力量司令部定于6月在波兰和捷克斯洛伐克举行联合军事演习。5月29日，以华约组织联合武装力量参谋长、苏联将军卡扎科夫为首的华约总部代表和苏联一支联络部队到达捷克斯洛伐克。5月31日，布拉格电视台在播放了苏军车队从乌克兰的乌日戈罗德开进斯洛伐克的新闻，对正在举行的捷共中央全会中的改革派施压。6月18日，华约组织联合武装力量总司令、苏联元帅雅库鲍夫斯基抵达捷克斯洛伐克，指挥演习。演习由于苏军坦克和飞机参加，比实际要求的规模扩大了，成为苏联后来入侵捷克斯洛伐克前的一次预演。

7月4～19日，苏联、波兰、民德、匈牙利和保加利亚5国分别和联名致信捷共中央，要求它参加华沙召开的6国党的最高级会议。捷共拒绝与会。

7月14日和15日，苏联、波兰、民德、匈牙利和保加利亚5国领导人在没有捷共代表参加的情况下在华沙会晤，通过了一封给捷共中央的联名信。信中说，捷克斯洛伐克局势正沿着向极右势力活跃的轨道发展，极右势力已夺取报纸、电台，在捷共中央有支持者。捷共正失掉对局势的控制，捷克斯洛伐克有被敌对势力从社会主义大家庭争夺过去的危险。联名信指责捷共不履行过去对苏共的保证，仅限于发表忠于盟国义务的宣言，不反击极右势力，容忍反革命势力夺走一个又一个阵地。联名信提出四点要求：一、动员一切保卫手段，反击极右势力；二、取缔一切反社会主义的政治组织；三、控制报刊、电台和电视；四、加强捷共党的队伍在马列主义原则基础上的团结。联名信称，保卫捷克斯洛伐克不仅是捷共的事，也是我们这些国家的共同事业，表示对捷克斯洛伐克的局势不能漠然视之。

1968年8月3日，在斯洛伐克的首府布拉迪斯拉发举行了华沙条约国首脑联席会议，出席会议的有：捷克领导人杜布切克、苏联领导人勃列日涅夫、波兰领导人哥穆尔卡、东德领导人

乌布利希、匈牙利的卡达尔和保加利亚的日夫科夫。会议声明中提出，"各国党要创造性地解决今后社会主义发展的问题，并要考虑民族的特点和条件"；同时强调，"对各国人民付出英勇努力和忘我劳动所取得的成果加以支援和保护，是所有社会主义国家共同的国际主义义务"。

8 月 12 ~ 13 日，杜布切克与乌布利希在东德边境小城卡罗维发利举行双边会谈，民德领导人要求得到捷克斯洛伐克的保证，在与民德协商取得一致以前，不与西德政府进行任何不论是经济方面还是政治方面的接洽。杜布切克拒绝了这一要求。

1968 年 8 月 19 日，苏共中央举行非常全会，讨论捷克斯洛伐克局势，会上决定对捷克斯洛伐克进行军事干涉。

8 月 21 日，塔斯社授权发表声明说，苏联、波兰、民主德国、保加利亚、匈牙利的军队（共 25 万人，最多时达 50 万人）已进入捷克斯洛伐克，采取这一行动是应捷克斯洛伐克党和国家活动家提出的请求，这一请求是由于同敌视社会主义的外部势力相勾结的反革命势力对捷克斯洛伐克社会主义制度造成威胁所引起的。这一行动完全符合兄弟社会主义国家之间缔结的同盟条约所规定的各国有单独和集体自卫的权利的条款。

请求苏联出兵

19 68 年 9 月 9 日，捷共中央主席团委员、捷克《红色权利报》主编什维斯特卡和捷共中央主席团委员皮勒尔针对有人指责他们引进苏军一事分别发表声明，说他们不是叛徒和投敌分子，没有把苏军引进捷克斯洛伐克。

有关邀请苏军一事，人们知道存在这么两封信，但一直不知道其中确切的内容。直到 1992 年 7 月，俄罗斯总统叶利钦把标有"永不拆封"字样的信的复印件交给捷克斯洛伐克政府。5 位签名者只有比拉克还活着，比拉克是斯洛伐克人。

1968 年 8 月以瓦西里·比拉克为首的捷克斯洛伐克共产党内的亲莫斯科派写了两封信，均是写给勃列日涅夫的，且为了确保信件被尽快阅读，两封信都用俄文书写。第一封信很快在 1968 年 8 月 3 日的布拉迪斯拉发华沙条约国首脑会议上被转交给勃列日涅夫。在 8 月 18 日的莫斯科会议上，苏联领导人在与民德、波兰、匈牙利和保加利亚领导人会谈时，勃列日涅夫引用了这封信。他建议对信件做小的修正，删掉最后一段，并修改地址。第二天，苏共中央政治局做出干涉捷克的决定。这封信的全文如下：

> 尊敬的伊里奇·列昂纳德，
>
> 我们对自己的决定负全责，并做如下的声明：肯请您纠正过去的错误和缺点，同时全面改变社会的政治管理，这在一月以后基本上是正确的民主进程，正逐渐脱离党中央委员会的控制。报刊、电台和电视台已掌握在右翼力量手中，影响到公众的观点，以至于他们对那些对党有敌意的分子所从事的政治活动无动于衷。这些敌对分子正在形成一股民族主义和沙文主义势力，正在挑起反共产主义和反苏心理。
>
> 我们集体——党领导人犯了一系列错误。我们没有很好地维护和有效地执行马克思列宁主义关于党的工作的准则、尤其是民主集中制的原则。党的领导人不再能使自己抵御对社会主义的进攻，在意识形态和政治上已组织不起对右翼势力的抵抗。社会主义在我国的存在正处于危险之中。
>
> 在如此艰难的环境中我们呼吁您，苏联共产党，借助苏联共产党的代表们，请你们尽可能提供支持和帮助。只有你们的支援，捷克斯洛伐克社会主义共和国才能摆脱反革命迫在眉睫的危险。
>
> 我们知道，对苏联共产党和苏联政府来说，采取极端的步骤保护捷克斯洛伐克社会主义共和国的社会主义是不容易

的。因此，我们也会尽我们所有的力量和所有的办法进行斗争。但是，如果我们的力量不能带来积极的结果，我们的声明可以视作一项呼请你们干预和全面援助的紧急请求。

联系到我国局势的复杂和危险，请你们对我们的声明保持高度的机密，因此我们以个人的名义用俄语写给您。

（信的最后是比拉克等 5 人的签名）

勃列日涅夫提出"有限主权论"

苏联入侵捷克斯洛伐克之后，华约组织联合武装力量总司令雅库鲍夫斯基和参谋长什捷缅科到保加利亚、民主德国、波兰、匈牙利、捷克、罗马尼亚 6 国巡视，同上述国家的领导人讨论华沙条约国武装部队驻捷克等问题。由于罗马尼亚拒绝并反对对捷克的武装干涉，所以新闻中只报道说，雅库鲍夫斯基等人同罗马尼亚领导人讨论了同华沙条约有关的共同感兴趣的问题。

10 月 16 日，苏联同捷克斯洛伐克签署《关于苏军暂时留驻捷克斯洛伐克境内条件的条约》，其中没有提到对布拉格在被占期间的损失给予赔偿；而是规定，苏军人员及其家属进入、留驻或离开捷克斯洛伐克时，免受护照或签证的检查；对于通过捷克斯洛伐克国境的苏军人员和一切军用物资，包括为苏军提供商业、生活服务的物资不征税、不受海关检查和边境检查。苏军对捷克斯洛伐克的占领因此被合法化。

为了给华约组织入侵捷克斯洛伐克提供理论支持，勃列日涅夫借参加波兰统一工人党第五次代表大会之机，阐述了社会主义国家主权不能背离社会主义世界的利益和世界革命运动的利益，就是后来所说的勃列日涅夫有关社会主义国家的"有限主权论"。他说，世界存在着社会主义建设的普遍规律，背离了这一普遍规律就可能离开社会主义本身。而当某一个社会主义国家国内和国外反对社会主义的势力试图使这个国家的发展转向复辟资本主义的时候，当出现危及这个国家的社会主义事业的时候，危及整个社会主义大家庭安全的时候，这就不仅仅是这一个国家的人民的问题，而是所有社会主义国家共同的问题和共同关心的事情了。

三 苏联与阿尔巴尼亚关系恶化

尔巴尼亚地处巴尔干半岛，是华沙条约组织缔约国中最小的一个国家，面积只有 2.8 万平方公里，人口 200 多万，和其他成员国之间隔着个南斯拉夫。它濒临亚德里亚海，其地理位置十分重要，可以说是华约组织在欧洲南部的一个前哨阵地。根据苏联和阿尔巴尼亚两国达成的协议，苏联在阿尔巴尼亚的发罗拉驻有一个舰队，部署了 12 艘潜水艇。

苏联与阿尔巴尼亚关系的恶化的始于苏共"20 大"，阿尔巴尼亚劳动党不赞成赫鲁晓夫在苏共"20 大"的秘密报告中全盘否定斯大林的做法，甚至也不同意以"三七开"（即七分功劳、三分过错）来评价斯大林的功过，而是要全盘肯定斯大林。1960 年 6 月，在布加勒斯特举行的 12 个社会主义国家的共产党、工人党会议上，中国共产党代表团受到来自苏联和东欧国家领导人的指责，中苏两党矛盾逐渐公开化，而当时只有阿尔巴尼亚劳动党站到中国共产党一边。为此，阿尔巴尼亚受到苏联的制裁和攻击。1960 年春，苏联单方面撕毁对阿尔巴尼亚的经济援助合同，撤走专家。赫鲁晓夫还在苏共"22 大"报告中公开指责阿尔巴尼亚劳动党领导人搞个人崇拜，说迟早有一天要对他们给自己的国家、人民和社会主义建设事业造成的损失负责。

苏、阿两国关系恶化的直接导火索是围绕发罗拉海军基地引发的矛盾。

发罗拉海军基地争端

19 61 年 3 月 28 日，华约联合武装力量司令部递交阿尔巴尼亚一份备忘录，指责在发罗拉的阿尔巴尼亚海军不顾苏联多次抗议，对在海军基地的苏联军人和专家表示不友好的态度，加剧了这一海军基地的紧张局势。备忘录说：最近（指 1960 年以来），阿尔巴尼亚人民军指挥部加强了战备，动员了这个海军基地的所有力量及海岸炮兵停止了休假，并且为每个干部配备了武器。在萨赞岛（Czan）增加了巡逻艇巡视，鱼雷艇装载了鱼雷做好了出发的准备，而且开始对海军基地出海口进行昼夜舰艇巡逻。在萨赞岛和卡拉布林（Kalabuln）海角上增设了新的炮兵连，封锁海军基地。阿方在没有对苏方军事专家通报的情况下，加强了对潜水艇浮动基地和海岸目标的防御。事实上，阿尔巴尼亚军方已使原有的对潜水艇的管理权瘫痪，禁止潜水艇离开港口，限制苏联军人在海岸上调动。

阿军战士敌视苏联人的情绪在加剧，事情发展到了禁止苏联军人登艇值勤。4 月 29 下午两点半，阿方军官率 50 人登上苏军潜艇，取缔了苏联值班军人。双方交涉未果，阿方本意是要制止苏联军舰在五一劳动节离开港口。

苏联部长会议第一副主席柯西金致阿尔巴尼亚人民军一封信，决定招回苏联在阿尔巴尼亚发罗拉海军基地的所有潜艇和其他船只。苏方认为，阿方的行动表明，阿方对此军事基地是否被保护漠不关心。为了避免不愉快的事情发生，加剧两国的紧张关系，苏联决定招回在阿的所有潜艇部队、水面部队和所有船只。华约组织政治协商委员会对于苏联采取的行动表示赞同，认为这是现实情况下唯一明智的举动，是苏联希望为缓和与阿尔巴尼亚的紧张关系创造条件；同时提出，阿方对制造发罗拉海军基地的紧张局势应承担责任。

　　苏联驻阿尔巴尼亚大使对在发罗拉海军基地发生的不友好事件提出了抗议，希望阿方采取措施予以制止，要求阿尔巴尼亚政府对军方反苏联的行为进行制止。

　　阿尔巴尼亚政府给苏方的复信中指出，海军基地是社会主义阵营在地中海的基地，不仅对阿尔巴尼亚而且对整个社会主义阵营有着重要的意义。它的建立是根据阿尔巴尼亚劳动党中央委员会的决定建立的，阿方和苏方也有协议，规定苏联方面应承担维护基地战斗力的义务。苏联单方面撤出破坏了两国间的协议，侵犯了阿尔巴尼亚国家的主权，破坏了马克思主义原则和华约的原则。如果苏联单方面取消了对海军基地的保护，是危险的举动，它应该承担责任。

　　1961 年 3 月 29 日，华约组织政治协商委员会做出决定：政治协商委员会在联合武装力量司令部和阿方之间交换关于海军基地局势的信件之后认为，阿尔巴尼亚方面违反了华约所规定的成员国应承担的义务和遵循的原则。海军基地发生的事情是阿方造成的，大大降低了基地的防御能力，是华约成员国所不能允许的。政治协商委员会注意到霍查在阿尔巴尼亚劳动党会议上说，美国第六舰队和南斯拉夫、希腊方面要对阿尔巴尼亚进行侵略，但霍查并没有向华约有关方面具体通报这一事实，所以阿方违反了华约第 3、5 条款的规定。华约组织政治协商委员会会议期望阿方尽快向华约组织联合武装力量司令部通报。

　　此时，苏联与阿尔巴尼亚的关系还没有完全破裂。当年 9 月，阿尔巴尼亚劳动党中央委员会书记处书记卡博在地拉那举行的"阿苏友好月"开幕式上说，同伟大苏联永恒的和牢不可破的友谊是我们人民最重要的历史性胜利之一。我们两国人民之间的友谊在建设社会主义和共产主义的共同斗争中更加巩固了。这种友谊过去和现在都是珍贵的、永恒的和牢不可破的，世界上没有任何一种力量能够破坏这种人民的友谊。

　　卡博还强调，阿尔巴尼亚是强有力的社会主义阵营的一员，是华沙条约组织中的一员，它有着强大的和忠实的朋友——光荣的苏联、伟大的中华人民共和国和社会主义阵营的所有国家以及爱好自由和爱好和平的全体人民和全世界强大的工人阶级。阿尔巴尼亚必须毫不间断地保护和加强我们伟大的社会主义大家庭的团结。他说，这种团结是我们力量的主要源泉，我们党和政府像以往一样，将不惜一切努力在这一方面作出贡献。

　　1961 年 12 月形势发生剧变，苏联宣布同阿尔巴尼亚断交，停止了对阿尔巴尼亚的一切军事和经济援助，并公开排斥阿尔巴尼亚参加华约组织的会议和活动。

阿尔巴尼亚的抗议

　　1966 年 7 月 19 日，阿尔巴尼亚人民共和国外交部受政府委托，把一项照会交给华沙条约其他成员国驻地拉那的外交代表。照会谴责苏联政府非法剥夺阿尔巴尼亚政府参加 7 月 4~6 日在布加勒斯特举行的华约组织政治协商委员会会议的合法权利，指出这次会议是完全非法的，它的决定是完全无效的。

　　照会说，阿尔巴尼亚人民共和国政府作为一个主权国家的政府和享有完全和平等权利的华沙条约组织的成员，没有被邀请参加在布加勒斯特举行的政治协商委员会会议。这一歧视行为是对华沙条约的条款和精神的破坏，严重地侵犯了阿尔巴尼亚人民共和国根据华沙条约所享有的合法权利，并且损害了条约本身的利益和威望。华约组织政治协商委员会的这次会议本身，就是最近这几年以来，苏联政府和其他成员国政府在华沙条约组织内部对阿尔巴尼亚人民共和国接连采取非法的和敌对行为的组成部分。

　　照会指出：华约组织政治协商委员会这次会议的组织者所遵循的路线再一次证明，苏联政府粗暴地无视华沙条约成员国的主权，继续明目张胆地践踏这一条约的各项原则和基本条款，竭力把这一条约作为推行它的大国沙文主义政策的工具和投降美帝国主义的手段。苏联政府把华沙条约推上这样一条道路，根本不符合这个组织赖以建立的崇高宗旨。华沙条约所依据的原则不仅遭到无耻的践踏，而且被篡改得面目全非而丧失了真正的意义。苏联政府日益促使华沙条约为苏美合作政策效劳，出卖社会主义各国人民的利益。在这种十分严重的情况下，阿尔巴尼亚人民共和国政府及时地揭露了苏联政府连续采取的一切敌对的阴险的行动。它提醒华沙条约成员国注意这条道路的危险性及其对社会主义各国人民的前途以及总的说来对和平的前途的十分严重的后果。

照会表示：阿尔巴尼亚人民共和国政府公开和坚决地谴责苏联政府侵犯阿尔巴尼亚人民共和国在华沙条约组织中享有的主权和不可侵犯的权利。苏联政府这样做的唯一原因，就是因为阿尔巴尼亚人民共和国没有向苏联领导的反马克思主义路线和大国沙文主义的独裁作风屈服，阿尔巴尼亚人民共和国保卫了条约所确认的平等、相互尊重、独立、主权和互不干涉内政的崇高原则。阿尔巴尼亚人民共和国政府在 1965 年 1 月 15 日写给于同年 1 月举行的华沙条约政治协商委员会会议的信中明确地、毫不含糊地阐明了它对于参加这个条约的会议所采取的立场。到目前为止所发生的事件证明，不仅参加华沙条约的其他国家没有采取任何步骤为阿尔巴尼亚人民共和国参加华沙条约的会议创造必需的条件，而且赫鲁晓夫式的领导人继续采取反社会主义和反阿尔巴尼亚的严重行动，这一点在最近这次会上也可以清楚地看出来。

照会最后表示，根据上述情况，阿尔巴尼亚人民共和国政府认为，今年 7 月举行的这次华沙条约政治协商委员会会议是违反规定的、非法的、一文不值的，它的决定是完全无效的。

阿尔巴尼亚退出华约

在苏联入侵捷克斯洛伐克之后，1968 年 9 月 12 日阿尔巴尼亚宣布退出华沙条约组织。这一决定是由阿尔巴尼亚劳动党中央政治局委员、部长会议主席穆罕默德·谢胡在阿尔巴尼亚人民共和国人民议会会议上提出的。他在向人民议会所作的报告中，谴责了华沙条约组织，指出阿尔巴尼亚事实上早已被苏联和其他华约国家排除在华约之外，现在是从法律上退出华约的时候了。

谢胡说：《华沙条约》是在 1955 年 5 月缔结的，而在 1956 年初举行的苏联共产党第 20 次代表大会上，赫鲁晓夫推翻了列宁、斯大林的苏联共产党以前奉行的正确的马克思列宁主义路线，代之以赫鲁晓夫分子的反革命修正主义路线，标志着苏联的一个反革命的、灾难性的转折点，并且为整个国际共产主义运动制造了巨大的困难。而以恩维尔·霍查同志为首的阿尔巴尼亚劳动党，凭着它特有的革命的阶级洞察力，看出了苏联共产党第 20 次代表大会的真正目的。它仍然忠于马克思列宁主义和无产阶级国际主义，开始在《华沙条约》范围内也抵制苏联修正主义领导的目的。这种抵制有一个发展的过程，从简单地发表言论和进行初步的抵制，一直发展到进行积极的、公开的反对苏联赫鲁晓夫分子领导及其仆从的修正主义路线的行动。

谢胡指责苏联从 1961 年开始利用华约组织政治协商委员会会议对阿尔巴尼亚进行攻击，明目张胆地违反这个条约中关于阿尔巴尼亚人民共和国在联合武装力量司令部中和其他军事问题上的权利的条款，以及企图利用发罗拉海军基地对阿尔巴尼亚进行军事干涉的阴谋。苏联政府还把意识形态上的分歧扩大到同阿尔巴尼亚的国家关系上，单方面违反和破坏了两国缔结的全部协议：它取消了通过正式协议在 1959～1965 年期间给阿尔巴尼亚人民共和国的全部贷款，它取消了两国正式签订的一切协议，它从阿尔巴尼亚撤走了所有的苏联专家，它完全停止了一切合作与经济、贸易、科学技术和文化关系，并且组织了对社会主义阿尔巴尼亚的经济、政治和军事封锁。从 1961 年年初开始，一直没有同阿尔巴尼亚人民共和国政府磋商过，也从来没有邀请阿尔巴尼亚人民共和国政府参加在华约组织内召开的多次会议。参加这些会议的国家也从来没有把会上通过的决议通知我国政府。这些决定和行动，总的说是不符合阿尔巴尼亚人民共和国的利益，不符合社会主义与和平的利益，阿尔巴尼亚人民共和国不承担任何责任。

谢胡还说，对捷克斯洛伐克的军事侵略，是 5 个华沙条约成员国苏联、德意志民主共和国、波兰人民共和国、匈牙利人民共和国和保加利亚人民共和国对一个华沙条约成员国即捷克斯洛伐克社会主义共和国的侵略。这次侵略是用华沙条约的名义、以极其卑鄙的方式进行的，这是法西斯式的侵略。

谢胡指出，华沙条约已不再为社会主义与和平服务，它已不再为工人阶级事业和无产阶级国际主义事业服务，它已丧失了它所赖以建立的思想和阶级基础，它现在为修正主义资产阶级服务，它为苏修领导的大国沙文主义的狭隘利益以及目的在于统治世界的美苏反革命联盟服务。这个条约已变为侵略各国人民的工具，同美国为首的北大西洋公约一样。

谢胡表示，阿尔巴尼亚通过退出华沙条约，我们向全世界表明，阿尔巴尼亚人民不承认帝国主义和修正主义大国的势力范围，不当侵略联盟的成员。

华沙条约组织的军事力量

华沙条约组织的军事力量是苏联与东欧各成员国军事力量的总和。华约组织设有联合武装力量司令部，但并不存在独立于各成员国主权的联合武装部队。苏联作为华约组织的核心力量，它的军力在华约组织中起着主导作用，其他东欧成员国的军队在二次大战之后也经历了一个重建和发展的过程，由此构成一支不容西方忽视的军事力量。

一　苏联的军事力量

苏联的军事管理体制和军事力量

苏联的军事管理体制是由苏联最高苏维埃主席团—部长会议—国防部构成。国防部同时受苏共中央政治局和苏联国防委员会在政策上的指导。国防部除有国防部长外，还有3个第一副部长，其中两个第一副部长分别担任军队总参谋长和华约组织联合武装力量总司令；还设有主管监察、后勤、民防、工程、武器装备的副部长，陆、海、空三军总司令以及防空部队总司令等11个副部长。

国防部长统管苏联的陆、海、空三军，他的职能包括控制和指挥苏联武装力量总司令、华沙条约联合武装力量司令部、苏军的五个主要兵种——陆军、海军、空军、防空和战略火箭部队，以及 16 个军区、10 个防空区、4 个海军舰队和苏联驻扎在国外的 4 个集团军。国防部第一副部长和其他副部长负责制定政策、计划、协作和管理。

陆军：传统上说，从帝俄时代的军队到苏联军队，陆军一直以人数众多占优势；在苏联时代，苏军加强了现代化装备，军队具有更强的火力和机动性。

1955～1963 年，陆军的地位在战略火箭部队之后居于苏军的第二位。60 年代中期以来，人们对战争的认识有所改变，认为军队行动应具有更大的机动性，陆军的作用被重新重视。

苏联陆军由作战部队、特种部队和军区指挥机构组成。作战部队有摩托化步兵、坦克部队、火箭部队、炮兵部队、空运部队和防空部队；特种部队为作战提供工程、信号、化学、无线电技术、铁路和高速路建设等方面支持；军区指挥机构包括：1. 总部位于列宁格勒的列宁格勒军区；2. 波罗的海沿岸军区，总部设在里加；3. 白俄罗斯军区，总部在明斯克；4. 喀尔巴阡军区，总部在立沃夫；5. 敖德萨军区，总部在敖德萨；6. 基辅军区，总部在基辅；7. 莫斯科军区，总部在莫斯科；8. 伏尔加河沿岸军区，总部在古比雪夫；9. 北高加索军区，总部在罗斯托夫；10. 外高加索军区，总部在第比利斯；11. 土耳其斯坦军区，总部在塔什干；12. 乌拉尔军区，总部在斯维尔德洛夫斯克；13. 中亚军区，总部在阿拉木图；14. 西伯利亚军区，总部在新西伯利亚的诺夫斯比尔斯克；15. 后贝加尔军区，总部在赤塔；16. 远东军区，总部在哈巴罗夫斯克。

海军：由舰队、海上空军、海上陆战队构成。20 世纪 50 年代中期以后，海军部曾被取消，代之海军司令部附属于国防部，治军理念也在发生了变化。苏联不与西方竞争载机航空母舰，而是发展反舰艇弹道导弹航空母舰，导弹被用来支持地面部队和防止苏联遭到载有核武器舰艇的攻击。反潜艇弹道导弹系统部署在水上舰艇、潜艇和航空母舰的飞机上。苏联反潜艇作战的重点在防御，它的主要作战力量是在公海与美国和北约的战略潜艇对抗。

1965 年苏联海军总司令戈尔什科夫向记者宣布说，苏联核潜艇第一次环球水下航行，历时一个半月，在水下连续航行 4 万公里。核潜艇经过德雷克海峡、冰区和南极冰山，绕行南美洲一周。他说，苏联有强大的现代化海军，这支海军的基本突击力量是装备有强大的核武器的核潜艇。这标志着苏联加强海军建设力量的一个转折。

苏联海军拥有 4 支舰队和里海纵队：

波罗的海红旗舰队，又称东海舰队，从舰艇数量到人员配备是苏联海军中规模最大的一支舰队，舰队海岸基地和司令部设在波罗的斯克，海军航空部队基地设在加里宁格勒。

北方舰队，是苏联海军四支舰队中最具有攻击实力的舰队，装备有巡航导弹、反远程巡逻潜艇、反潜艇作战巡洋舰、战略拦截导弹等，海岸基地和司令部设在斯维尔摩斯克。

太平洋舰队，总部设在符拉迪沃斯托克。太平洋舰队是苏联海军中发展最快的舰队，通过投入大量资金、物资，使它从近海力量成为一支以进攻为重点的远洋海军。苏联重视在太平洋地区的活动，把 4 艘航空母舰中的两艘派驻符拉迪沃斯托克。

黑海舰队，司令部设在塞瓦斯托波尔。

作为第二个海上军事大国，苏联舰艇出没于世界各个海域，特别是在古巴、越南的金兰湾、非洲和近东都有它的基地和据点。海军兵员为 46 万人，配有直升机航空母舰。另外，苏联在试制新鱼雷方面令西方刮目相看。科学家们一直认为，舰船通过时随时都在改变海洋的磁场，并在水面上留下一个能用声纳侦察和用计算机分析的信号。苏联在"尾迹侦察"方面有所突破，使得这种

技术趋于完善,从而增加了在更远的距离以外进行侦察的可能性。苏联研制的 65 型鱼雷可以每小时 50 海里的速度航行 50 公里,或者每小时 30 海里的速度航行 100 公里。相比较而言,北约各国海军使用的重量级鱼雷平均速度为每小时 25 海里,可航行 25 公里。

表 5 - 1　苏联海军的主要装备

KASHIN 级 导弹驱逐舰	1962 年出产,是世界上第一次全部使用汽轮发动机的舰艇,代表苏联在驱逐舰的设计上超过了西方
扬基级 舰 艇	在 60 年代初由北德文斯克船厂和共青城船厂建造,到 1974 年共建造了 34 艘,1967 年开始服役。主尺度(米)130 × 11.6 × 8,排水量水上 8000 吨,水下 9450 吨,航速水上每小时 20 海里、水下每小时 26.5 海里,下潜深度 300 米。其中 20 艘装备有常规地对地 SS - N - 6 导弹,被称为"扬基" - Ⅰ 级,一艘改为 SS - N - 17 导弹实验艇,称为"扬基" - Ⅱ 级,另有 13 艘在 1978 年以后改为攻击型或飞航导弹型潜艇
MOSKVA 级 反潜艇巡洋舰	1967 年开始服役。排水量 18000 吨,时速 30 海里。舰上装备 18 架 Ka - 25 直升机,机上装备两个双管 SAM 发射架、两架双 57 毫米机枪、1 个双管反潜艇导弹发射架和 12 个反潜艇作战火箭发射架
基辅级 反潜艇巡洋舰	1976 年开始部署在黑海海域。排水量达 40000 吨,时速 30 海里,配有 35 架 Ka - 25 和 Yak - 36 垂直起降喷气式飞机。武器装备包括反潜艇弹道巡洋舰导弹、地对空导弹和反潜艇导弹等
德尔塔级 核潜艇	是 60 年代末到 70 年代在苏联海军中服役的主要舰艇。德尔塔Ⅳ级核潜艇是德尔塔Ⅲ级的改进型,由北德文斯克船厂建造。主尺度(米)166 × 12 × 8.7,排水量水上 10750 吨,水下 12150 吨,航速为水上每小时 19 海里、水下每小时 24 海里,下潜深度 300 米,人员编制 130 人,装备有轻舟弹道导弹、鱼雷和反潜导弹
台风级 弹道导弹核潜艇	1982 ~ 1989 年苏联生产的新型核潜艇。主尺度(米)171.5 × 24.6 × 13,排水量水上 21500 吨,水下 26500 吨,航速水上每小时 19 海里、水下每小时 26 海里,下潜深度 300 米,人员编制 150 人。武器装备:SS - N20 弹道导弹,射程 8300 公里;SS - N - 16 反潜导弹,射程 120 公里;SS - N - 15 反潜导弹,射程 37 公里;以及反潜反舰鱼雷,总装载量 36 枚鱼雷和反潜导弹。该级舰艇是世界上最大吨位的潜艇,从 80 年代初开始服役,共建造了 6 艘,具有在北极 3 米厚的冰下航行的能力

空军：苏联空军司令由一名国防部副部长担任，加上两名空军第一副司令和9名副司令组成空军指挥系统，负责组织、人员培训和后勤支持。空军力量主要有三部分：第一部分是由远程和中程轰炸机群组成的远程空军，主要是作为战略手段与战略火箭部队和有导弹配备的潜艇一起构成对抗西方的武装力量，中程喷气式轰炸机部署在苏联的欧洲部分，远程喷气式轰炸机和涡轮螺桨轰炸机部署在苏联东部。第二部分是由战斗机、战斗—轰炸机和轻型轰炸机组成的作战空军，为地面部队提供空中支持，主要部署在苏联边缘地区和苏军驻扎的东欧国家。第三部分是军事运输空军，空运能力达到两个空运师，大约1.4万人。

苏联空军作战的原则是"突然、密集、灵活、机动"地消灭敌人。

表5－2　苏联空军的主要装备

米格—21 鱼窝战斗机	1958年起装备苏联空军，是一种单座单发型超音速战斗机，是60年代的主力机种。翼展7.15米，机长15.4米，机高4.13米，最大起飞重量9600千克，最大平飞速度2马赫，实用升限18000米，作战半径270千米。机身下装一门23毫米双管机炮；翼下有4个挂架，可带4枚"环礁"空对空导弹，也可带火箭发射巢、空对地火箭或炸弹
米格—29 支点战斗机	为双发高机动性制空战斗机，可以执行空中截击、护航、对地攻击和侦察等多种任务，1983年服役。翼展11.36米，机长17.32米，机高4.73米，最大起飞重量18500千克，最大平飞速度2.3马赫，升限18000米，作战半径574千米。装备1门30毫米机炮，6个挂架可挂4枚AA-8近距红外格斗导弹、2枚AA-10中距雷达制导空对空导弹。该机还可用于执行对地攻击任务
米格—31 "捕狐犬"截击战斗机	在米格—25基础上发展而成的双座双发全天候截击机，1980年服役。该机具有下视、下射能力，火控系统可同时跟踪10个目标，截击包括巡航导弹在内的各种入侵目标。由4架米格—31组成的编队可控制前线800千米～900千米的空域。装备1门23毫米6管机关炮，8个挂架可挂8枚空对空导弹

续表 5－2

图—16 獾式轰炸机	一种有后掠机翼的中程轰炸机,1954 年开始服役,在苏联战略空军中广泛使用。机长 36.5 米,翼展 33.5 米,最高时速 587 英里,升限 12999 米,作战半径 4827 千米。携有 6 门 23 毫米的机关炮,武器舱载重量为 19800 磅
图—26 回火式后掠翼轰炸机	苏联为取代不能执行携带战略导弹任务的图—22 设计的远程轰炸机,部署在远程空军和海军航空兵部队。回火式后掠翼轰炸机都有加油管,可以进行空中加油。回火式后掠翼轰炸机从北极基地起飞,经过空中加油,可携带亚音速导弹双向飞行,可对美国的任何地方实施空中打击。它的武器舱可以携带热核规模的大型炸弹,外翼弹架可携带两个"金鱼"空对地导弹,尾架装有雷达控制的 37 毫米火炮

防空部队:由战斗机、防空火箭部队和无线电技术部队组成了苏联空中防御系统,赋有保卫苏联和华约组织国家的任务。防空部队总司令由一名国防部副部长担任,总司令部设在莫斯科。防空设有 16 个防空区,10 个在苏联本土,6 个在其他华约组织国家。苏联从 20 世纪 50 年代中期起注重发展防空力量,1955 年前后,在环绕莫斯科部署了地对空导弹;1957～1960 年在苏联全境和华约组织国家都部署了 SAM－2 地对空导弹,同时建立起一套由预警系统、上千架截击机和精巧的防御体系组成的战略防空网络。

苏联防空部队在 20 世纪 80 年代大约有 55 万人,部署了 5000 多部雷达负责预警和地面控制拦截,以及 2600 架战斗拦截机和 1.2 万枚地对空导弹。

苏联雷达预警系统分三个纵深层次:第一条线从北冰洋沿岸向南到华沙—莫斯科—鄂木斯克—新西伯利亚—伊尔库茨克—符拉迪沃斯托克;第二条线从白令海沿岸地区向西南穿越沿海省,西部到阿富汗边界;第三条线从靠近苏联的巴尔干地区到黑海、高加索山脉和里海。

战略火箭部队：它是苏联国防的一支重要武装力量。20 世纪 50 年代初期，苏联发射了第一枚弹道导弹。1957 年，苏联发射了世界上第一枚洲际导弹，同年还发射了第一颗人造地球卫星，标志着苏联在火箭和导弹方面日益成熟的技术。1959 年 12 月，建立了战略火箭部队，由一名国防部副部长任总司令。该部队控制所有超过 650 英里的路基导弹，代表苏联具有实行洲际热核战争的能力。它的主要任务是在敌方发动对苏联攻击以前，摧毁敌方的核攻击手段及主要的军事、政治、经济和通讯中心。

苏联的总体军事战略思想

苏联国土面积 2240 多万平方公里，占地球陆地总面积的六分之一，辽阔的土地、丰富的自然资源和优越的地理环境为其战略设计者提供了广阔的空间。它对东欧国家的控制不仅扩展了苏联的战略空间，还进一步加强了苏联在世界上的军事优势。

华约组织在军事上的作战原则是以苏联模式为标准制定的。它是苏联军队根据第二次世界大战的经验总结出来的，认为决定性的胜利只有通过成功的进攻行动才能获得。

攻击：在苏联军队的战术思想中，攻击是战斗的最重要形式，速度和冲击能够很好地提高战斗力，是取得胜利的关键。遭遇战、突破战和追击战被苏联军事理论家列为攻击战术的三大类型。

遭遇战是指与敌人不期而遇发生的战斗。苏联的军事家认为，由于在遭遇战中通常双方都没有准备，谁掌握了主动权谁就是胜利者，因此指挥员被要求采取积极和主动的策略应对战斗。如果双方遭遇，一旦确定了敌人的力量，在它尚未组织起防御之前，苏军就要发动进攻，通过迂回到敌人的侧翼打乱敌人的阵脚，掌握主动，削弱敌方的作战能力。遭遇战战术的一些主要特征是：1. 把遭遇战看做是进攻行动不可分割的一部分，而不仅仅是一场偶发的战斗，要有意识的训练和预测这种战术的运用；2. 在不固定的战场上，保持主动权对于遭遇战是至关重要的；3. 防御者不能稳定战场；4. 小的、有战斗力的队伍完全可以独立行动，并能影响进攻行动的结果；5. 掌握突然性和主动性，即使力量对比是1∶1或少于对方也能取得胜利。

突破战：进攻的主要目的是渗透到敌人后方进行战斗。当敌人建起防御阵线时，最主要的是在敌方防守弱和未占领的区域实施突破战。突破战的基本战术是发动二级进攻，第一次攻击是为先头部队打开一个突入到敌人后面去的缺口，接着是一系列的遭遇战，包围和消灭敌人。

追击战：是攻击战术的第三个阶段，其任务是歼灭溃退的敌人。实施前，计划的制订者要考虑到敌人撤退可能走的路线，决定最佳方案，组织追击力量。

防御：苏军的防御由三个防御带和一个安全区组成。每个防御带通常是由配备了大炮、迫击炮和坦克支持的摩托化步兵部队把守，并且要相互支援，同时每个防御带还备有大量的机动储备。

安全区设于防御带的前方以阻止和延缓敌人的前进。为了防止敌人的炮火轰击防御带，安全区的纵深一般在20～30公里。在安全区部署混合兵种的部队，分成两个梯队：第一个梯队的任务是保护主防御带使之免遭敌人的突然攻击，防止敌方的侦察，迷惑敌方或让敌方无法确定主防御带的位置；第二梯队部署在前哨，每个前哨由摩托化步兵加强连组成。

主防御带：防止核攻击和防护敌人可能攻打的目标。选择有利的地势，由包括坦克、炮兵、反坦克和防空等混合兵种的部队把守。主防御带纵深15公里。

第二防御带：位于主防御带后8～10公里，纵深约10公里。

第三防御带：位于第二防御带后 10 公里，纵深 10 公里。
防御措施还包括反坦克、设置障碍、炮兵的使用等。

苏联的核战略

苏联为首的华约组织能够与西方抗衡，军事上的重要手段是苏联拥有核武器。

苏联核发展秘密：1945 年 8 月 6 日和 9 日，美国把它的两颗原子弹"胖子"和"小男孩"投到日本的广岛和长崎。之后，美国杜鲁门总统颇为神秘地把这个消息告诉斯大林，炫耀美国垄断性地拥有世界上最新的和前所未有的超大能量的武器。斯大林当时未作任何反应。但仅仅过了 4 年，1949 年苏联就成功试爆了它的第一颗原子弹，1953 年又成功试爆了氢弹，迅速成长为一个核大国。

苏联何以在短短几年时间就独立制造出自己的核武器？其进展的神速颇有几分传奇色彩。1995 年，俄罗斯联邦总统颁布了一道命令，编辑和出版苏联时期核武器发展的历史档案集，内幕由此揭开一角。

在听到美国拥有原子弹的消息之后，斯大林表面上漠然置之，实际上很快在国内采取了应对措施，集中全力加速研制核武器。1945 年 8 月 20 日，根据苏联国防委员会的决议，建立了一个以贝利亚为首的特别委员会，这个委员会曾经先后隶属于国防委员会、部长会议，实际上由斯大林直接领导。该委员会的工作持续到 1953 年 6 月，在贝利亚被捕后，该委员会被解散。在 1945～1953 年的 8 年间，苏联核武器的研制经历了一个最重要的时期，特别委员会的工作卓有成效，确立和发展了苏联的核工业。

1946 年 4 月 9 日，苏联部长会议做出一项重要决定，成立苏联科学院第 2 实验室第 11 设计局（KB—11），负责原子武器的设计和样品生产。同时由苏联科学院化学物理研究所进行核理论的研究。苏联部长会议还指派专人负责为该计划提供材料和技术上的支持。

1946 年 6 月 21 日，苏联部长会议再次做出决议，责成第 11 设计局完成两种型号的原子弹：RDS－1 和 RDS－2 的设计。RSD－1 与美国投在长崎的第二颗原子弹相似；RSD－2 与美国投在广岛的以铀为燃料的原子弹相似。预计在 1946 年 7 月实现 RSD－1 和 RSD－2 的战术及技术即命中精度、爆炸威力、体积、重量等要求，1947 年 7 月完成主体设计，1948 年和 1949 年分别进行陆基试爆和飞行投掷试验。

在一份由斯大林签署的文件中，提出了 29 项保障第 11 局研制工作的措施。内务部授权征用摩尔多瓦共和国一块保留地和高尔基市地区共约 100 多平方公里的土地，用来建设核武器研制指挥中心和生产基地。在该基地工作的人员享受高额工资、充足的食品供应。为了保证原子弹的研制工作，生产基地设在萨洛夫的 550 工厂。它原属于农业机械工程部。该地区被确立为第 11 局的生产基地以后，就从苏联地图上消失了。在大量的人力和物力支援下，苏联完成了核武器生产的初步计划。

苏、美不同的核理论：美国是第一个把原子武器付诸于实战的国家。美国的核理论认为，拥有大量核武器的国家之间发生的全面战争破坏性非常之大，由于核武器是无法防御的，两个核大国之间的战争不会有一方是胜利者。因此，美国提出相互威慑理论，它包含：1. 核武器之所以是"绝对武器"是因为它能够造成无法承受的破坏，最重要的是因为当时还没有可以对这种武器进行防御的方法，因此军事机构的主要目的是避免战争。2. 由于"绝对"是指不会被超过，因此军事优势已丧失了意义。现代防御政策的目标就是获得"充足"的武器，即是对潜在侵略者进行威胁的足够的核武器。3. 核威慑只有敌对双方能够相互遏制时才会有效。对核武器的垄断注定要破坏局势的稳定，从这个意义上说，要想获得安全感，美国实际上需要苏联也具有摧毁美国的核能力。

与此相反，苏联的核理论强调，虽然全面核战争会给双方造成极大的破坏，但其结局不会是共同毁灭；对核战争有更好的准备并且拥有优越战略的国家能够赢得战争，并使其社会生存下去。

苏联核战略主旨是以武器上的优势，采取主动，赢取战争的胜利，它包括：1. 先发制人的核打击，2. 核武器数量上的优势，3. 把对军事力量作为打击目标，4. 诸兵种协同作战，5. 防御。

先发制人　苏联军方从第二次世界大战中得到的代价最大的教训是突然性十分重要。在苏德战争爆发前，苏联采取"消极防御"战略，使本国军队遭受惨重损失，几乎被击败。而核冲突的特点是突然性和快速性，要想不遭到敌人的突然袭击就意味着必须是先使敌人遭到突然袭击。苏联的核战略是永远不发动预防性的进攻，一旦敌人核威胁即将来临，就要毫不犹豫地进行先发制人的核袭击。这种核袭击要以保持大量做好战斗准备的部队为前提，因为核战争不容许有动员时间。

数量上的优势　苏联战略家认为，一场核战争的结局将在冲突发生后最初几小时内决定；同时还认为，要摧毁敌人可能需要更长的时间。因此，数量上的核优势意味着需要拥有大量的核投掷手段以及各种类型的武器。另外，在限制战略核武器过程中，发展多弹头洲际弹道导弹成为苏联另一种以数量取胜的手段。苏联曾对它威力最大的洲际弹道导弹 SS—18 进行装有 18 颗分弹头的实验。据估计，300 枚这种巨型导弹就能严重威胁美国的洲际弹道导弹武器库。

打击军事目标　苏联与美国"打击社会财富"的战略目标不同，它的核战略目标是打击敌人的军事力量。美国的打击社会财富是指核弹打击的主要目标是具有国家价值的城市、居民和工业中心。苏联主张的打击军事目标，是指核武器要消灭敌方的核攻击手段、重兵集团和军事基地，摧毁敌方军事工业，瓦解敌方的战争和军事机关，打乱敌后方的秩序和运输线。

诸兵种协同作战 与西方把核战争看做是一两次交战的战略不同，苏联的核战略认为，核战争最终的目的是消灭敌人，是长期的战争，因此要为战争的后续阶段做准备。需要用陆军占领敌人的领土，由海军封锁海上交通线，使用诸兵种协同作战赢得最后的胜利。

防御 建立民防系统以减少战争中的伤亡，而保护了人力也就保证了战争期间和战后国家机器的正常运转。

但是也有人认为，核武器并没有使战争发生根本性的变化，只不过是第二次世界大战期间使用过的航空炸弹中的一种更加有效的炸弹而已。根据统计，原子弹在广岛造成 7.2 万人的伤亡，而 1945 年对东京和德累斯顿的常规轰炸则分别造成了 8.4 万人和 13.5 万人的伤亡，原子弹并没有超过常规炸弹，因而原子弹也没有消除对大量陆军和海军部队的需要。因此，60 年代中期以后，苏联常规军事力量的发展又重新得到重视。

二 华约组织东欧成员国的军事力量状况

战后，保加利亚、匈牙利和罗马尼亚的军力受到和约的限制，其他东欧国家的军队也处于恢复重建阶段。20 世纪 50 年代初，为了巩固社会主义阵营的力量，东欧国家实行统一的军械标准，并且按照苏联军队的建制进行军队建设。在 60 年代以后，华约组织国家注重军事实力的发展，波兰、民主德国等东欧国家的军队在华约组织中占有相当重要的地位。

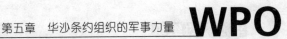

波兰的军事体制和军事力量

波兰人民军于 1943 年 10 月 12 日建立。波兰统一工人党中央、波兰国务委员会和部长会议对国家的国防和人民军实施最高领导。国防委员会平时是波兰人民军的最高决策机构，战时是最高领导机关。作为国防委员会主席的国防部长享有元帅军衔，4 个副部长分别担任人民军总参谋长、总政治部主任、训练总监察员、领土防卫总监察员。全国分 3 个军区：波莫瑞军区、西里西亚军区和华沙军区。波莫瑞军区总部设在比得哥煦，负责西北方面的防务；西里西亚军区负责西南方面的防务，总部设在弗罗茨瓦夫；华沙军区负责东部地区的防务，总部设在华沙。波兰实行义务兵役制，18 ~ 50 岁的男子和 18 ~ 40 岁的女子均有服兵役的义务，服役期分为 2 年和 3 年。

波兰介于苏联和西欧之间，所处的战略位置决定了它在华约组织中的重要军事地位。波兰有 8 条铁路线连接苏联与民主德国和苏联驻民德的军团，是华约组织前线地区后勤供应的重要一环。波兰所有的正规军都承担了华沙条约组织的义务。

陆军　作战基本单位是师，陆军有 8 个摩托化步兵师、5 个装甲师、1 个空降师和 1 个登陆师。摩托化步兵师有 3 个摩托化步兵团、1 个坦克装甲团、1 个炮兵团和其他后备力量。装甲师装备了 T－54/55 中型坦克，标准配备是 3 个坦克团、1 个摩托化步兵团、1 个炮兵团和各种后勤支持。

空军和防空部队　波兰空军约有 750 架战斗机，是华约组织东欧国家中空军实力最强的国家。它有由米格—17 和米格—21 苏联超音速喷气式飞机组成截击机空军中队；由米格—17、苏—7 和苏—20 组成的战斗机中队；空军运输机有安—12/24/26、图—134 和雅克—40 等多种类型。

海军　主要执行波罗的海海岸的防卫任务，海岸防务部署了巡航导弹。波兰海军有一个海军飞行团。

表 5 – 3　波兰 1962～1982 年人口及军队人数统计表

	1962 年	1967 年	1971 年	1975 年	1979 年	1982 年
人　　口	29527000	32000000	33200000	33580000	35330000	35900000
常规部队	257000	270000	265000	293000	317000	317000
陆　军	200000	185000	190000	210000	210000	203000
空　　军	45000	70000	55000	58000	85000	88000
海　　军	12000	15000	20000	25000	22500	22000

民主德国的军事体制和军事力量

1955 年，民主德国人民议会通过法令创建国家人民军和国防部，1956 年 3 月 1 日建军任务完成。民德人民议会和部长委员会是最高军事决策机构。国防部是最高军事指挥和军事行政机构，由部长和 7 名副部长组成。国防部 7 名副部长分别兼任总参谋部部长、总后勤部部长、总政治部主任、装备和技术部部长、培训部长、海军总司令、空军和防空部队总司令。下辖两个军区：莱比锡军区，新勃兰登堡军区。根据 1962 年颁布的义务兵役法，18～50 岁的男性公民有服兵役的义务；在国家出现危急的情况下，18～50 岁的妇女需要在非作战部队服役。军人服役期限为 1 年半。

陆军　陆军由国防部部长亲自指挥。除了莱比锡军区和新勃兰登堡军区，陆军分 14 个行政区和东柏林区，行政区协助征兵、监督入伍前的培训，但在他们的范围内没有权利插手战术或作战部队的事务。两个军区的战术组合是各有一个坦克师和两个摩托化步兵师，与苏联的陆军师编制一样，近 25% 的作战人员是炮

兵。由于民主德国所处的战略地位十分重要，陆军的武器配备在华约组织东欧国家中是最现代化的，所有轻型武器全部是苏联制造的，坦克是苏制的 T - 54 和 T - 55，20 世纪 80 年代初有 2500辆中型坦克在陆军中服役。

海军　民主德国海军从一支用木船装备起来的内陆警察部队发展成为一支现代化的海军，在华约组织各国驻波罗的海的海军中仅次于苏联而名列第二。其任务是与波兰海军和苏联波罗的海舰队协防波罗的海。舰船体积小，规模不大，受里程的限制不能参加远海作战。它的三个海军纵队以波罗的海港口：比内明德、瓦尔内明德、扎斯尼次为基地。海军总司令部设在罗斯托克。

空军和防空部队　有两个空军师，执行支持地面部队和空中拦截任务。防空炮兵和地对空导弹部队属于空军管辖。民主德国的作战飞机是由苏联设计和制造的，有老式的米格—17 飞机支持地面部队，还有新型的米格—19 和米格—20 负责空中拦截。

表 5 - 4　民主德国 1962 ~ 1982 年人口及军队人数统计表

	1962 年	1967 年	1971 年	1975 年	1979 年	1982 年
人　　口	17280000	17200000	17150000	16990000	16700000	16750000
常规部队	85000	127000	126000	143000	159000	167000
陆　　军	65000	85000	90000	98000	107000	113000
空　　军	9000	25000	20000	28000	36000	38000
海　　军	11000	17000	16000	17000	16000	16000

捷克斯洛伐克的军事体制和军事力量

捷克斯洛伐克总统是武装力量的最高统帅。捷克斯洛伐克联邦国防委员会是最高军事决策机构，委员会主席由总统兼任。捷克共和国和斯洛伐克共和国有各自的国防委员会，其成员由捷克斯洛伐克联邦国防委员会主席任免。国防部是最高军事指挥机关。国防部长是文官，只在指挥军事演习时享有最高军衔。国防部下设总参谋部统管陆军、空军和防空部队，而国内警卫队和边防军由内务部管辖。陆军、空军和防空部队、国内警卫队和边防军统称捷克斯洛伐克共和国人民军。捷克斯洛伐克实行义务兵役制，陆军服役期2年，空军服役期3年。

陆军 由5个坦克师、5个摩托化步兵师和1个空降团组成，分作战部队、增援部队和后勤部门。作战部队包括步兵、装甲部队、炮兵和工程兵；增援部队包括信号兵、防化兵部队和运输部队。后勤部门为军队提供服务，有医疗、辎重、地形测量等军事部门等。

捷克斯洛伐克是华约组织中经济比较发达的国家，它生产的装甲运输车、军用卡车和小型武器向华约组织其他国家出口，但它的陆军主要装备还是苏联制造的武器。捷克斯洛伐克设计和制造的130毫米32发火箭发射架M－51安装在Praga V3S卡车上，曾被捷克斯洛伐克陆军广泛使用，后又生产122毫米40发火箭发射架安装在Tatra－813卡车上。后一种军用卡车是一种多功能军用运输车，也供给华约组织其他国家的军队使用。

空军和防空部队 在斯洛伐克东部的科苏特建有先进的空军培训中心，提供高级飞行、空中机械和电子培训课程。防空部队由侦察机、监视站、防空火炮和地对空导弹部队组成，主要部署在与东、西德交界的捷克斯洛伐克的西北和西南边境上，提供可能来自西南的北约国家飞机入侵的早期预警。防空炮兵部署在军队兵团附近或是可能受低空飞行飞机攻击的目标周围。地对空导弹部署在城市周围和重要的防护点。导弹部队装备的是苏联二级地对空导弹。

表 5 – 5　捷克斯洛伐克 1962～1982 年人口及军队人数统计表

	1962 年	1967 年	1971 年	1975 年	1979 年	1982 年
人　　口	13581000	14500000	14700000	14570000	15240000	15450000
常规部队	185000	225000	185000	200000	194000	196500
陆　　军	150000	175000	145000	155000	140000	142000
空　　军	35000	50000	40000	45000	54000	54000

保加利亚的军事体制和军事力量

保加利亚人民军是在改编旧军队基础上于 1944 年 9 月建立起来的。保共中央、保加利亚国务委员会和部长会议对国防和人民军实施最高领导。保加利亚国防委员会平时是保加利亚人民军最高决策机构，战时是保加利亚人民军的最高领导机关，由主席、副主席和若干委员组成。国防委员会主席由保共中央总书记担任，副主席由部长会议主席担任。国防部是保加利亚武装力量的中央领导机关，其第一副部长兼任人民军总参谋长和陆军总司令。保加利亚人民军的构成是：80% 为陆军，15% 为空军和防空部队，5% 为海军。15～49 岁的男子有服兵役义务，陆军和空军的服役期为 2 年，海军服役期为 3 年。

保加利亚除了北部与罗马尼亚接壤外，与其他华约成员国不相毗邻。由于罗马尼亚不许外国军队穿越本国领土，事实上使保加利亚在华约组织内部处于相对孤立的位置。保加利亚军队的主要任务是对抗南部面对的两个北约国家希腊和土耳其，保卫华约成员国的南翼。

陆军　有 8 个摩托化步兵师、5 个坦克团和各种小型特种部队。陆军按照地域分成索非亚军区、普罗夫迪夫军区、斯利文军区。保加利亚人民军的武器装备较差，是华约组织中唯一没有坦克师的军队，而且使用的坦克大多数是在二战后不久苏联生产的老式图—54 中型坦克。陆军使用的武器还有 82 ~ 52 毫米的榴弹炮, 100 毫米的 T - 12 反坦克炮和 AT - 3SAGGER 反坦克导弹。

空军和防空部队　空军由 6 架战斗轰炸机、12 架喷气式轰炸机和三个侦察中队组成。战斗轰炸机中队装备的是米格—17, 执行支持地面任务。少量喷气式轰炸机中队装备有较先进的米格—21。此外, 还有伊尔—28 飞机负责侦察任务。

海军　主要任务负责黑海海岸的防护, 配备有护航舰、巡逻艇、鱼雷艇和潜艇。保加利亚本国没有建造军舰的能力, 它的两艘苏制 W 级潜艇是海军的主要攻击力量, 还有装载了鱼雷的巡逻艇和登陆艇。

表 5 – 6　保加利亚 1962 ~ 1982 年人口及军队人数统计表

	1962 年	1967 年	1971 年	1975 年	1979 年	1982 年
人　　口	7629254	8400000	8555000	8760000	8890000	8950000
常规部队	120000	154000	148000	152000	150000	148000
陆　　军	100000	125000	117000	120000	115000	105000
空　　军	15000	22000	22000	22000	25000	34000
海　　军	5000	7000	9000	10000	10000	9000

匈牙利的军事体制和军事力量

19　51 年 9 月 29 日为匈牙利人民军建军日。共和国主席团主席是匈牙利武装力量的最高统帅和全国最高军事决策机构——国防委员会的主席。国防部是最高军事指挥机关。国防部长从文职或军职人员中任命, 国防部长和总参谋部长是匈牙利工人党中央委员会成员。匈牙利人民军由陆军、空军和防空部队及海军组成。匈牙利实行义务兵役制, 服役年龄为18 ~ 49 岁, 服役期限: 空军 2 年, 其他军种为 1 年半。

陆军　战斗部队包括 1 个坦克师和 5 个摩托化步兵师。

　　空军和防空部队　空军由 6 个截击机空军中队组成,装备米格—21 飞机,以及防空炮兵、地对空导弹、早期预警系统和地面雷达控制系统。

　　海军　为多瑙河纵队,主要由巡逻艇、布雷艇和扫雷艇组成,负有保护华约组织友军通过多瑙河的任务。

表 5 – 7　匈牙利 1962 ~ 1982 年人口及军队人数统计表

	1962 年	1967 年	1971 年	1975 年	1979 年	1982 年
人　　口	9977870	10300000	10320000	10790000	10730000	10750000
常规部队	80500	102000	103000	105000	104000	106000
陆　　军	75000	95000	90000	90000	80000	85000
空　　军	5500	7000	12500	15000	24000	21000
海　　军			500			

罗马尼亚的军事体制和军事力量

　　罗马尼亚共产党总书记、共和国总统是罗马尼亚武装力量的最高统帅。国防委员会是国家军事决策机构,其主席由罗共的总书记担任。国防部是最高军事指挥机关。除国防部长外,4 名国防部副部长分别兼任总参谋部部长、政治部主任、后勤部主任、训练部主任。军事管区有以克鲁日、雅西为总部的两个军区,再加上布加勒斯特卫戍区。罗马尼亚实行义务兵役制,服役年龄为 18 ~ 49 岁,陆军、空军服役期限为 16 个月,海军为两年半。

　　陆军　罗马尼亚人民军陆军有两个坦克师、8 个摩托化步兵师、两个山地旅、1 个空降部队和炮兵部队。

　　空军和防空部队　战术空军部队由战斗轰炸机中队和战斗拦截机中队组成,还配备有运输机、侦察机和直升机。防空部队由地对空导弹部队、防空炮兵部队、早期预警系统和飞机监控站组成。苏联向罗马尼亚空军提供了所有的导弹及发射设备、防空火炮和防空系统所需要的重要电子通讯设备。罗马尼亚的西南边界与南斯拉夫接壤，所以苏联很看重它的战略意义，它的防空网与整个华约组织防空体系连成一体。首都布加勒斯特和原油生产中心普洛耶什蒂为空防重点部署导弹防御。罗马尼亚防空系统还监察来自地中海方面的空域攻击。

海军 主要执行海岸巡逻任务，不具有远海作战能力，主要海军基地在曼嘎利亚和康斯坦萨。

罗马尼亚与华约组织的其他成员国签有双边条约。自从 1968 年捷克事件后，罗马尼亚禁止在本土举行华约组织的军事演习，也不允许其他华约成员国军事力量穿越其领土，因此保加利亚军队要参加华约组织的军事演习，只能通过空运或者是取道黑海到苏联。

表 5 - 8　罗马尼亚 1962 ~ 1982 人口及军队人数统计表

	1962 年	1967 年	1971 年	1975 年	1979 年	1982 年
人　　口	18366000	19500000	20400000	21460000	22090000	22400000
常规部队	222000	173000	160000	171000	180000	181000
陆　　军	200000	150000	130000	141000	140000	140000
空　　军	15000	15000	21000	21000	30000	34000
海　　军	7000	8000	9000	9000	10500	7000

三　苏联驻扎在东欧国家的部队

苏联驻民主德国集团军群

驻德苏军是苏联驻在国外保持兵员最多、作战能力最强的集团军群。1945 年 6 月 10 日，苏联在占领德国的

区域内组建了苏联驻德国军队，总部设在波茨坦。1952 年苏联驻德军队总司令部迁到东柏林的韦恩斯多夫，第一任总司令是朱可夫元帅。

驻德苏军集团军群属苏军 A 级部队，他们长期保持 90% 以上的兵员和全员的武器装备。驻德苏军集团军群总兵力约为 42 万。其中，地面部队为 5 个集团军，包括 11 个装甲师、8 个摩托化步兵师、7 千辆主战坦克、1 千辆后备主战坦克、3300 门火炮和 400 个多管火箭筒；空军力量为 1530 架飞机，其中包括 530 架直升机；另外还有 230 个核导弹。军力大致分布如下。

第 1 近卫坦克军　总部设在德累斯顿。下属有驻扎在维滕堡的第 6 坦克师，驻扎在德绍—罗斯劳的第 7 近卫坦克师，驻扎在里萨的第 9 近卫坦克师，驻扎在德累斯登 – 克洛彻的第 11 近卫坦克师，驻扎在哈勒的第 27 近卫摩托化步兵师。

第 2 近卫坦克军　总部设在菲尔斯滕贝格。下属有驻扎在诺伊施特累利次的第 16 近卫坦克师，驻扎在佩勒贝格的第 21 摩托化步兵师，驻扎在福格尔桑的第 25 坦克师，驻扎在什未林的第 94 近卫摩托化步兵师。

第 8 近卫军　总部设在魏玛 – 诺拉。下属有驻扎在耶拿的第 79 近卫坦克师，驻扎在格里马的第 20 近卫摩托化步兵师，驻扎在奥尔德鲁夫第 39 近卫摩托化步兵师，驻扎在苏姆博格的第 57 近卫摩托化步兵师，

第 20 近卫军　总部设在埃伯斯瓦尔德。下属有驻扎在贝冒的第 6 近卫摩托化步兵师，驻扎在尤埃特博格的第 14 近卫摩托化步兵师，驻扎在德埃博尔鲁茨的第 35 摩托化步兵师。

第 3 火箭军团　总部设在马格德堡。下属有驻扎在克拉姆尼茨的第 10 近卫坦克师，驻扎在新鲁平的第 12 近卫坦克师，驻扎在希勒斯莱本的第 47 近卫坦克师，驻扎在施腾达尔的第 207 近卫摩托化步兵师。

第 34 枪炮师　驻扎在波茨坦。

苏联驻民德第 16 战术空军　军事总部设在韦恩斯多夫。下属 3 个侦察机团，分别驻在阿尔滕贝格、斯滕达尔、韦尔措；1 个轰炸机师和轰炸团，驻在格罗森海因；两个轰炸团，分别驻在菲尔斯滕瓦尔德、尤埃特博格；3 个运输机团，分别驻在菲尔斯滕瓦尔德、奥拉宁堡、施普伦贝格。

北部空军团　总部在维特施托克。其中，1 个战斗机师和战斗机团驻在普埃茨尼茨；另有 2 个战斗机团分别驻在格罗斯和维特施托克。

南部飞行军团　总部在维滕贝格。其中，1 个战斗机师和战斗机团驻在采尔布斯特；两个战斗机团分别驻在尤埃特博格、考埃廷；1 个战斗机师和战斗机团驻在梅泽堡；两个战斗机团分别驻在阿尔滕贝格和圣罗埃内维茨；1 个战斗轰炸机师的 3 个战斗轰炸机团分别驻在布鲁欣、菲诺和韦尔诺伊兴。

驻守在民主德国的苏联军队的主要任务是保卫华约组织西部战线，抵御可能来自西方的侵略。但在 1968 年 8 月，在德占区的苏联军队也参加了入侵捷克斯洛伐克的行动，第 1 坦克军的 4 个师和第 8 近卫军的第 20 近卫摩托化步兵师占领了捷克斯洛伐克西部边境和波西米亚中部。第 20 近卫军的 3 个师占领了布拉格周边地区。1979 年 10 月，苏联领导人勃列日涅夫宣布单方面从民德撤出 2 万人和 1 千辆坦克的计划。

苏联驻波、匈、捷集团军

驻匈牙利的苏军总数约为 8 万人，其中地面部队为 1 个集团军，包括 2 个摩托化步兵师和 2 个装甲师。1956 年匈牙利事件后，匈牙利和苏联两国政府在 1957 年 5 月签订条约，使得苏联在匈牙利的驻军合法化，这部分驻军被称为苏联南部集团军，主要部署在匈牙利西部。

驻波苏军总数约为 4 万人，地面部队为 1 个集团军（主要为支援部队），包括 1 个装甲师和 1 个摩托化步兵师。二战结束后，根据 1947 年两国签订的条约，苏联军队留驻波兰，称为苏联北部军团，当时有 30 万人，后来减少了人数，包括 2 个坦克师和 1 个永久性的战术空军基地。

苏联驻捷克斯洛伐克的军队总数约为 8.5 万人，地面部队为成军建制的集团军，包括 8 个摩托化步兵师、2 个装甲师，配备 1500 辆主战坦克、650 门火炮、90 个多用途火箭发射装置和 50 枚核导弹。空军有 300 架作战飞机，其中包括 120 架直升机。

四 华约组织的武器装备

常规武器

坦克手榴弹 RKG－3M 反坦克手榴弹是华约组织成员国军队所用的标准型反坦克手榴弹。它的技术参数如下：信管重量 1.07 千克，长度 363 毫米，直径 55.6 毫米，填充炸药 567 克，装甲穿透力 125 毫米。各种 RKG3M 反坦克手榴弹的不同在于套筒所用的金属不一样。

杀伤性手榴弹 华约组织成员国军队广泛使用的杀伤性手榴弹为 RGD－5 型手榴弹。它的技术参数为：信管重量 0.31 公斤，长度 114 毫米，直径 57 毫米，杀伤半径 15～20 米。

自动手榴弹发射器 它拥有一个可以发射 30 毫米手榴弹的弹带，最大距离 1400 米，转盘弹匣装有 30 发手榴弹，主要是在驻民德的苏联集团军群内使用。

手枪 马卡罗夫式手枪与德国的 Walther 式很相近，有双动扳机，在苏军中广泛使用。这种手枪也在民主德国生产。民主德国生产的手枪与苏制手枪的区别在于手把上没有苏联的红星。马卡罗夫式手枪口径 9 毫米，重量 0.73 千克，长度 160 毫米，有效射程 50 米，弹匣容量为 8 发子弹，射击频率为每分钟 30 发子弹。

步枪 苏军使用的步枪最著名的是 AK 系列步枪。它由苏联战后杰出的枪械设计师 M. T. 卡拉什尼科夫设计，1949 年开始在苏联军队中使用。它比老式半自动卡宾枪更结实，又与全自动步枪有着同样的精确度和大容量的弹匣，因此到了 50 年代中期，苏联一线的军队逐渐用它取代了卡宾枪。

AK 系列步枪口径 7.62 毫米，带空弹匣，枪重 4.3 千克。它有带固定木制枪托和金属折叠枪托两种类型，枪托打开时，枪长 869 毫米，发射 1943 年式 7.62 毫米中间型枪弹，弹头初速 710 米/秒，理论射速 600 发/分，有效射程 300 米。AK 系列步枪火力猛烈，故障率低，坚固耐用，尤其是在风沙、泥水等恶劣环境下仍能正常射击。

坦克 具有强大直射火力、高度越野机动性和坚固装甲防护的履带式战斗车辆。

20 世纪 60 年代以前，坦克通常按全重、大炮口径分为轻、中、重三种类型。轻型坦克重 10～20 吨，火炮口径一般不超过 85 毫米，主要用于侦察警戒，也可用于特定条件下作战；中型坦克重 20～40 吨，火炮最大口径为 105 毫米，用于装甲兵的主要作战任务；重型坦克重 40～60 吨，火炮最大口径为 122 毫米，主要用于支援中型坦克的战斗。

20 世纪 60 年代以来，多数国家按坦克用途分为主战坦克和特种坦克。主战坦克是现代装甲兵的主要战斗兵器，用于完成多种作战任务；特种坦克是装有特殊设备、担负专门任务的坦克，如侦察、空降、水陆两用坦克和喷火坦克等。

苏联陆军的主战武器是坦克。在现代装甲战中，速度和机动

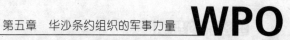

性是战斗决胜的主要因素。德国在二战中使用坦克作为开路前锋，是其闪电战获胜的法宝。苏联接受二战初期失利的教训，注重发展坦克和装甲部队。二战期间，苏联设计制造的T-34坦克讲究配备充足的火力装置，最初为76.2毫米火炮、后来改进为85毫米的火炮，属于苏制第一代火炮。

二战后至50年代，苏联设计制造了第二代坦克，主要有T-54中型、T-55中型、T-10重型和IIT-76轻型水陆两用坦克。60年代生产的T-62是具有现代特征的单一战斗坦克，增强了火力，同时提高了坦克的机动性和防护性能。发射的炮弹普遍采用脱壳穿甲弹、空心破甲弹和碎甲弹，火炮装有双向稳定器、光学测距仪、红外夜视夜瞄仪器。T-62坦克配备大功率柴油机或多种燃料发动机、双功率流传动装置、扭杆式独立悬挂装置、三防装置和潜渡设备。

T-72坦克为苏联制造的第三代主战坦克，于1973年装备苏联军队。每辆坦克全重41吨，乘员3人，长6.4米，宽3.37米，高2.38米，最大装甲厚度280毫米；主要武器装备包括：2A46式125毫米滑膛炮1门、762毫米并列机枪一挺，127毫米高射机枪一挺，烟幕弹发射器5~7具。该型坦克穿甲厚度400毫米，公路行进最大时速为80公里，最大行程500公里，最大爬坡能力为30度，主要弱点是火力控制系统较为落后。此后，苏联发展了最新型的T-80坦克。

在坦克战中还要配备坦克架桥车，为坦克铺路搭桥。坦克架桥车是指装有制式车辙桥和架设、撤收装置的装甲车辆，通常用于在敌火力威胁下快速架设车辙桥，保障坦克和其他车辆通过防坦克壕、沟渠等人工或天然障碍。坦克架桥车多为履带式。20世纪50年代中期，苏联在跳板式基础上制成MTY-1平推式坦克架桥车。MTY-2型为多节平推式坦克架桥车。捷克斯洛伐克的MT-55型为剪刀式坦克架桥车。

巡航导弹

巡航导弹是依靠空气喷气发动机的推力和弹翼的气动升力，主要以巡航状态在大气内飞行的导弹，可从地面、空中、水面或水下发射，攻击固定目标或活动目标。它可作为战术武器，也可作为战略武器。

战略导弹 它是用于打击战略目标的导弹。进攻性战略导弹通常射程在 1000 公里以上，携带核弹头，主要用于打击敌方的政治经济中心、军事和工业基地、核武器库、交通枢纽等重要战略目标。按发射点与目标位置分为地地战略导弹、潜地战略导弹、空地战略导弹；按射程分为中程导弹、远程导弹、洲际导弹；飞行方式分为战略弹道导弹和战略巡航导弹。20 世纪 50 年代末至 70 年代中期，战略导弹主要是发展导弹系统的地下井贮存、井内发射技术，研制水下发射的潜地弹道导弹；采用可贮存液体推进剂或固体推进剂火箭发动机，缩短了发射准备过程；改进制导技术，提高命中精度，装备集束式多弹头，解决战略弹道导弹的突防问题。

70 年代中期以来，研制机动发射的陆基战略弹道导弹。苏联的 SS－20 导弹采用了车载机动发射，大大增强了导弹的灵活性。

战术导弹 用于直接支援战场作战、打击战术纵深目标的导弹，多属近程导弹。它主要用于打击敌方战术纵深内的核袭击兵器、集结的部队、坦克、飞机、舰船、雷达、指挥所、机场、港口、铁路枢纽和桥梁等目标。

苏联在 20 世纪 50 年代中期将首批战术核武器装备地面部队，60 年代装备空军和海军。80 年代，战术核武器种类和数量大大超过战略核武器。与此同时，苏联在波兰、民德、罗马尼亚、匈牙利、捷克部署了战术导弹，其中民德拥有 40 支蛙—7

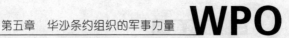

式导弹发射器、24 支飞毛腿—b 式导弹发射器和 4 支 SS - 21 导弹发射器。每支发射器装有 3 枚导弹，其导弹总数近 200 枚，是华约组织东欧成员国中配备力量最强的。但是在东欧成员国部署的战术导弹均无核弹头，只是到战时才由苏联提供。1962 年古巴导弹危机后，苏联担心核导弹失控，加强了对部署在东欧成员国导弹的控制权，东欧国家对部署在本国领土上的导弹完全没有发言权，因而引起苏联和东欧国家在这个问题上的不少争议。

华约组织成员国之间的武器贸易

武器贸易原则　1958 年 3 月 28 日，苏联部长会议通过第 565 ~ 276 号决议，其中对供给华约组织成员国特种器械计价条款做出如下规定：从 1959 年开始，建立统一的供给计价原则。苏联供给保加利亚、匈牙利、民主德国、波兰和罗马尼亚的武器和军械，其价值的 1/3 以商品流通额支付，2/3 以信贷方式在 10 年期内偿付。

武器贸易数据　有关苏联与华约组织其他成员国间的武器贸易很难找到完整的资料，上文提到的规定和下面提供的数据，是研究者在俄罗斯国家档案馆找到的部分标有"秘密"级的文件，主要涉及 1961 ~ 1965 年苏联与华约组织其他成员国之间买卖武器和军械的种类、价格和数量等。

表 5 - 9　1961 ~ 1965 年华约组织成员国之间军械贸易额
（不包括苏联，1961 年价格）

单位：百万卢布

国　家	出口	进口	国　家	出口	进口
保加利亚	18.2	50.1	罗马尼亚	13.3	7.0
匈牙利	39.5	48.4	捷克斯洛伐克	18.9	14.1
民主德国	62.8	无报表	总　数	295.6	202.4（缺民主德国）
波　兰	142.9	82.8			

表 5 - 10　苏联无偿供给华约组织其他成员国军械价值表

单位：百万卢布　（按当时市价）

国　家	价值	无偿供给的年份	国　家	价值	无偿供给的年份
阿尔巴尼亚	235.2	1945～1960	波　兰	0.2	1959～1960
保加利亚	138.9	1956～1960	罗马尼亚	51.5	1957～1959
匈牙利	12	1957～1958	捷克斯洛伐克	0.2	1959
民主德国	20.7	1958～1960	总　数	458.7	

表 5 - 11　苏联向华约组织其他成员国预购军械价值及种类

单位：百万卢布，1961 年价格

	1961～1965 年 苏联预订	1961～1965 年 实际购买	各年份中购买量				
			1961 年	1962 年	1963 年	1964 年	1965 年
波　兰	495.6	337.3	43.0	58.6	69.2	80.5	86.0
捷克斯洛伐克	353.0	127.1	24.4	28.7	18.3	24.1	316

　　苏联计划从波兰订购 1790 架安 - 2 型轻型双翼运输机。它能承载 12 人，1947 年由苏联飞机设计师安东诺夫设计试飞成功的。1960 年以后，苏联不再生产安 - 2 型轻型双翼运输机，大部分转由波兰生产，苏联再从波兰进口。此外苏联还从波兰订购 567 架米 - 1（Ми - 1）型直升机、1720 门 AT - C 牵引炮、21 艘布放航标船、9 艘水文船、20 艘海上客运快艇以及飞机零部件等。

　　苏联从捷克斯洛伐克订购 700 架捷克斯洛伐克标准的喷气式教练机。当时苏联正在研制同类型的教学训练机 ЯК - 30 型，后来试飞效果及外形比捷克斯洛伐克造的要好，但是处于政治上的考虑，苏联还是决定采用捷克生产的喷气式教练机，另外还订购了 250 架 3 - 326 型飞机、Л - 200 型飞机、Л - 13 型滑翔机，以及飞机发动机和备用零件。

　　1961～1965 年期间，苏联每年计划进口其他成员国生产的军械，根据需要而定。

第六章

华约与北约的军备控制和裁军谈判

华约组织与它的对手北约组织之间并未发生过直接的军事冲突，但双方都在相互制约，从来没有停止过军备竞赛。不过在扩充军备的同时，两大军事集团特别是苏、美两国之间，就军备控制和裁军问题进行了长时间、艰难的谈判。从20世纪50年代中期至60年代中期，华约与北约的裁军谈判更多的只是在口头上相互试探，没有取得实质性进展。20世纪60年代后期至80年代初期，两大集团在限制战略武器和在欧洲裁军问题上进行了广泛讨论，取得了一定成果。之后，80年代初至90年代初，随着苏联、东欧国家内部的逐步变化，华约与北约的对抗势头明显减弱，苏联和华约组织成员国在一些重大问题上做出妥协，使裁军谈判取得突破，达成了一系列裁军条约和协议。

一　华约与北约面对面的谈判

十国裁军委员会

第二次世界大战结束后的15年期间，有关军备控制和裁军问题的讨论，主要是在联合国框架内进行的，主要谈判对手是美、苏两国。1946 年 1 月，联合国通过决议成立原子能委员会，由安理会常任理事国和非常任理事国组成，讨论从军备中取消原子武器和监督原子能保证和平利用问题。由于美国最初垄断着原子弹，因此主张先管制原子武器，然后再逐渐禁止原子武器。苏联为了打破美国在原子武器方面的垄断地位，针锋相对地坚持先禁止、后管制，同时不同意就地进行核查。美、苏两国的立场对立使原子能委员会内的谈判陷入僵局。

1947 年 2 月，根据苏联的建议，在联合国框架内设立了常规军备委员会。在这个委员会的讨论中，苏联主张必须对一切武器和兵力进行全面裁减，原子武器应放在第一位。美国则主张把常规武器和原子武器分开讨论，并强调要同等裁减常规武器和军队。1952 年 2 月，在原子能委员会和常规军备委员会合并的基础上成立了新的裁军委员会，由安理会管辖，一并讨论原子武器和常规武器的裁减问题，但以苏联为首的一方和以美国为首的另一方各自坚持原有的立场。

为寻找谈判出路，1954 年 4 月联大通过决议，在裁军委员会下设立小组委员会，由美国、苏联、英国、法国和加拿大 5 国组成。在小组委员会中，西方国家提出分阶段裁军方案，并坚持相互核查；美国要求各国都应"开放天空"。苏联提出局部裁军和停止核试验。由于小组委员会在诸多问题上意见相左，谈判很难正常进行。1957 年，苏联以在小组委员会中处于不平等地位为由退出该小组委员会。由此，联合国框架内的裁军谈判中断。正是在这种情况下，华约和北约之间的直接裁军谈判开始走上前台。

1959 年，美、苏、英、法 4 国外长会议决定，华约 5 个成员国苏、捷、保、波、罗和北约 5 个成员国美、英、法、加、意组成 10 国裁军委员会。这是两大军事集团第一次组成的直接裁军谈判机构，它独立于联合国之外，又同联合国保持密切联系，

向联合国裁军委员会提出报告。1960 年 3 月，10 国裁军委员会在日内瓦召开会议，双方讨论的焦点仍然集中在是先实施国际监督再进行裁军，还是相反。1969 年，该委员会改名为裁军委员会会议。但由于上述 10 国分属对立的两个集团，调和与妥协的可能性受到集团整体利益的制约和限制；同时，它们之间缺少独立于两大集团之外的缓冲因素，谈判很容易陷入僵局。针对这种情况，1978 年讨论裁军问题的特别联大决定改组裁军委员会会议，扩大其成员，成立新的裁军谈判委员会，参加委员会的国家从 10 国扩大到 18 国，后来又扩大到 26 国，一些非华约和非北约成员国加入其中。中国自 1980 年起成为裁军谈判委员会成员。不过，美、苏两国的立场、态度依然主导着裁军谈判的方向。该委员会 1984 年起改名为裁军谈判会议。

签署核不扩散条约

19 62 年古巴导弹危机，使全世界第一次体验到人类如此接近核战争所带来的紧张与恐惧。一手导演了这场危机的苏、美两国，在认识到核战争现实威胁的同时，更加体会到掌控核武器的重要性，核武器只有由尽可能少的国家掌握，才能更有效地把局势控制在不迈过核门槛的范围。20 世纪 60 年代，如何禁止核试验和控制核武器的扩散，成为军备控制谈判的首要内容。

1963 年 7 月，美、苏、英 3 国签署了《禁止在大气层、外层空间和水下进行核武器试验条约》，即《部分核禁试条约》。根据该条约，有核国家禁止在大气层、外层空间和水下进行核试验，但不包括地下核试验；而无核国家禁止一切核试验，这就等于堵死了无核国家获得核武器的道路。可见，这一条约实际上对有核国家没有限制，而是进一步加强了它们的核垄断地位。客观上，《部分核禁试条约》的实施，减少了核物质对大气层、水源和外层空间的污染，对保护人类生存环境有益；同时，条约给无核国家进行核试验设置了障碍，有利于从试验层面上防止核扩散。作为核时代 3 个核大国签署的第一个限制核军备竞赛条约，世界上多数国家对此还是给予了积极评价。华沙条约集团成员国都参加了这一条约。

除了从试验层面上防止核扩散外，美、苏两国以及两大军事集团还试图限制核武器或核装置成品的扩散。1965 年 8 月，美国提出防止核扩散条约草案，要求禁止有核国家直接地或通过军事同盟间接地将核武器出让给任何无核国家，禁止有核国家采取其他方式增加拥有独立使用核武器权力的国家和组织的数目等。

苏联认为，美国的提案实际上没有禁止北约成员国与美国共享核安排，也就是说，美国和北约组织当时推行的"欧洲多边核力量计划"并没有在核不扩散条约的限制之列。特别是它为联邦德国分享对核武器的控制留下了可能，这实际上与核不扩散条约很难相容。因此，苏联提出的核不扩散条约草案中特别强调，禁止有核国家给无核国家或国家集团以"拥有、控制或使用核武器的权利"，禁止把对核武器及其设置地点和使用的控制权交给不拥有核武器国家的武装力量单位或个别成员。显然，苏联认为欧洲多边核力量计划以及试图让联邦德国以某种形式获得核武器，对苏联本身和华约成员国的安全构成了巨大威胁。

波兰针对美国的提案指出，核不扩散条约应该绝对和全面禁止一切形式的核扩散，应冻结一切国家目前实际获取核武器的状态，包括使用这种武器的训练和计划。罗马尼亚建议，为了使无核国家有安全保障，应该由有核国家承诺永不向那些保证永不获得核武器的签字国使用或威胁使用核武器；通过安理会的监督，来保证本国领土上有核武器的核不扩散条约缔约国不获得对此种武器的控制权。

经过协商和在吸收相关国家意见基础上的不断修正，1968年 7 月，核不扩散条约在伦敦、莫斯科和华盛顿同时签署。条约

规定：每个拥有核武器的缔约国承诺，不直接或间接向任何接受国转让核武器与其他核爆炸装置和对这种武器与爆炸装置的控制权，不得以任何方式使无核国家取得核武器与其他核爆炸装置的控制。条约也对无核国家提出了要求。同时，条约规定，各国享有为和平目的的研究、生产和使用原子能的不可剥夺的权利。

尽管核不扩散条约在规定责任与义务方面存在不均等现象，特别是对无核国家的权利与义务的不对等，因此有失公允。但它成为国际法规，还是得到世界大多数国家的认可，保证了核武器没有出现广泛的扩散；同时，也为和平利用原子能提供了依据。

二　欧洲常规裁军谈判

以苏联为首的华约组织不仅在世界范围内的裁军和核不扩散等问题上发挥了重要作用，当涉及欧洲地区的裁军时，其影响和作用更加明显。如果说，华约集团中除苏联之外，其他国家尚无核武器，它们在涉及核武器谈判中只是重要的"列席者"的话；那么在涉及常规武器谈判时，由于华约组织成员国的常规军事力量已经成为裁军谈判的直接对象，华约集团各成员国都是谈判桌上不可或缺的一方。

欧洲常规裁军谈判主要围绕两场谈判展开：一是关于中欧共同减少部队和军备及有关措施的谈判，简称"中欧裁军谈判"；二是欧洲常规武装力量谈判。前者主要涉及裁减中欧地区两大军事集团的武装力量和军备问题；后者主要涉及缩减北约和华约两大军事集团从大西洋到乌拉尔地区整个欧洲大陆的武器装备问题。

中欧裁军谈判

20世纪60年代中后期，美国在越南战争泥潭中越陷越深，亟须收缩兵力。西欧国家经济发展速度放缓，维持庞大军费开支遇到困难。北约内部这时也出现分裂，1966 年法国宣布退出北约军事机构。这些都使在欧洲常规军事力量对比上并不占优势的北约集团需要借助裁军减轻负担，同时打算消除华约集团在常规武器方面的优势。

苏联在赫鲁晓夫下台后，对外政策进行了调整，谋求东西方之间的缓和成为苏联新的战略目标。1966 年 3 月，勃列日涅夫在苏共第 23 次代表大会上提出，苏联准备解决欧洲安全问题，建议召开欧洲国家会议讨论欧洲军事局势和裁减军备问题。7 月，华约组织政治协商委员会提出建议，召开欧洲国家参加的"欧洲安全与合作会议"，即"欧安会"。

面对苏联和华约组织的和平攻势，北约逐渐改变了对策。1967 年 12 月，北约部长理事会确定了对苏联和华约的政策是"防务加缓和"，其中包括展开对话和支持裁军谈判，乃是北约新政策的重要内容。1968 年 6 月，北约部长理事会正式提出，把北约和华约两大集团相互均衡裁减军队，作为召开欧洲安全与合作会议的条件之一。对此，苏联和华约提出应先召开欧安会，在取得必要信任后，在欧安会框架内设立的机构中讨论相互均衡裁减军队问题。双方就欧安会和中欧裁军会议谁先谁后问题进行了一番讨价还价，在 1972 年 5 月美国总统尼克松访问苏联期间，美、苏双方达成协议，将欧安会和中欧裁军会议平行举行。同年 12 月，北约向华约发出了举行中欧裁军预备会议的建议。

在预备会议上，首先提出参加谈判的国家问题，最后确定参加正式谈判的有 11 个国家，它们是华约成员国苏联、民主德国、波兰、捷克斯洛伐克；北约成员国美国、英国、联邦德国、加拿大、比利时、荷兰和卢森堡；另外，保加利亚、罗马尼亚、匈牙利、土耳其、希腊、意大利、丹麦、挪威 8 个国家作为观察员参加会议。预备会议确定这次谈判会议的正式名称为"关于中欧共同裁减军队和军备以及相关措施的谈判"。裁减军队和军备涉

及的中欧地理范围，包括联邦德国、荷兰、比利时、卢森堡、民主德国、波兰、捷克斯洛伐克7个国家的领土。

中欧裁军会议从1973年10月30日在维也纳开始举行，断断续续地进行，直到1989年2月被欧洲常规兵力谈判取代，持续了将近15年半的时间。其间，举行了37轮谈判，召开了493次会议，华约方面提出7个方案，北约方面提出5个方案。在谈判中，华约和北约在一系列问题上存在着严重分歧。

第一，裁减的原则和军队数量问题。东西方提出了不同裁减原则。北约坚持"均衡"裁减原则，即按比例裁减，之所以坚持这一点，是因为美国和北约一直认为在华约和北约在中欧的常规军事力量对比上，华约集团占有优势，特别是地面部队和坦克部队，华约对北约的优势更为明显。一直作为北约官方依据的伦敦战略研究所的数字表明，华约驻扎在中欧地区的兵力为114.7万人，其中包括53.7万名苏联官兵。北约在中欧的地面作战部队人数为77万人，其中19.9万美国官兵。与此相应的，华沙条约组织集中在这里的主战坦克为15500辆；北约的主战坦克为6880辆。

在维也纳举行的会谈中，英国提出，东西方在中欧的地面部队应有一个共同的最高限额。现在这个地区的苏联及其盟国的部队比西方的部队要多。英国认为，第一，作为讨论起点的是这样的事实：中欧是个战略上具有极大重要性的地区，而现在的力量对比是悬殊的，是有利于东方的；第二，必须制订办法来防止违反协议和使协议得到履行；第三，会谈不应损害对盟国的义务或共同市场的发展。美国则认为，如果苏联把它在中欧的装甲能力大大减少的话，将是符合防御目的的，并将对增进欧洲的稳定作出重大贡献。华沙条约国家在欧洲的现役地面部队比西方联盟要多得多，同时，缩减军事力量协定还必须考虑到苏联比美国靠近中欧，驻在苏联领土上的苏军可以随时经过波兰平原直达这个地区的心脏，而美国同这个地区之间则隔着一个大西洋。在 1973 年美国和北约提出的第一个裁军方案就体现出上述思想，因此美国建议首先把美、苏两国在中欧的驻军各裁减 15%，分别是 2.9 万人和 6.8 万人，之后再裁减相关国家的部队，最后达到两大集团在中欧的陆军同为 70 万人的最高限额。

苏联和华约各国认为，华约和北约在中欧的军事力量大致相当，裁减的原则应该是"对等"裁减，即按照同等的百分比裁减同等数量的部队，这样裁减的结果才不破坏中欧和整个欧洲业已形成的力量对比。这应该作为会谈的宗旨，如果有人要破坏这个原则，那么，这个问题将成为纠纷的起因和争论不休的对象。苏联在 1973 年提出的裁军方案中建议：到 1975 年，双方各裁减两万人；1976 年各裁减 5%；1977 年各裁减 10%；并要对执行情况进行严格监督。

由于东西方在"均衡"裁减还是"对等"裁减原则上的分歧，使得裁军谈判一开始就停滞不前。

为了打破僵局，1975 年 12 月北约提出了以撤回 2.9 万美国士兵、1000 枚战术核武器和几十架运载核弹的飞机，来换取同时从中欧撤回苏联 6.8 万人的军队和 1700 辆坦克的建议。华约集团驻维也纳的代表把西方的这一方案斥之为是不现实的。苏联代表团团长在维也纳会议上代表华沙条约国家提出一个计划，算是回应了西方的建议。

西方认为，如果按照华约提出的裁减方案，驻在中欧的美军必须减少 2.95 万人，苏军则减少 3.4 万人，但是如此裁减对实力较强的苏军来说触动很小。而各自裁减 300 辆主战坦克，就意味着北约的 6880 辆主战坦克要裁减其中的 4.3%，而华约的 15500 辆坦克则只需裁减 1.9% 左右，这会使华约和北约之间的坦克比例变得更糟。同样，在缩减具有核打击能力的战斗机方面也会对北约产生明显的不利。苏联在中欧拥有 316 架具有核打击

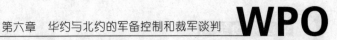

能力的飞机，美国在中欧只驻扎了114架具有核打击能力的飞机，如果按照华约的建议同等缩减54架飞机的话，苏联的飞机总数将减少17%，而美国将意味着裁减47%。还有一个重要因素，美国、苏联距中欧的距离相差甚远，它们对中欧地区的支援时间和速度明显是不对等的。

苏联和华约否认西方关于华约集团兵力在中欧占优势的说法，反复申明两大军事集团的常规力量在中欧已经形成了大体上的均势。针对北约提出的数字，苏联于1976年6月公布了华约在中欧驻军数字：截止到1971年1月，华约在中欧的军事力量，包括民主德国、捷克斯洛伐克、波兰和驻在这里的苏军，共计96.5万人，其中地面部队80.5万人、空军16万人。苏联建议，第一阶段按2%~3%的同等比例裁减美、苏两国在中欧的武装力量，之后在第二阶段也按同等比例裁减其他相关国家的军事力量。1978年苏联提出了裁减的具体数字：第一阶段苏联裁军3万人、1000辆坦克和其他技术兵器；美国减少1.4万人、1000颗战术核弹头和90件运载工具。第二阶段其他相关国家按同等比例裁减。两大集团在中欧的最后总兵力最高限额为：陆军70万人，空军20万人。这一总兵力最高限额在苏联此后的建议中基本保持未变。

对于苏联和华约公布的中欧军事力量数字，美国和北约很难给予认可和接受。之后，双方一直在驻中欧军事力量的数字认定上纠缠不清。1984年3月16日至4月19日的第32轮会谈中，华约代表指责北约挑起谁有多少部队的辩论，缺乏在平等和彼此可以接受的基础上达成协议的政治愿望，致使谈判停滞不前，并且暗示，如西方不让步，华约将考虑中断谈判。

对此，北约提出了一揽子反建议：不再要求在裁减前就中欧地区所有部队的人数取得一致的看法，只要求双方交换部分地面部队的数字，但华约提供的数字要能为北约所接受，制定一个为期 5 年的裁军计划。其第一步是：要求美、苏分别裁减 1.3 万和 3 万人，双方保证不再增加地面部队；改进核查程序，采取更完善的监督措施。北约宣称，此建议是西方立场的重大改变，在军队数据问题上采取了新的灵活态度，只要求先就战斗部队的大概总人数达成协议，空军及美、苏以外其他国家的部队人数将在 5 年裁军过程中解决，以打破会议僵局；同时要求加强核查措施，坚持派观察员监督撤军，以作为对军队人数问题让步的补偿。

苏联和华约对此没有做出积极响应，而是坚持原来主张。1986 年，苏联提出新方案，把裁军的范围扩大到从大西洋到乌拉尔地区的整个欧洲国家的驻军，并且仍坚持对等原则，要求在 1~2 年内两大军事集团各裁减 10 万~15 万人，至 1990 年双方的陆军和空军将减少 25%。最终，双方在裁减原则上仍无法达成一致。

第二，裁减范围问题。这里的裁减范围指的是指武器装备的种类和范围，即什么样的武器装备应列入中欧常规裁军谈判之中。苏联和华约集团考虑到美国和北约在战术核武器及空军方面占有一定优势，从谈判伊始就强调既要裁减常规武装力量，也要裁减核力量；既要包括陆军部队，也要包括空军部队。其理由是，在中欧地区存在着强大的核武库的情况下，只裁减地面部队和常规武器装备，无助于危险局势的彻底消除。与常规武器相比，核武器的大量存在不能不是一个经常性的真正威胁。因此苏联和华约集团的代表在前面提到的 1978 年 6 月的建议中，就明确要求美国在中欧地区减少 1000 颗战术导弹和 90 件运载工具；在 1986 年 6 月的方案中，也提出双方削减射程在 1000 公里以内的中近程核武器。

美国和北约方面极力反对把核武器列入裁减对象，认为这会使谈判过于复杂化。实际上，美国和北约都把苏联的建议视为是别有用心的企图。按照它们的计算，在裁军所涉及的中欧地区，

苏联驻扎了 10 个导弹旅，共 120 个导弹发射装置；美国拥有 3 个潘兴式导弹营，每个营 36 个发射装置，共 108 个发射装置。如果按照苏联的要求，美国在中欧的核武器存在将大大削弱。美国虽然一度同意接受苏联和华约提出的 1976 年方案，但其前提是苏军必须从这里撤走 1 个坦克集团军约 6.8 万人和 1700 辆坦克。这种交换的意图很明显，就是要消除对方在这一地区的装甲力量优势。对此苏联难以接受。于是，裁减核武器问题也是不了了之。

第三，核查与监督问题。不论裁减常规武器还是核武器，都需要建立核查与监督机制，否则在缺乏信任的两大对立军事集团之间，任何裁军协议的执行都很容易落空而成为一纸空文。华约和北约双方都认为有必要建立一套具体的规定和办法对裁军进行结案和检查，但在具体方式上一直难以达成协议。

华约在 1983 年 6 月建议，建立 3 ~ 4 个观察哨，自愿邀请观察员监督重要的撤军行动，双方不得干预对方的监督技术手段。美国则建议，进行定期核查，以保证商定的裁减军队数量得到遵守。苏联和华约认为，美国的建议远远超出了中欧范围，已经涵盖了苏联在欧洲的部分地区，所以表示反对。在具体的核查方式上，双方也没有形成共识。

1988 年 9 月裁军谈判仍无实质性进展，会议于 1989 年 2 月 2 日宣布中欧裁军谈判全部结束，并发表了《最后声明》，承认 15 年的裁军谈判未取得成果。

上述尽管不是两大军事集团在中欧裁军问题上的全部分歧，但却是其中最为关键的。在这些分歧的背后，实际上表明，两大军事集团都把谈判作为一种削弱对方、保证己方军事优势的手段，这是典型的冷战思维的结果。虽然这场谈判没有成功，但却是华约集团国家第一次直接作为谈判参加者与北约集团国家面对面地谈判裁军问题，它们的谈判主体地位得到了突出反映，它们在谈判中保持密切磋商，给予外界一个协调一致的政治形象。

欧洲常规武装力量谈判

欧洲常规武装力量谈判是中欧裁军谈判的继续和发展。
1985年，戈尔巴乔夫在苏联上台执政，推行"改
革"。他在外交上提出"外交新思维"，倡导"全人类利益"，因
此苏联和东欧国家与美国等西方国家的关系出现转变。苏联为了
尽快达成裁军协议，卸掉军备重负，为国内"改革"进程创造
较好的条件，把打破欧洲常规裁军的僵局作为重要目标之一。

1986年6月，华约向北约提议重新举行全欧常规裁军谈判
以取代中欧裁军谈判，北约表示赞同。1987年2月17日，在欧
安会的授权下，北约和华约23个国家的代表开始举行欧洲常规
武装力量谈判的预备会议。预备会议于1989年1月结束，双方
同意谈判名称为"欧洲常规武装力量谈判"；谈判的目标是通过
建立常规武装力量（包括较低水平的常规武器和军备）的稳定
和可靠的平衡，来加强欧洲的稳定和安全，使北约和华约只保有
用于防御的武装力量，最终使双方都不具备发动突然袭击和大规
模进攻的能力。这次裁减和限制的范围及适用地区，由中欧裁军
谈判时的"中欧地区"扩大到从大西洋到乌拉尔地区的欧洲与
会国的整个陆上领土，包括与会国所有的欧洲岛屿，以及苏联的
亚洲部分、高加索地区和土耳其的大部分地区。参加谈判的国家
包括北约和华约的全部成员国。它们的常规武装力量及军备，包
括陆军、空军常规力量与军备，以及除常规力量外还具备其他作
战能力的常规武器即"双用途武器"，都属于裁减的对象。核武
器，化学武器和海军不在这次谈判之列。

1989年3月，北约和华约关于裁减欧洲常规武装力量的谈
判在维也纳正式开始。华约提出的方案是主张分阶段裁军，先是
将双方"对稳定最具破坏性的武器"（如歼击机、作战直升机、
坦克、装甲车等）进行较大幅度削减，以使双方拥有的这些武

器实现"均衡";之后再将双方武装力量人数削减 25%（约 50 万人）；最后，确定北约和华约常规力量及军备的最高限额，使双方兵力成为纯防御性的武装力量。

北约在方案中提出了具体的量化指标，要求美、苏两国驻欧军队削减为 27.5 万人，每方的作战飞机将比北约现有力量减少 15%；裁减后的北约和华约分别应保有的最高限额是：坦克 2 万辆，火炮 1.65 万门，装甲车 2.8 万辆；裁减区内的不同地区应有不同的最高限额，对欧洲中部前沿地区须规定更严格的最高限额；应有"硬性"核查措施，包括现场核查及给核查人员更大的行动自由等；同时应每年互通彼此军队人数、驻地和装备等情报。

对比上述两种方案不难看出，双方裁减的大方向和基本原则是接近的，但分歧也十分明显。例如在裁减范围中，什么是所谓的"进攻性武器"，双方的认定并不相同。北约从"夺取和控制领土"的能力角度出发，认定裁减的重点将放在坦克、装甲运兵车和火炮上，这显然是华约武装的强项；而华约则从"对稳定最具破坏性的武器"方面来认定，认为这样的武器应包括歼击机、坦克、作战直升机、装甲运兵车和装甲战车及火炮，实际上是指向了北约的空中力量。北约要求将从大西洋到乌拉尔地区整个欧洲裁减区的全部陆基作战飞机裁减到现有水平的 15% 以下；但华约表示反对，它主张裁减应以"进攻型"或"攻击型"战斗机为对象，而不应把华约用于防御的防空部队的陆基截击机包含在削减之列。

再如，和中欧裁军谈判遇到的问题一样，如何确定彼此的真实军事力量，也是两大集团关注的焦点。北约和华约为谈判公布的军力数字与对方掌握或者相信的数字差距颇大。北约材料表明，华约拥有的总兵力、坦克、火炮、作战飞机等都比北约多；而华约掌握的北约的上述几项数字比北约自己提供的数字要多得多。另外，要不要包括库存武器，在华约的方案中，就把英国、美国等预先储存在欧洲的近 6000 辆坦克、火炮、装甲车等武器计算在裁减之列。到底哪些数字是真实的，一时无法做出判断，这就不能不影响到谈判的进程。同时，这也关联到另一个重要问题，即怎样计算裁减武器的数量，并让对方相信这种裁减是公平的。

削减欧洲常规武器谈判在苏联和华约采取了积极灵活的立场后有了实质性进展。苏联和华约集团接受了北约"非对称裁减"的原则，并在同意以更大幅度和规模削减坦克、火炮和装甲车等北约眼中的"进攻性武器"，把两大集团的坦克和装甲车分别限定在 2 万辆和 2.8 万辆。这样一来，华约将裁减的坦克数量为北约的 10 倍以上。苏联和华约还采取一些主动性行动推动裁军进程。1988 年 12 月，苏联宣布两年内将单方面裁军 50 万人，次年，波兰、民主德国、捷克斯洛伐克、匈牙利和保加利亚也相继宣布单方面裁军 7 万人、坦克 1900 辆、飞机 130 多架，还有装甲车、火炮等武器装备。1989 年 5 月苏联决定单方面从东欧撤回 500 枚短程导弹。这样，北约和华约的谈判代表在坦克、装甲车和作战直升机的限额上取得了一致。

到 1989 年年底，双方在坦克、火炮、装甲车、作战飞机和直升机等裁减问题上已取得相当进展。到 1990 年 5 月，双方除了在作战飞机和作战直升机的最高限额上尚存分歧外，已就裁减和规定限额的 5 种常规武器中的坦克、火炮和装甲车的定义和裁减数量和限额问题基本上达成协议。同年 9 月，美国，苏联，英国、法国和东德，西德（即所谓的"2 十 4"）6 国签署了《关于最终解决德国问题的条约》，规定统一后的德国不得生产、拥有核武器和化学武器，并在 3 ~ 4 年内将德国的军队裁减至 37 万人，这是西方对苏联安全做出的保障。苏联进一步解除了裁军的顾虑。10 月 3 日，美、苏两国外长贝克和谢瓦尔德纳泽在纽约

会晤时，最终商定了双方火炮和直升机的最高限额，从而为签署裁减欧洲常规武器条约扫除了最后一个障碍。

1990 年 11 月 19 日，北约和华约 22 个谈判国（两个德国已统一，民德不复存在）的代表在巴黎欧安会首脑会议上签署了《欧洲常规武装力量条约》。条约由序言、正文 23 条和 8 个议定书附件组成，主要内容如下：

（1）北约和华约各方在欧洲从大西洋到乌拉尔地区的地理范围内，5 大常规武器装备的最高限额为：坦克 2 万辆，装甲车 9 万辆，火炮 2 万门，作战飞机 6800 架，攻击型直升机 9000 架。同时还规定正规部队的 3 种武器限额：各方作战坦克 1.55 万辆，火炮 1.7 万门，装甲车 2.73 万辆。任何一个缔约国拥有的上述 5 种武器的任何一种均不得超过该集团此种武器总限额的 2/3。

（2）四个裁减区域正规部队军备的限额为：中欧区，包括德国、比利时、荷兰、卢森堡、波兰、捷克斯洛伐克、匈牙利，每一方正规部队的武器总数不得超过：坦克 7500 辆，火炮 5000 门，装甲车 11250 辆；中欧扩大区，除中欧区各缔约国外，还有英国、法国、意大利、丹麦及苏联的波罗的海、白俄罗斯、喀尔巴阡和基辅 4 个军区，两大集团各拥有正规部队的武器总数不得超过：坦克 1.03 万辆，火炮 9100 门，装甲车 1.92 万辆；欧洲侧翼区，包括罗马尼亚、保加利亚、土耳其、希腊、挪威、冰岛及部分苏联领土——敖德萨、列宁格勒、北高加索和外高加索 4 个军区，各方正规部队的武器总数不得超过：作战坦克 4700 辆，火炮 6000 门，装甲车 5900 辆；大西洋—乌拉尔区，除包括中欧扩大区外，还有西班牙、葡萄牙、苏联的莫斯科、伏尔加河沿岸—乌拉尔两个军区，双方各自正规部队的武器总数不得超过：坦克 1.18 万辆，火炮 1.1 万门，装甲车 2.14 万辆。

（3）在监督核查的措施上，为了保障监督条约条款的遵守，每个缔约国应当根据交换情报议定书通报和交换有关它受本约约

束的常规武器和技术兵器的情况。每个缔约国对自己提供的情报
负责，并根据核查议定书无权拒绝地接受核查。同时还对监督核
查做了具体规定。

（4）定出了削减和销毁的办法。削减分三个阶段进行，不
迟于条约生效后40个月内完成。

《欧洲常规武装力量条约》是两大军事集团裁军史上一个较
为重要的成果，是不对等原则在华约和北约裁军谈判中的成功运
用。这也与苏联东欧集团的政治变动密切联系在一起。它对欧洲
各国的军事和军备政策的调整，对推动世界军控和裁军进程都有
积极影响。当然，条约只是对武器的数量而没有对质量进行限
制，没有切实解决武器的重新部署和转移问题，因而留下了很多
隐患。在华约解体后，东欧国家很多倒向西方，对俄罗斯来说，
构筑该条约的地缘政治基础已不复存在，俄罗斯需要重新评估这
个条约的意义与影响。

三　限制和裁减欧洲中程核武器谈判

在裁减欧洲常规武器的同时，苏联、美国以及北约集团
中拥有核武器的国家还就限制和裁减欧洲的核武器展
开了旷日持久的谈判。

自1977年开始，苏联在欧洲本土开始部署 SS—20 中程导
弹。该导弹用固体燃料推动，便于运输，射程为3000英里，可
携带3个弹头，整个西欧都在其有效射程之内。英国《每日电
讯报》就此写道，这使苏联"在西欧拥有压倒一切的战场核优
势，并能在北约盟国中引起纠纷"。到1983年3月，苏联共部署
此类导弹351枚、弹头1053颗。这样，在战术核力量方面，苏
联对美国拥有2∶1的优势。

针对苏联的部署行动，北约高级官员考虑到三种可能性：第

一，试图说服他们的政府发起华约国家同北约的欧洲成员国之间的限制核武器会谈；第二，竭尽全力在英国和法国已研制和控制的设施的基础上搞一个欧洲的战场武器的核武库；第三，要求尽快在西欧部署美国的新的巡航导弹。这种考虑在 1979 年 12 月举行的北约外长和国防部长布鲁塞尔举行的特别会议上，最终促成了著名的"双重决定"，即建议美、苏就限制欧洲中程核武器问题举行谈判，如美、苏不能在 1983 年底以前达成协议，美国将从 1983 年底开始在西欧部署 572 枚陆基中程导弹。

1980 年年中，苏联表示愿意就限制欧洲中程核武器进行谈判。同年 10 月，美、苏开始就此举行预备性会谈。1981 年 11 月 30 日，美、苏终于同意在日内瓦举行正式谈判。截至 1983 年 11 月，美、苏共举行 16 轮会谈。

为对付美国和北约的"双重决定"，苏联提出了所谓的"冻结方案"，即部署在欧洲的北约国家和苏联的中程导弹核武器，包括美国在这一地区的前沿基地上的核武器，在数量上和质量上停留在现有水平上。苏联建议的目的在于阻止美国在西欧部署新的中程导弹，维护其在中程核力量方面的优势。美国和北约的方案被称为"零点方案"，其内容是，如果苏联全部拆除部署在欧洲的 SS–20、SS–4、SS–5 中程导弹，美国将放弃在西欧部署中程导弹的计划，使双方在欧洲的中程导弹均为零。苏联认为，这是美国企图以一纸尚在酝酿中的计划换取苏联单方的实际裁减，而且不包括英、法的核力量和美国的"前沿基地系统"，而美国在欧洲的前沿部署的核力量矛头直接指向苏联，给苏联造成了极为严重的威胁。

对此，苏联提出了"分阶段裁减方案"，北约和苏联作为对等双力分阶段裁减中程导弹。之后又提出"同等裁减"建议，如果美国不在西欧部署新的中程导弹，苏联愿意将部署在欧洲的中程导弹减少到 162 枚，这个数目正好等于英国和法国的中程导弹之和。美国立即表示，英、法的核力量不在美、苏谈判之列。而苏联则重申，在中程导弹问题上的原则立场是双方平等和同等安全。美国接着提出一个"逐步削减"方案，首先把欧洲的中程导弹与全球的中程导弹挂上钩，称：如果苏联同意在全球范围内对中程导弹实行削减和限制，美国可以不要求在欧洲部署的中程导弹与苏联在全球部署的中程导弹数量相等。之后，还有所谓的"林中散步"方案，这是 1982 年 7 月美、苏谈判代表团团长在森林中散步时由美方团长尼采非正式提出的。其内容是，美国放弃部署潘兴 II 型导弹（108 枚），并把计划部署在西欧的陆基巡航导弹减少到 75 枚；苏联必须大量拆除 SS－20 导弹，使导弹总数减为 75 枚，使双方在欧洲部署的中程导弹相等。苏联在亚洲部署的 SS－20 导弹冻结为 90 枚。但此方案遭到苏、美两国政府否决。

美、苏双方在展开激烈的"方案战"中，迎来了 1983 年，这是美国原定开始在欧洲部署新型中程导弹的期限。对欧洲来说，这也是关键的一年。1983 年 1 月，华约组织政治协商委员会会议发表《政治宣言》，倡议在华约和北约之间签订《互不使用武力和保持和平关系的条约》。苏联表示准备参加关于建立欧洲无核区的谈判，谋求实现"真正的零点方案"。9 月 26 日，美国里根政府做出让步，同意将其前沿基地武器（中程轰炸机）统统列入谈判的范围，但坚持对美、苏在全球范围内部署的中程导弹弹头规定最高限额。10 月 26 日苏联领导人安德罗波夫发表谈话，如果美国无限期推迟在西欧部署中程导弹计划，苏联将在欧洲的中程导弹缩减到 140 枚。按照一枚导弹发射装置可携带 3 枚弹头计算，苏联的 420 枚核弹头数量仍然远远高于英、法的290 枚，双方的方案距离依然很大。

在谈判无望的情况下，美国着手实施"双重方案"的部署计划。1983 年 11 月 14 日，美国第一批陆基巡航导弹运抵英国

的格林汉康茫空军基地。这批交运的导弹共 41 枚，其中 16 枚巡航导弹运抵英国，16 枚巡航导弹部署在意大利的西西里岛，9 枚潘兴Ⅱ式导弹在联邦德国部署。此后到 1988 年，美国在欧洲的北约盟国境内共部署了 464 枚巡航导弹，在联邦德国更换了 108 枚潘兴Ⅱ式导弹。

苏联和华约国家采取一系列措施对抗美国的行动。还在 1983 年 10 月中旬，华约国家在索非亚举行了外长会议；20 日又举行了华约国家国防部长委员会特别会议，研究对抗北约部署中程导弹的措施。3 天后苏联宣布，准备在民主德国和捷克斯洛伐克部署新的战役战术导弹系统；11 月中旬，苏联把 36 枚 SS—21 导弹（射程为 120 公里）运抵民主德国。在美国导弹运抵西欧之后，苏联于 11 月 23 日宣布退出欧洲中程导弹谈判。

这次关于裁减欧洲中程核武器谈判的失败，是因为双方在裁减核武器种类、计算方法和涵盖范围等一系列问题上存在着分歧。

在核武器的种类上，美国主张裁减射程在 1000～5000 公里的中程导弹，这样，苏联已部署的 SS – 20、SS – 4、SS – 5 等导弹尽数被包括在内，而美国的潘兴Ⅱ型和陆基巡航导弹虽然也在其中，但这是还没有部署的。苏联对此深感不公，反对把已部署的和准备部署的导弹混为一谈，放在一起裁减，主张裁减所有中程核武器，即部署在欧洲的陆基中程导弹、潜地导弹和可运载核弹的各种战术飞机，包括美国"前沿基地系统"在内的欧洲战区核武器。美国和北约则认为，这些武器系统是为抵销苏联和华约常规力量优势的，裁减这些武器系统就要涉及常规力量平衡问题。

在计算方法上，首先遇到的问题是，英、法的核力量是否列入计算范围。苏联把英、法核力量视为西方在欧洲中程核力量的组成部分，并且它们的打击目标是"瞄准苏联和其他社会主义国家的"，因此理所当然地包括在谈判的限额之内。美国反对把英、法包括在内，认为英、法核力量是保卫本土用的，而且英、法都是主权国家，美国无权代表它们进行谈判。英、法也坚决反对把它们的核力量列入谈判范围。但苏联明确提出它的原则是，苏联在欧洲保留的导弹数量只等于英国和法国现有的导弹数量，一枚也不多，如果英国和法国的导弹能进一步减少，那么它们减少多少，苏联也就再减少多少。

在涵盖范围上，美国认为苏联的 SS - 20 导弹射程远、机动性强，即使转移到苏联的亚洲地区也会对欧洲构成威胁，因此削减的武器必须就地销毁，不得转移；并据此把裁减欧洲中程核武器扩大成为涵盖全球范围内的中程核武器，要求苏联把欧、亚结合起来考虑。苏联认为，美、苏谈判仅限于部署在欧洲的中程核武器，不应涉及亚洲，包括把裁下来的中程核武器转移到亚洲也不是这次谈判涉及的问题。问题的实质是双方都想维持核威慑力量，而又想削弱对方对自己的威胁。

虽然限制和裁减欧洲中程导弹的谈判没有取得实质性成果，但苏、美双方于 1987 年 12 月 8 日签署了《苏美消除两国中程和中短程导弹条约》，这可以看做是欧洲中程导弹谈判在另一个层次上取得的成果。该条约共 17 条，主要内容有：消除所有双方达成协议的中程导弹和发射装置，以及有关的一切辅助设施和设备。最迟在本条约生效 3 年以后，任何一方都不再拥有这种中程导弹、发射装置、辅助设施和辅助设备。在条约生效 18 个月后，任何一方都不再有中短程导弹、发射装置及辅助设施。本条约生效后，任何一方都不再生产或试验任何中程导弹和中短程导弹。为了监督条约执行情况，每一方都拥有就地检查的权利；各方每年进行 20 次检查，搜查被禁止的武器，此种检查为期 3 年；以后每年检查 15 次，为期 5 年；再后每年检查 10 次，为期 15 年。双方将不承担可能与本条约条款相抵触的国际义务，不采取任何

可能与本条约相抵触的国际行动。根据中导条约，美国须销毁中程导弹 689 枚，中近程导弹 170 枚，共 859 枚导弹，要销毁的核弹头 1320 颗；苏联须销毁的中程导弹 826 枚，中近程导弹 926 枚，共销毁 1752 枚，销毁的核弹头约 2500 颗。这在两国的核武库中约占 4%。到 1991 年 5 月，属于中导条约规定范围内的中程和中短程导弹业已全部销毁。

　　中导条约的签署及其执行在核裁军史上占有重要地位，它是二战后第一次销毁一个类别核武器的条约，有着十分重要的意义。它表明当时的美、苏两个超级大国已经走上了实际裁减军备的道路，并迈出了可喜的第一步。毫无疑问，该条约受益最大的还是欧洲。它减轻了中程核武器对欧洲的巨大压力，从而推动了裁减欧洲常规兵力的谈判取得突破。同时，有关严格的核查规定，为解决以往美、苏军备控制和裁军中的最大难题探寻到一条出路，给国际社会以后的裁军实践提供了切实可行的样板。当然，中导条约规定消除的核武器仅占美、苏核武库的 4%，人类面临的核威胁远没有消失。

　　对于这样一个经历漫长谈判取得的成果，国际社会给予了怎样的评价呢？中导条约在美国社会得到了广泛的支持，美国参众两院都以压倒优势的票数通过了该条约。但也有些政治家对中导条约心存疑虑，美国前国务卿基辛格博士说，"对中导条约我是持批评态度的，因为我认为它是个不平等条约，它没有消除苏联对欧洲或对美国的威胁。相反，它减少了从欧洲反击侵略的能力。"西欧国家领导人和舆论界普遍认为，中导条约给西欧带来希望，也带来了忧虑。英国《独立报》上刊登社论的题目是：《中导条约：一个副牧师的鸡蛋》。这个典故是说，一个副牧师尝完大主教给的鸡蛋后，在回答好吃不好吃的问题时说："只有部分是好的。"英国首相撒切尔夫人说，签署中导条约对我们大家都是个好消息，但我们认为，"英国独立的核威慑对我们的安全是至关重要的，保留英国独立的核威慑是十分必要的"。联邦德国总理科尔认为，美、苏签署中导条约只是走向较少武器世界的第一步。伦敦国际战略研究所所长海斯潘格认为，"从西欧来说，中导条约可能带来的消极影响是，接着可能要谈消除短程导弹的问题，而这些导弹对北约的灵活反应战略却是至关重要的，这将使西欧感到不安。"

华约组织方面，苏联最高苏维埃主席团一致批准了中导条约。东欧各国领导人也分别发表声明、谈话或致信两国首脑，对中导条约表示欢迎。民主德国领导人昂纳克发表声明说，在核时代，并不是武器越多越安全，消除所有的中程核武器正是这一信念导致的第一个实际成果。昂纳克认为，这一条约的实施将为采取进一步的裁军措施，如削减 50% 的战略进攻导弹，消除战术核武器，建立无核武器区和无化学武器区，大幅度裁减常规军备和兵力等，创造更好的前提条件。波兰国务委员会主席雅鲁泽尔斯基致信里根和戈尔巴乔夫，对中导条约的签署表示欢迎，希望这一条约能促进信任和缓和，增加各国尤其是欧洲各国和各国人民之间的平等合作。捷克斯洛伐克共产党中央主席团和捷克斯洛伐克政府联合发表的声明认为，这一历史性协定是理智和政治责任感的胜利。

华约组织的东欧成员国与北约的英、法不同，没有一个国家拥有独立的核武器，但是在它们领土上部署了苏联的核导弹，这使得它们同样面临核战争的威胁，并且是处在一个没有控制核武器主动权却可能成为核战场的被动的境地。因此裁军与军控的谈判直接关系到它们的利益，因此它们并不是简单地充当苏联与西方国家核谈判的"观察员"，而是苏联在谈判桌上强有力的声援团。只不过当上个世纪末它们国家的政治形势发生变化之后，这些国家倒向了谈判的对手，寻求美国和西方的军事保护。

第七章

华沙条约组织的解散

20 世纪 80 年代初，苏联的扩张达到了它的顶峰，成为世界上的一个超级大国；但由于它在 1979 年入侵阿富汗后陷入其中难以脱身，开始了它的衰败过程。1982 年 11 月，勃列日涅夫去世，标志着苏联历史上一个扩张霸权时代的结束，他留给后继者的是一个已经被军备竞赛拖得精疲力竭的泱泱大国。1985 年戈尔巴乔夫上台后，他试图摆脱经济重负，却始终走不出困境，因而转向政治上的改革，同时对外寻求与西方的全面和解。他提出"全人类的价值高于一切"的新外交政治思维，认为"核战争不可能达到政治、经济、意识形态及任何目的的手段"，从根本上抛弃了苏联从传统到现代修正过的战略思想，在国际政治舞台上轰动一时。而从现实结果来看，他的新思维却是一把双刃剑，一方面缓和了国际紧张局势，使两个超级大国走向和谈；另一方面迎合了西方的价值观，使苏联放弃了自己的战略与安全体系，最终导致与东欧盟友关系的结束、华约组织的解散和苏联的崩溃。

一 变化从内部开始

1980 年波兰军管

1980～1981 年的波兰危机是东欧剧变的前兆。1980 年
7 月初，波兰工人罢工要求提高工资以抵消突然宣布
的肉价上涨，而到了 8 月，波兰最大的造船厂——格但斯克造船
厂举行了上万名工人罢工。与前几次危机不同的是，由造船厂工
人组成的团结工会逐渐形成了一股政治势力，在其登记合法化
后，有数百万知识分子甚至波兰统一工人党党员也加入其中，成
为全国性的政治组织，最终引起了波兰政局的根本改变，但在当
时没有人预见到几年后的这种结果。

波兰在苏联西部防线中处于关键地位，波兰内部的风吹草动
苏联肯定非常敏感。波兰工人的罢工逐渐蔓延到全国后，苏联
《真理报》就措辞强硬地指责无政府主义者和反社会主义分子试
图利用这一事件达到敌对的政治目的。8 月 25 日，苏共中央政
治局指派苏斯洛夫领导的有克格勃头目安德罗波夫、外长葛罗米
柯和乌斯季诺夫参加的一个特别委员会研究对策。苏斯洛夫建议
说，最好是用政治的而不是军事的手段解决，他提醒政治局的委
员们，1970 年哥穆尔卡就是用军队镇压罢工的工人，导致了他
个人的下台和波兰党的威信损失。但特别委员会最终一致的意见
是苏联不能失去波兰。

在华约组织内，东欧成员国对波兰的事件反应不一，民主德
国领导人昂纳克在 1980 年 10 月 14 日发表讲话说，德意志民主
共和国不能对人民波兰的命运漠不关心，主张采取"集体措施"
帮助波兰克服危机。勃列日涅夫似乎赞同这种观点，认为波兰和
捷克斯洛伐克的形势相似，最终需要外力解决。

12 月 5 日，在莫斯科召开了华约组织成员国首脑会议，同时西方国家散布传闻，说对波兰的入侵将在 12 月 8 日进行，因为华约组织将从 12 月 8 ~ 21 日举行代号为"联盟"的军事演习。雅鲁泽尔斯基回忆说，华约联合武装力量总司令库利科夫曾在 12 月 3 日要求他允许联军在 12 月 8 日零时进入波兰，但他拒绝了。预计的干涉并没有发生，出席首脑会议的波兰统一工人党第一书记卡尼亚保证说，波兰党能够恢复并用政治手段打败反对力量。在最后的时刻卡尼亚警告苏联，如果干涉将会爆发一场人民起义，社会主义思想将流动在血河中。看来波兰领导人的保证和警告起了作用，华约成员国领导人表示相信波兰领导人能解决好自己的问题，无需外来干涉。但会议结束后发表的一项公报则强调，波兰过去是、现在是、将来仍然是一个社会主义国家，表明了华约成员国不许波兰脱离社会主义轨道的立场。

对波兰干涉的威胁始终存在着，1981 年 12 月 1 ~ 4 日，乌斯季诺夫主持召开了华约组织国防部长委员会第 14 次会议。他提出一个宣言草案："鉴于反社会主义势力展开破坏活动"，有必要采取"相应措施保障社会主义大家庭的安全"。这实际上等于说，要入侵波兰，只是由于匈牙利和罗马尼亚的反对，宣言被迫做了修改。12 月 13 日，波兰宣布进入战时状态，再次依靠本国的力量平息了危机，没有给华约动用武力镇压的机会。不过，波兰剧变的种子也在这时候埋下了。

苏联东欧的裁军热潮

在戈尔巴乔夫提出"外交新思维"之后，苏联准备为国际关系的非军事化作出努力，调整其军事力量，使之成为一支以防御为主保留其合理实力的军队。1988 年 12 月 7 日，戈尔巴乔夫在第 43 次联大上宣布，苏联两年内将单方面裁军 50 万人，1990 年底完成；同时裁减两万多辆坦克、1.9 万辆装甲车、近 3 万门火炮、1500 架飞机、1900 多架战斗直升机、近 30 艘潜艇和近 50 艘舰艇。在宣布裁军的同时，苏联将伏尔加河军区和乌拉尔军区合并，撤销乌拉尔军区；撤销一个火箭集团军司令部和 5 个火箭师，并销毁全部中程导弹和射程在 500 公里以上的所有战术导弹；撤销 38 个陆军师、27 个防空火箭旅；防空军撤销两个防空集团军司令部、4 个师和 6 个防空火箭旅；空军撤销两个空军集团军司令部、4 个师和 19 个团。

华沙条约组织联合武装力量总司令库利科夫 1 月 17 日宣布，苏联将从当年上半年开始实施单方面裁军 50 万的措施，包括从东欧国家撤出 6 个坦克师（其中从民主德国撤出 4 个坦克师，从捷克斯洛伐克和匈牙利各撤出 1 个坦克师）。苏联还将从东欧国家撤出强击空降兵和登陆兵部队，从东欧国家撤出的苏联兵团将被解散，军人将转入预备役，而青年军官将调到别的防区。但他强调，苏联仍保留着战略核盾牌，有足够的防御能力。

苏联的军事收缩计划实际上从 1986 年就开始了。1986 年 7 月，戈尔巴乔夫在海参崴发表讲话后，1987 年 9 月苏军从蒙古人民共和国撤出第 91 近卫步兵师。在 1988 年联大上，戈尔巴乔夫宣布两年内将从蒙古人民共和国撤出 75% 部队，1991 年底苏联驻蒙古人民共和国作战部队的 2 个坦克师、3 个摩托化步兵师、2 个航空师和 1 个防空师基本撤离蒙古。1986 年苏联从阿富汗撤出 6 个团，1989 年 2 月苏联第 40 集团军全部撤离阿富汗，包括 3 个摩托化步兵师、1 个空降师、3 个独立摩托化步兵师。

随着苏联的裁军举动，波兰、民主德国、捷克斯洛伐克、匈牙利和保加利亚相继宣布单方面裁军、减少国防预算和军事装备。波兰计划减少 5% 的军费开支，裁减 2 个师约 2.4 万人；民德要在两年内裁军 1 万人，防务开支减少 10%，包括减少 600 辆坦克和由 50 架飞机组成的飞行大队；捷克斯洛伐克削减国防开支 15%，裁减兵员 1.2 万人，撤销 850 辆坦克、165 辆装甲运

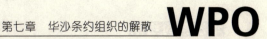

输车，51 架飞机退役，并封存 8 个合成师的装备；匈牙利减少
46 亿福林国防开支，裁减 9300 兵员，撤销 251 辆坦克、30 辆装
甲运输车、430 门各种火炮、6 个战术导弹发射架、9 架歼击机，
并取消 1 个坦克旅和 1 个歼击机中队的建制；保加利亚的国防预
算减少 12%，裁减 1 万兵员、200 辆坦克、200 门火炮、20 架飞
机和 5 艘军舰。保共中央总书记日夫科夫在谈到保加利亚单方面
裁军时说，保加利亚的决定是完全符合苏联和社会主义国家的政
治新思维的，是适应东西方改善关系的新形势的，目的在于把保
障国家安全的重点从军事手段转向政治因素。民主德国领导人昂
纳克在谈及此事时说，裁军的目的是要使东德的武装部队具有
"更多的防御性质"。

　　华约组织国防部长委员会 1 月 29 日还在苏联《真理报》上
发表声明，题为《华约和北约驻欧洲及毗邻水域武装力量和军
备数量对比》，首次公布了苏联及其他华约国家驻欧洲军队的人
数和武器装备数量，并对北约各国、包括美国驻欧洲军队和军备
的数量做出了估计。声明透露，华约在欧洲的军队总人数达到
357.3 万，其中陆军 182.3 万、空军 42.5 万、海军 33.8 万；北
约驻欧洲的军队总人数为 366 万，其中陆军 211.5 万、空军 48.2
万、海军 68.5 万，（详细数字请见附录）。声明表示，无论华约
还是北约，其武装力量都应保持在只能可靠地保卫自己、而不具
备进攻对方的能力的水平上。希望北约国家效法华约国家，也采
取单方面裁军措施。但北约很快表示不打算采取相应的行动。

风雨飘摇的东欧

波 兰团结工会政府　1989 年 8 月，波兰团结工会的马
佐维耶茨基被任命为政府总理，产生了战后波兰 40
多年来第一个非共产党领导的政府。他在议会发表施政演说时提
出，当前波兰糟糕的经济状况是政府面临的最大问题。谈到对外

政策时，马佐维耶茨基表示，希望人们理解波兰为恢复经济所做的一切，并表示波兰政府渴望维护同苏联的睦邻友好关系，理解华沙条约所产生的义务的意义。他向华约组织所有成员国郑重宣布，波兰政府将信守这一条约。同时，波兰政府支持苏联的改革，希望改善"同苏联的睦邻友好关系"。他期望西方各国、特别是美国进一步发展与波兰的"全面合作"。

在团结工会掌握政府权力之后，波兰统一工人党领导人拉科夫斯基很快对苏联进行了一次访问，他向苏联领导人戈尔巴乔夫介绍了波兰议会选举和新政府组成后的国内局势。苏、波两党领导人表示，双方十分重视两国关系的前景，认为有共同的命运和共同的地理战略利益作为基础，两国关系不会因政治上的暂时考虑而动摇；而且，苏、波双方在华沙条约范围内的协作，是欧洲和平与稳定的一个主要组成部分。双方主张进一步加强两党、两国人民之间的联系，寻找新的合作途径和形式。

匈牙利开放边界 匈牙利的变化步伐也迈得相当快。1989年1月，国内有人提出重新评价1956年匈牙利事件，并且要重新安葬纳吉等人。匈牙利政府还提出，尽快举行自由选举，撤销国家对经济的一切干涉，实行市场经济。

受到匈牙利改革的影响，并且得知匈牙利拆除了与奥地利之间的铁栅栏，有不少民德人涌向布达佩斯，希望通过奥匈边境经奥地利转道去西德。1989年夏天，数以千计的民德难民露宿在匈牙利的公园或寄宿在教堂和避难所。在此期间，匈牙利与西德保持密切联系，并向其保证：滞留在匈牙利的民主德国公民问题是两个德国之间的问题，匈牙利政府将用人道主义方法去解决这个问题，不把这些流亡者送回民主德国。1989年9月10日，匈牙利外交部长宣布：匈牙利边境哨卡将允许任何不愿回国的民德人经匈牙利检查站前往西方。匈牙利的举动受到民主德国强烈的指责，说它破坏了两国相互遣返对方公民的协议。其实际意义

是，当这个通往西方的缺口被打开以后，柏林墙就形同虚设。1989 年 11 月 9 日，柏林墙也被推倒。

重评捷克事件　1989 年 8 月 21 日是苏联、匈牙利、波兰、民主德国和保加利亚出兵捷克斯洛伐克 21 周年。匈牙利党和政府、波兰议会公开发表声明，谴责对捷克的入侵。匈牙利社会主义工人党政治执委会发表声明说，匈牙利社会主义工人党现领导人不赞同 1968 年对捷克进行的军事干涉。匈牙利政府总理内梅特在匈牙利宪法节上也表示，匈牙利政府希望华沙条约国家从制度上建立保障，使 1968 年对捷克进行军事干涉的事件不再重演。

波兰由团结工会控制的参议院发表声明谴责说，1968 年 8 月华约军队入侵捷克斯洛伐克是对一个国家人民的自主权的侵犯，对于波兰人民军参与这次入侵表示遗憾，认为这违背了波兰人民的意愿。

保加利亚和民主德国仍把 1968 年出兵之举称为国际主义的援助。民主德国认为，改变对事件的评价是脱离了 1968 年全世界范围内阶级斗争的具体条件，必须对违背当时历史条件的评价予以驳斥。

苏联作为当年出兵捷克的决策国，在匈、波两国谴责 1968 年捷克事件的情况下，对此事反应十分谨慎。苏联外交部新闻发言人说，脱离当时的政治背景和国际背景是不可能正确理解这一事件的。从苏联的观点出发，分析形成这一事件的内部原因是捷克斯洛伐克社会主义共和国的特权，对事件的认识和外界对事件的反应那时在很大程度上都是由于两大军事政治集团对抗的当时水平产生出来的。在目前条件下，从苏联一系列声明中可以看出，在国家关系中苏联明确地拒绝使用武力或以武力相威胁。

针对波、匈两国的立场，捷共中央主席团在 8 月中旬指责匈牙利的声明"对捷克 1968 年国内事态的发展没有给予足够的估计，客观上帮助了捷克反对社会主义和改革进程的势力"。捷克联邦议会人民院和民族院主席团也发表声明，谴责波兰参议院和议会的声明是"对捷克内部事务的粗暴干涉"。但是到了这年的12月3日，捷克斯洛伐克政府发表声明说，1968年华沙条约组织5国出兵捷克斯洛伐克，破坏了主权国家之间的关系准则。捷克政府已委派阿达麦茨总理向苏联政府说明这一立场，同时还建议苏联政府就有关苏军驻捷克条约问题开始谈判。当天，捷克斯洛伐克民族阵线组织召开会议，接受了原捷共中央总书记雅克什关于解除他的民阵中央主席职务的辞呈。会议决定，民阵中央主席职务将由民阵内各组织领导人轮流担任，每次任期2个月。首期出任民阵中央主席的是捷克社会党主席库切拉。

1990年1月9日，捷克斯洛伐克官方首次公布1968年事件中的伤亡人数，在1968年8月21日至9月3日期间，共有72名捷克斯洛伐克人死亡、266人受重伤。

两德统一　戈尔巴乔夫的《对过去和未来的思考》一书回忆两德统一问题时说，1989年11月初，苏联还希望民主德国的新领导人克伦茨能够把握住局势，有关统一的问题能够分阶段完成，尽可能长久地保存民主德国，但是事态的发展却越来越快。

1990年2月，华约和北约外长在加拿大的渥太华举行"开放天空"会议，讨论制定一项非武装侦察机可以在参与国领土上空飞行的国际方案。在会议期间，苏联外长与美、英、法外长达成建立"六国小组"的协议，由东西两德与苏、美、英、法组成"2+4"会议，就德国统一问题举行谈判。2月13日即协议达成的当天，两个德国的领导人就开始在波恩进行了关于组建金融和外汇联盟问题的谈判。谈判之后，民德总理莫德罗宣布，两个国家要很快统一。6月24日民主德国人民议院提前批准了匆忙起草的关于和联邦德国结成经济、外汇和社会联盟的国家条约草案。该条约在7月1日生效。

统一后的德国承认现有边界，首先是与波兰的边界；重新统一后在民主德国领土上不准部署北约军队，苏联部队从德国领土上撤出，联邦德国方面从财政上协助撤军。1990 年 9 月 12 日在莫斯科签订"彻底调节德国问题条约"，10 月 3 日，两个德国实现统一。

戈尔巴乔夫对两德统一过程回顾后认为，苏联当时的举动是适宜的，没有动用武力和部署在民主德国领土上的苏联部队，尽一切可能让各种进程沿着和平的轨道发展，不损害苏联、两个德国至关重要的利益，也不损害欧洲的和平。

罗马尼亚的反应 1989 年 11 月 20 日，齐奥塞斯库在罗共"14 大"上所作的报告中强调指出，共产党不能放弃其革命责任，也不能把自己的历史使命转让给别的政治力量。如那样做的话，实际上就等于放弃作为一个革命党和实现社会主义和共产主义建设的纲领和义务。在谈到罗马尼亚与华约关系时，他重申，罗马尼亚决心加强同社会主义国家军队的合作，积极参与华沙条约组织和活动，直至这一组织和北大西洋公约组织同时解散为止。

但是就在一个月后，罗马尼亚政局突变，蒂米什瓦拉的示威引发了全国性的抗议活动，军队最终倒戈，罗马尼亚救国阵线委员会接管一切权力。1989 年 12 月 25 日，罗马尼亚特别军事法庭对齐奥塞斯库夫妇执行死刑判决，这是东欧国家剧变中最带血腥的一幕。

二 曲终人散

改革华约组织的建议

19 88 年 7 月 15 日，华约组织政治协商委员会在华沙召开会议。会前，罗马尼亚共产党党中央委员会曾写信给华沙条约组织成员国党的中央委员会，提出改进华约组织使其执行机构的工作民主化的建议。

罗马尼亚认为，在国际关系出现了裁减军备、缓和紧张关系的形势下，华沙条约组织应该采取措施，调整和改进组织机构和它的领导。

一是改组华约组织政治协商委员会，使得政治协商委员会面向欧洲的社会主义国家，不再与华约挂钩去追求军事目的。罗马尼亚认为，政治协商委员会应该是一个保证各成员国的党和国家在政治和经济领域合作的委员会。它的工作重点在于，研究和讨论各国建设社会主义的基本问题，加强社会经济发展的良好合作，提高人民的文化水平和生活标准，加强社会民主，加强社会主义与和平的力量。在这一前提下，保证社会主义国家的防护能力。同时，它要对所有想参加的欧洲社会主义国家开放。

二是建立军事防御委员会，作为条约的军事机构。

三是为了加强政治协商委员会的民主性质，委员会应该以各成员国每年轮流担任主席为工作原则。相应的，军事委员会主席也应每年轮流担任，由此各个参加国都保证有机会担任主席。

四是华约组织联合武装力量总司令任期4~5年，将来，来自各成员国的高级官员可以轮流担任此项职务，任期为2年、甚至是1年。对于华约组织参谋长一职，苏联官员可以连任两届，其他国家也可以选派代表担任。

罗马尼亚的建议似乎没有得到重视。华约组织各成员国除了做出裁军决定之外，并没有开始商讨对华约组织机构的民主改革。1989年6月，保加利亚共产党还就罗马尼亚的提议写信给罗共中央，表示改革的时机还不成熟，有必要保留政治协商委员会作为华约组织内政治和军事合作的主要机构，去掉它将会导致合作机制的无组织化。

波兰团结工会上台执政后，波兰虽然表示遵守《华沙条约》，但同时也表示要求苏联同意实行华约安全安排方面的改革。他们提出的改革包括三个方面：一、承认波兰虽然在地缘上是苏联的"安全范围"的一部分，但它不是苏联的"势力范围"；二、修改《华沙条约》条文和双边协定，以便使华约组织的力量不可能去干涉各国内政；三、必须使华沙条约组织从党的领导人之间的一个联盟转变成国家之间的一个真正的联盟。匈牙利领导人也开始谈华约组织改革的必要性，以表明华约组织不再是"领导人的一个支柱"，即不再是准备进行干涉以阻止民主改革的力量。

1989 年 10 月 4 日，苏联《红星报》刊登了华约组织联合武装力量参谋长弗·洛博夫大将发表的谈话。他说，华沙条约各国实行的重要改革工作旨在完善和更新社会主义社会。自然，华沙条约组织的性质和活动可能发生的变化是同这种情况有直接联系的。应该解决的具体问题是：一、加强《华沙条约》缔约国对外经济合作并本着新思维加紧工作；二、扩大讨论社会主义各国内部发展问题的各种形式，前提是各国认为有必要把本国情况通报给其他国家；三、社会主义国家与世界经济相互联系和相互关系体系协调一体化，因此必须完善华约原来的结构和建立新的政治结构，促进上述及其他任务的解决。

1989 年 10 月 18 日匈牙利国会修改宪法，规定国家实行多党制，国名由"匈牙利人民共和国"改为"匈牙利共和国"。10 月 23 日，1956 年匈牙利事件 33 周年纪念日之际，匈牙利国会主席、国家代总统絮勒什·马加什宣布匈牙利共和国建立，并把这次改名视作匈牙利新的历史阶段的开端，匈牙利共和国作为一个独立、民主的法治国家将同时实现以资产阶级民主与民主社会主义的价值。当天，匈牙利外长霍恩在对西方访问时表示，匈牙利争取成为一个中立国，但当时仍尊重对华沙条约组织承担的义务；同时认为，华约成员国间的合作应该革新和"非意识形态化"；华约不应参与各成员国内部的政治进程，而应把精力集中于军事合作和就国际问题确定共同的立场。

1989年10月26日，在华沙举行了华沙条约组织成员国外长委员会会议。西方评论说，这是华约联盟34年历史上首次由一个非共产党政府当东道主召开的会议。会议发表的最后公报保证，每个国家都有不受任何外部干涉或恫吓独立决定自己的政府形式的权利，这种权利对于整个欧洲的长期和平与稳定来说是必不可少的。

华约组织解散军事机构和走向终结

随着东欧政治形势的变化，苏联在东欧国家领土上驻军问题变得十分敏感。捷克斯洛伐克是开始同苏联谈判全部撤走苏联军队的第一个华约成员国，1990年1月，它要求在年内撤走苏联7.5万人的军队。根据两国政府达成的协议，到1991年6月30以前，全部驻捷苏军及其装备将分三个阶段撤离完毕。苏联从1991年2月26日开始从捷克和斯洛伐克境内撤军，到5月底完成第一阶段撤军任务，苏联已从捷克和斯洛伐克撤走2.4万多军人，约占驻捷苏军总数的1/3。至此，第一阶段的撤军任务已告完成。类似的谈判还将在布达佩斯举行。

1990年6月7日，华约组织在莫斯科召开政治协商委员会例会，保加利亚、匈牙利、民主德国、波兰、罗马尼亚、苏联及捷克和斯洛伐克7个成员国的国家和政府首脑、外交部长及国防部长出席了这次会议。会议通过的宣言指出，华沙条约组织和北大西洋公约组织过去通过的对立条款已经不符合时代精神，因此将华约的性质从军事同盟转变为政治同盟，要求北大西洋公约组织也要向政治同盟转变。会议确定在华沙条约组织内设立一个委员会，到1990年11月底向将在布达佩斯举行的特别最高级会议提出改革建议。

此时华约组织内部已经动摇，有的成员国认为华约组织作为武装力量谈判的工具还应存在一定时期；苏联也承诺对其成员国继续提供安全保障，但是有些成员国已经把退出华约组织提上日程。

1990 年 6 月 26 日匈牙利国会通过决议，宣布匈牙利将尽快退出华沙条约组织。决议说，国会要求政府开始就匈牙利退出华约问题同有关方面举行谈判，争取华约其他成员国同意匈牙利不再作为该条约的成员国。匈牙利政府在谈判中采取的第一个步骤是停止参与华约组织的军事行动，包括匈军不参加华约组织的联合军事演习，也不准华约组织军队在匈牙利国土上举行军事演习。决议还要求政府同华约组织各成员国就重新审查双边友好互助条约问题举行谈判。

1990 年 7 月和 9 月，根据莫斯科会议所签署的宣言，华沙条约成员国政府全权代表临时委员会在捷克和斯洛伐克的切拉科维采和保加利亚的索非亚两次举行会议，商讨改变华约组织性质、确定其前途以及今后各成员国应承担任务等一系列问题。但是由于成员国立场不一致，未能制定有关华约组织前途的文件草案。

走出退出华约组织第一步的是民主德国。为了配合 1990 年 10 月 3 日两德的统一，9 月 24 日，民主德国退出华沙条约组织议定书签字仪式在柏林举行，民主德国裁军和国防部长埃佩尔曼和华约组织联合武装力量总司令卢舍夫大将在议定书上签字。议定书规定，民主德国从 1990 年 10 月 3 日起不再享有华约组织成员国的权利，也不再承担对华约组织的义务；民主德国国家人民军代表最迟应于 10 月 2 日从华约组织领导机构退出；华约组织在民主德国领土上存放的军备物资应交还苏联军队，秘密文件应予销毁或交还苏联。统一后的德国将是北约成员国。

1990 年 10 月底，针对匈牙利等国声明将退出华约组织的军事机构，不再参加华约组织联合武装力量的军事演习，苏联外交部官员阐述苏联立场时说，在北约和华约两大集团的军事潜力与合理、足够原则不相符之前，在这两大集团的武装力量失去发动大规模进攻能力之前，华沙条约组织的存在仍是必要的。

11 月初，在布达佩斯举行了华约成员国首脑会议，基本上就决定了华约组织的前途。按照原计划，华约的军事组织将在 6 月底解散。但在 1991 年 2 月 9 日，苏联总统戈尔巴乔夫写信给各成员国首脑，建议 2 月召开的华约外长和国防部长会议的主要目标是作出一项决议，于 1991 年 4 月 1 日解散华约的军事组织。

1991 年 2 月 25 日，华约成员国外交部长和国防部长特别会议在布达佩斯召开。会议通过协议，就结束华约范围内所签订的军事协定和解散军事机构签署备忘录。华约组织缔约国一致同意下列条款：

一、从 1991 年 3 月 31 日起，下列文件失去效力：

1955 年 5 月 14 日华沙友好合作互助条约缔约国关于成立华约组织联合武装力量司令部的决议；

1969 年 3 月 17 日华沙条约缔约国关于和平时期国防部长委员会章程；

1969 年 3 月 17 日华沙条约缔约国关于和平时期联合武装力量和联合司令部章程；

1969 年 3 月 17 日华沙条约缔约国关于和平时期军事委员会章程；

1969 年 3 月 17 日华沙条约缔约国关于和平时期共同防空体系章程；

1980 年 3 月 18 日华沙条约缔约国与领导机关关于战时联合武装力量章程；

以及与上述文件的执行、修改及补充相关的其他文件。

从 1991 年 3 月 31 日开始，与上述文件同样失去效力的，有在华约范围内建立的所有军事机关和机构、国防部长委员会、联合武装力量司令部、联合武装力量军事委员会、参谋部、技术委员会、联合武装力量军事科学技术委员会、华约缔约国统一防空体系；同时停止的还有华沙条约范围内的所有军事行动。

二、与第一条相一致，从 1991 年 3 月 31 日起，中止联合武装力量管理机关中各国军队的军人行动，取消联合武装力量总司令在各国国防部的代表机构，停止对联合武装力量司令部的财政拨款。

三、今后，对于那些确定是华约缔约国与联合武装力量司令部之间协调的文件，不得转交第三国，不能公开，不能传播。

四、该备忘录自签署之日起生效。备忘录原件存于匈牙利外交部档案馆。匈牙利外交部将副本给各缔约国和联合武装司令部。

1991 年 7 月 1 日，在布拉格举行了华约组织政治协商委员会最后一次会议，参加的华约组织的 6 国领导人是，苏联副总统亚纳耶夫、保加利亚总统热列夫、匈牙利总理安托尔、波兰总统瓦文萨、罗马尼亚总统伊利埃斯库和捷克斯洛伐克总统哈韦尔。会议最后在布拉格的切尔宁宫签署一项议定书，宣布废除 1955 年 5 月 14 日在华沙签署的《友好互助条约》及 1985 年 4 月 26 日签署的《关于延长（华沙条约）期限议定书》；并指出，鉴于欧洲出现的深刻变化，又考虑到 1990 年 11 月在巴黎会议上 22 国签署了裁减常规武器条约和联合声明，宣布彼此不再是敌人，并将建立新的伙伴和合作关系，与会的华约组织 6 国决定，在它们所签署的这项议定书被各自国家批准后，华约组织将不复存在。

尾声：1992 年 10 月 9 日，保加利亚和俄罗斯签署了《关于完成华沙条约在保武器处理工作的文件》。这项文件指出，完成前华约组织武器的处理工作标志着华约成员国的相互义务和依附关系的彻底终结。俄罗斯感谢保加利亚军方顺利而安全地完成了危险武器的运输工作，遗留在保加利亚的一部分武器转归保加利亚军队所有，储存在保加利亚的军用燃料和武器零配件则以优惠价格出售给保加利亚军队。

华沙条约组织大事记

1954 年

11 月 29 日 在莫斯科召开确立全欧安全体系会议，西方国家没有出席，苏联、波兰、捷克斯洛伐克、匈牙利、罗马尼亚、保加利亚、民主德国、阿尔巴尼亚 8 个参加国成为后来华沙条约组织创始国。

1955 年

5 月 9 日 联邦德国加入北约

5 月 11 ~ 14 日 在华沙举行第二次欧洲和平与安全会议，阿尔巴尼亚、捷克斯洛伐克、保加利亚、匈牙利、民主德国、波兰、罗马尼亚和苏联 8 国签署《友好合作互助条约》即《华沙条约》；作出组成华约组织联合武装力量司令部的决定，会后发表欧洲国家华沙会议关于保障欧洲和平和安全公报。中国、朝鲜和越南作为观察员出席华约组织的成立会议。

5 月 15 日 苏联与西方国家签署奥地利国家条约，赞成奥地利中立。

7 月 18 ~ 23 日 苏联、美国、英国和法国在日内瓦举行首脑会议，苏联领导人布尔加宁提出全欧安全条约草案。

1956 年

1 月 18 日　民主德国建立国家人民军。

1 月 27 ~ 28 日　华约第 1 次政治协商委员会会议在布拉格举行，通过了华约组织联合武装力量司令部地位的文件。

2 月 25 日　赫鲁晓夫在苏共"20 大"上作了反对斯大林个人崇拜的秘密报告。

10 月 19 日　赫鲁晓夫率苏共中央代表团与波兰领导人哥穆尔卡会谈，苏联对波兰的军事干涉被避免。

10 月 23 日　匈牙利布达佩斯发生群众示威。

10 月 30 日　苏联发表《关于发展和进一步加强苏联同其他社会主义国家的友谊和合作的基础的宣言》，提出必要的话，苏联军队将撤出布达佩斯。

11 月 1 日　得知苏军正进入匈牙利，匈牙利政府总理纳吉宣布匈牙利将退出华约成为中立国。

1957 年

10 月 2 日　波兰外长拉帕斯基在联大上提出建立中欧无核区的建议，被称为"拉帕斯基计划"。

1958 年

1 月 6 日　苏联宣布单方面裁军 30 万人。

5 月 5 日　苏联建议北约与华约之间签订互不侵犯条约。

5 月 24 日　在莫斯科举行华约组织政治协商委员会第 2 次会议。会议同意苏联从罗马尼亚撤军，华约单方面裁减军队，起草华约与北约互不侵犯条约草案。

1959 年

4 月 27 ~ 28 日　华约缔约国外长会议在华沙召开。

1960 年

2 月 4 日　华约组织政治协商委员会会议在莫斯科举行。

6 月 20 ~ 25 日　社会主义国家共产党和工人党代表会议在罗马尼亚首都布加勒斯特召开，中、苏两党矛盾公开化。

1961 年

3 月 28 ~ 29 日　华约组织政治协商委员会会议在莫斯科举行。会议讨论了民主德国公民逃往联邦德国的问题，民主德国领导人希望关闭通往西柏林的交通要道。苏联和阿尔巴尼亚的矛盾引发苏联撤走在发罗拉海军基地的苏联舰船。

8 月 3 ~ 4 日　华约成员国首脑会议在莫斯科召开，苏联同意关闭东西两个德国之间的边境。

8 月 13 日　民主德国开始修建柏林墙。

9 月 8 日　华约召开国防部长会议，同意加强军事准备并进行华约成员国军队代号为"风暴"（Buria）的第 1 次联合军事演习。

1962 年

6 月 7 日　华约组织政治协商委员会会议在莫斯科举行。

10 月 22 日　华约组织联合武装力量总司令格列申科介绍古巴的形势，华约进入警戒状态，直到 11 月 21 日。

1963 年

4 月 18 ~ 22 日　华约在波兰举行代号为"马佐夫舍"（Mazowsze）的军事演习，以防备北约可能对波兰城市的核攻击。

7 月 15 日　蒙古人民共和国申请参加《华沙条约》，但在同月 26 日召开的华约组织政治协商委员会会议上没有接受蒙古国的申请。

苏、美、英 3 国签署有限禁止核试验条约。

7 月 26 日　华约组织政治协商委员会会议在莫斯科举行，支持 3 个签署的有限禁止核试验条约。

1964 年

6 月 12 日　苏联与民主德国签订友好互助条约。

10 月 14 日　赫鲁晓夫被解除苏共中央第一书记职务。

1965 年

1 月 19 ~ 20 日　华约组织政治协商委员会会议在华沙举行，反对北约的多边军事计划；提出核不扩散条约草案。罗马尼亚表示反对；阿尔巴尼亚被排除在华约召开的会议之外。

12 月 15 日　苏、捷两国达成协议，同意在捷克斯洛伐克领土上 3 个发射场部署核导弹。

1966 年

6 月 6 ~ 17 日　华约成员国举行外长会议，对提高联盟组织

的措施未达成一致意见。

7月4日　华约组织政治协商委员会会议在布加勒斯特举行。

1967 年

1月31日　罗马尼亚未与民主德国商议便与联邦德国建立正式外交关系。

1968 年

2月29～3月1日　华约成员国军队参谋长在布拉格举行会议，决定在华约组织内建立一个军事委员会。罗马尼亚对此持反对意见。

3月6～7日　华约组织政治协商委员会在索非亚举行会议，同意建立华约组织军事委员会。

6月18～7月2日　华约成员国军队在捷克斯洛伐克领土上进行代号为"舒马瓦"（sumava）的军事演习。

7月14～15日　苏、匈、波、民主德国、保加利亚领导人在华沙举行会议，警告捷克斯洛伐克改变其改革进程。

8月20日　苏、匈、波、民主德国、保加利亚5国军队入侵捷克斯洛伐克。

9月13日　阿尔巴尼亚宣布退出《华沙条约》。

10月16日　苏、捷两国就苏军驻扎捷克斯洛伐克达成协议。

10月18日　华约5国国防部长在莫斯科举行会议，决定除苏军外，其他国家的军队撤出捷克斯洛伐克。

10月29～30　华约成员国国防部长在莫斯科举行会议，达成有关华约新结构的协议。罗马尼亚虽在协议上签字，但对和平时期容许华约组织联合武装力量总司令在成员国领土上部署军队的条款保留监督权。

1969 年

3 月 17 日 华约组织政治协商委员会在索非亚举行会议，决定建立国防部长委员会、军事委员会等华约新机构。

10 月 22 ~ 28 日 华约举行代号为"奥德－尼斯 69"（Oder－Neisse 69）的大规模联合军事演习，除了战略导弹部队之外，苏、波、捷和民主德国的军队参加了这次演习。

10 月 30 ~ 31 日 华约成员国外长在布拉格召开会议，讨论召开欧安会的协调和准备工作，呼吁进行双边和多边的预备会议。

12 月 9 ~ 10 日 华约组织军事委员会第 1 次会议在莫斯科召开，讨论缩短作战准备所需的预警时间。

12 月 22 ~ 23 日 华约组织国防部长委员会第 1 次会议在莫斯科召开，提出同时加强常规武器和核武器能力。

1970 年

4 月 27 日 华约组织军事委员会在布达佩斯召开会议，决定向各成员国军队指挥部委派华约组织联合武装力量总司令的代表。

5 月 21 ~ 22 日 华约组织国防部长委员会在索非亚召开会议，讨论统一防空和海军的合作问题。

6 月 21 ~ 22 日 华约成员国外长召开布达佩斯会议，建议扩大欧安会议程，建立一个处理安全与合作问题的永久机构。外长们反对在欧安会上讨论相互裁减常规武装力量的问题。

8 月 20 日 华约组织政治协商委员会在莫斯科召开会议。苏联外长谈苏联与联邦德国签订条约问题。

12 月 2 日 华约组织政治协商委员会在柏林召开会议，会

议内容涉及波兰与联邦德国签订条约问题。

12 月 21 ~ 23 日 华约组织国防部长委员会在布达佩斯召开会议，同意提高华约成员国军队战斗力的计划。

1971 年

2 月 18 ~ 19 日 华约成员国外长在布加勒斯特召开会议，呼吁成员国利用外交渠道推动已经停滞的欧安会进程。

3 月 2 ~ 4 日 华约成员国国防部长在布达佩斯召开会议。苏联国防部长格列申科针对恶化的国际形势，呼吁加强华约成员国的武装防御能力。

9 月 1 日 华约成员国外长在华沙举行会议，赞成举行专家会议讨论欧安会问题。

10 月 26 ~ 29 日 华约组织军事委员会在华沙举行会议，决定举行除罗马尼亚以外的所有成员国战术导弹部队的演习。

11 月 30 ~ 12 月 1 日 华约外长会议呼吁加强欧洲安全会议的主办工作。

1972 年

2 月 9 ~ 10 日 华约成员国国防部长在柏林召开会议。

4 月 10 ~ 12 日 华约组织军事委员会在布加勒斯特召开会议。

7 月 31 日 华约成员国首脑会议在克里米亚举行，苏联领导人勃列日涅夫强调军事缓和的必要性。

9 月 4 ~ 11 日 华约举行代号为"盾牌 – 72"（Shield – 72）的军事演习。

10 月 17 ~ 20 日　华约组织军事委员会在明斯克举行会议。

11 月 22 日　欧安会多边预备会谈在芬兰的赫尔辛基举行。

1973 年

1 月 15 ~ 16 日　华约成员国外长召开莫斯科会议，讨论即将开始的华约和北约的裁军会谈。

2 月 6 ~ 8 日　华约组织国防部长委员会召开华沙会议。

4 月 16 ~ 19 日　华约举行代号为"边疆"（Kraj）的军事演习。

5 月 16 ~ 17 日　华约组织军事委员会在索非亚召开会议。

10 月 23 ~ 25 日　华约成员国外交部和国防部的代表在莫斯科举行会议，准备即将在维也纳举行的中欧裁军会议。罗马尼亚的代表没有参加这次会议。

10 月 30 ~ 11 月 1 日　华约组织军事委员会在布拉格召开会议。

1974 年

2 月 5 ~ 7 日　华约成员国国防部长在布加勒斯特召开会议。

3 月 26 ~ 4 月 4 日　华约举行代号为"电子学 – 74"（Elektronik – 74）的军事演习。

4 月 17 ~ 18 日　华约组织政治协商委员会在华沙举行会议。

1975 年

8 月 1 日　欧洲 35 国在赫尔辛基签署欧安会最终协议。

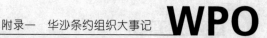

1976 年

9 月 9 ~ 16 日 华约在波兰举行代号为"盾牌 – 76"（Shield – 76）军事演习。西方派观察员参加。

11 月 25 ~ 26 日 华约组织政治协商委员会在布加勒斯特召开会议，决定建立外长委员会和作为政治协商委员会辅助机构的联合秘书处。

1977 年

3 月 21 ~ 29 日 在匈牙利和捷克斯洛伐克举行了有苏军参加的代号"联盟 – 77"（Soiuz – 77）的军事演习。

5 月 25 ~ 26 日 华约组织外交部长委员会召开第 1 次会议，讨论国际形势和华约对在贝尔格莱德举行的欧安会的共同立场。除罗马尼亚外长外，成员国外长们希望贝尔格莱德会议仅仅是协商性质的会议。

5 月 30 ~ 6 月 9 日 民主德国举行代号为"西方"（Zapad）的军事演习。

10 月 20 日 华约组织军事委员会在索非亚召开会议。

11 月 29 ~ 12 月 3 日 华约成员国国防部长在布达佩斯召开会议。

12 月 华约开始在欧洲部署苏 SS – 20 中程导弹。

1978 年

2 月 12 ~ 18 日 华约举行代号为"友谊"（Druzhba）的军事演习。

4 月 24 ~ 25 日　华约成员国外长在索非亚召开会议。讨论将在联大特别会议上讨论的裁军措施及政治和军事缓和问题。外长们拒绝西方提出的人权问题，认为这是对华约国家内部事务的干涉。

5 月 16 ~ 19 日　华约组织军事委员会召开布达佩斯会议。

11 月 22 ~ 23 日　华约组织政治协商委员会召开莫斯科会议。

1979 年

5 月 12 ~ 19 日　在匈牙利举行有苏、捷、保 3 国军队参加的代号为"盾牌"（Shield）的军事演习。

5 月 14 ~ 15 日　华约成员国外长在布达佩斯召开会议，准备在即将召开的欧安会马德里会议上采取共同的政策。

10 月 6 日　苏联领导人勃列日涅夫在东柏林宣布单方面从民主德国撤出苏联的 1000 辆坦克和 2 万人的军队。

12 月 5 ~ 6 日　华约成员国外长会议在柏林召开。

12 月 25 日　苏军入侵阿富汗。

1980 年

5 月 14 ~ 15 日　华约成立 25 周年大会在华沙举行。

8 月 14 日　波兰格但斯克造船厂工人罢工，成立团结工会。

10 月 19 ~ 20 日　华约组织外交部长委员会华沙举行会议。

12 月 1 ~ 3 日　华约成员国国防部长在布加勒斯特举行会议。

12 月 8 ~ 10 日　苏、捷、民主德国 3 国军队举行代号"联盟 – 80"（Soiuz – 80）军事演习。

1981 年

1 月 13 日 华约组织联合武装力量司令部召开秘密会议，决定波兰危机由波兰自己解决。

3 月 16 日 华约在民德和波兰举行了"联盟 – 81"（Soiuz – 81）和"友谊 – 80"（Druzhba – 80）的军事演习。

4 月 21 ~ 23 日 华沙组织军事委员会在索非亚召开会议。

9 月 4 ~ 12 日 华约在波罗的海和白俄罗斯举行代号为"西方 – 81"（Zapad – 81）的军事演习。

12 月 1 ~ 2 日 华约成员国外长在布加勒斯特举行会议。

12 月 13 日 波兰领导人雅鲁泽尔斯基宣布在波兰实行军事管制。

1982 年

5 月 17 ~ 27 日 华约在捷克斯洛伐克举行"杜克拉 – 82"（Dukla – 82）的军事演习。

6 月 18 日 苏联进行"7 小时核战"演习。

9 月 24 ~ 10 月 1 日 华约在保加利亚举行代号为"盾牌"（Shield）的军事演习。罗马尼亚没有参加这次军事演习。

10 月 21 ~ 22 日 华约组织外长委员会在莫斯科举行会议。

1983 年

1 月 4 ~ 5 日 华约组织政治协商委员会在布拉格举行会议。

5 月 30 ~ 6 月 9 日 华约举行代号为"联盟 – 83"（Soiuz – 83）的军事演习。

10 月 13~14 日　华约组织外长委员会在索非亚举行会议。

10 月 20 日　华约组织国防部长委员会举行柏林特别会议，讨论西方在欧洲部署导弹问题。

10 月 29 日　华约组织军事委员会举行利沃夫会议。

12 月 5~7 日　华约组织国防部长委员会在索非亚举行会议，讨论涉及苏联退出日内瓦军备控制会谈问题。

1984 年

4 月 19~20 日　华约成员国外长在布达佩斯举行会议，讨论中程导弹谈判的前提条件。

4 月 24~27 日　华约组织军事委员会在布拉格举行会议。

9 月 5~14 日　华约举行代号为"盾牌 – 84"（Shield – 84）的军事演习。

12 月 3~4 日　华约组织外长委员会举行柏林会议。

1985 年

5 月 20~23 日　华约组织军事委员会举行布达佩斯会议。

5 月 22 日　庆祝华约成立 30 周年纪念大会在莫斯科召开。

10 月 22~23 日　华约组织政治协商委员会在索非亚召开会议。

11 月 21 日　华约成员国领导人在布拉格举行会议，戈尔巴乔夫报告了日内瓦首脑会议的情况。

1986 年

3 月 19~20 日　华约组织外长委员会在华沙召开会议，讨

论华约成员国参加国际军备控制谈判问题。

6 月 10 ~ 11 日　华约组织政治协商委员会在布达佩斯召开会议，呼吁华约和北约两大集团裁减 25% 的常规部队。

9 月 8 ~ 12 日　华约举行代号为"友谊 – 86"（Druzhba – 86）的军事演习。

10 月 14 ~ 15 日　华约成员国外长召开布加勒斯特会议，苏联外长介绍了美、苏两国首脑雷克雅未克会谈的情况。

12 月 1 ~ 3 日　华约组织国防部长委员会华沙会议。

1987 年

3 月 24 ~ 25 日　华约成员国外长在莫斯科召开会议，讨论在维也纳欧安会谈判中采取共同立场问题。

5 月 28 ~ 29 日　华约组织政治协商委员会召开柏林会议。

9 月 6 ~ 14 日　华约举行代号为"联盟 – 87"（Soiuz – 87）的军事演习。

1988 年

2 月 8 日　苏联领导人戈尔巴乔夫宣布一年之内从阿富汗撤军。

3 月 29 ~ 30 日　华约成员国外长在索非亚举行会议。

7 月 4 日　罗马尼亚建议华约组织进行机构重组和民主化。

7 月 5 ~ 8 日　华约组织国防部长委员会在莫斯科召开会议。

7 月 15 ~ 16 日　华约组织政治协商委员会召开华沙会议，讨论准备裁减常规武器的谈判问题。

10 月 28 ~ 29 日　华约成员国外长在布达佩斯举行会议。

12 月 7 日　苏联领导人戈尔巴乔夫在联大会议上宣布苏军单方面裁军和削减在东欧的部队。

12 月 17 日 华约组织国防部长委员会在索非亚举行会议，决定发表华约兵力和武器数量。

1989 年

4 月 11 ~ 12 日 华约成员国外长召开柏林会议，讨论华约成员国因改革进程不同带来的分歧与矛盾。

5 月 22 ~ 24 日 华约组织军事委员会召开柏林会议。

5 月 23 日 华约举行代号为"伏尔塔瓦"（Vltava）的军事演习。

7 月 7 ~ 8 日 华约组织政治协商委员会在布加勒斯特召开会议，赞成苏联提出的裁军和防御概念。

10 月 3 ~ 5 日 华约组织军事委员会举行华沙会议。

10 月 26 ~ 27 日 华约成员国外长华沙会议未能就维也纳欧安会谈判采取一致立场达成共识。

11 月 9 日 柏林墙倒塌。

11 月 27 ~ 29 日 华约组织国防部长委员会在布达佩斯召开会议，讨论缓和国际紧张局势问题。

1990 年

2 月 26 日 苏、捷两国达成苏军撤出捷克斯洛伐克的协议。

3 月 17 日 华约成员国外长在布拉格召开会议，讨论两个德国统一问题。

6 月 6 ~ 7 日 华约组织政治协商委员会在莫斯科举行会议，未就华约组织改革问题达成一致。

6 月 14 ~ 15 华约组织国防部长委员会在斯特劳斯堡举行会议，民主德国建议废除华约军事机构，遭到苏联的反对。

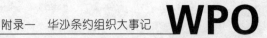

7 月 6 日　北约国家首脑签署伦敦宣言，称华约不再是敌人。

9 月 25 日　民主德国退出《华沙条约》。

11 月 18～21 日　欧安会召开巴黎会议，签署《欧洲常规武装力量条约》。

1991 年

2 月 25 日　华约成员国外长和国防部长在布达佩斯召开会议，同意 3 月 31 日终止华约组织的军事作用。

7 月 1 日　华约成员国在布拉格举行会议，宣布华约组织解散。

附录二

华沙条约组织会议通过的
正式文件目录

内 容

1. 《阿尔巴尼亚人民共和国与保加利亚人民共和国、匈牙利人民共和国、德意志民主共和国、波兰人民共和国、罗马尼亚社会主义共和国、苏维埃社会主义共和国联盟、捷克斯洛伐克社会主义共和国友好、合作与互助条约》（1955 年 3 月 14 日）。

2. 《欧洲国家维护和平与安全华沙会议通过的关于友好、合作与互助条约国建立联合武装力量司令部的决议》（1955 年 5 月 14 日）。

3. 《欧洲国家维护欧洲和平与安全华沙会议闭幕公报》（1955 年 5 月 14 日）。

4. 《华沙条约成员国政治协商委员会通过的华约成员国友好、合作与互助的布拉格宣言》（1956 年 1 月 28 日）。

5. 《华沙条约国政治协商委员会布拉格会议闭幕公报》（1956 年 1 月 28 日）。

6. 《华沙条约成员国政治协商委员会莫斯科宣言》（1958 年 5 月 24 日）。

7.《华沙条约成员国莫斯科会议提出的华约成员国与北约国家互不侵犯条约草案》（1958 年 5 月 24 日）。

8.《华沙条约成员国政治协商委员会莫斯科会议公报》（1958 年 5 月 24 日）。

9.《华沙条约成员国外长与中华人民共和国外长华沙会议公报》（1959 年 4 月 28 日）。

10.《华沙条约成员国政治协商委员会通过的莫斯科华约成员国宣言》（1960 年 4 月 4 日）。

11.《华沙条约成员国政治协商委员会莫斯科公报》（1961 年 3 月 29 日）。

12.《华沙条约成员国政府声明》（1961 年 8 月 12 日）。

13.《华沙条约成员国国防部长华沙会议公报》（1961 年 9 月 9 日）。

14.《华沙条约成员国国防部长布拉格会议通报》（1962 年 2 月 2 日）。

15.《华沙条约组织政治协商委员会莫斯科会议宣言》（1962 年 6 月 7 日）。

16.《华沙条约成员国与北约成员国互不侵犯条约草案》（1963 年 2 月 20 日）。

17.《华沙条约成员国政府首脑与共产党、工人党中央委员会第一书记莫斯科会议决议》（1963 年 7 月 25 日）。

18.《华沙条约组织政治协商委员会莫斯科会议公报》（1963 年 7 月 26 日）。

19.《华沙条约组织政治协商委员会华沙会议公报》（1965 年 1 月 20 日）。

20.《华沙条约成员国外长莫斯科会议通报》（1966 年 6 月 18 日）。

21.《华沙条约组织政治协商委员会布加勒斯特会议关于巩

固欧洲和平与安全的宣言》（1966 年 7 月 5 日）。

22.《华沙条约组织政治协商委员会布加勒斯特会议通过的关于美国入侵越南的声明》（1966 年 7 月 6 日）。

23.《华沙条约成员国华沙外长会议通报》（1967 年 2 月 11 日）。

24.《华沙条约组织政治协商委员会在索非亚通过的关于美国入侵越南对世界和平造成的威胁的宣言》（1968 年 3 月 7 日）。

25.《华沙条约组织政治协商委员会在索非亚通过的华约成员国不核扩散的声明》（1968 年 3 月 7 日）。

26.《华沙条约组织政治协商委员会索非亚会议公报》（1968 年 3 月 7 日）。

27.《华沙条约组织政治协商委员会布达佩斯会议通过的华约国家向所有欧洲国家的呼吁书》（1969 年 3 月 17 日）。

28.《华沙条约组织政治协商委员会布达佩斯会议公报》（1969 年 3 月 17 日）。

29.《华沙条约成员国副外长柏林会议公报》（1969 年 5 月 22 日）。

30.《华沙条约成员国外长布拉格会议公报》（1969 年 10 月 31 日）。

31.《社会主义国家党和国家领导人莫斯科会议公报》（1969 年 12 月 4 日）。

32.《社会主义国家党和国家领导人莫斯科会议通过的〈结束对越南侵略〉的声明》（1969 年 12 月 4 日）。

33.《华沙条约组织国防部长委员会莫斯科会议通报》（1969 年 12 月 24 日）。

34.《华沙条约成员国副外长索非亚会议通报》（1970 年 1 月 28 日）。

35.《华沙条约组织国防部长委员会索非亚会议通报》（1970 年 5 月 23 日）。

36.《华沙条约成员国外长布达佩斯会议公报》（1970 年 6 月 22 日）。

37.《华沙条约成员国外长布达佩斯会议备忘录》（1970 年 6 月 22 日）。

38.《华沙条约组织政治协商委员会莫斯科会议公报》（1970 年 8 月 20 日）。

39.《华沙条约组织政治协商委员会柏林会议通过的关于巩固欧洲和平与发展欧洲和平协作的声明》（1970 年 12 月 2 日）。

40.《华沙条约组织政治协商委员会柏林会议通过的关于中印半岛地区局势紧张的声明》（1970 年 12 月 2 日）。

41.《华沙条约组织政治协商委员会柏林会议通过的〈在近东地区建立持久和平和安全〉的声明》（1970 年 12 月 2 日）。

42.《华沙条约组织政治协商委员会柏林会议通过的〈停止对非洲独立国家进行帝国主义挑衅〉的声明》（1970 年 12 月 2 日）。

43.《华沙条约成员国外长布加勒斯特会议公报》（1971 年 2 月 19 日）。

44.《华沙条约组织国防部长委员会布达佩斯会议通报》（1971 年 3 月 4 日）。

45.《社会主义国家共产党和工人党领导人克里米亚会晤通报》（1971 年 8 月 3 日）。

46.《华沙条约成员国外长华沙会议公报》（1971 年 12 月 1 日）。

47.《华沙条约组织政治协商委员会布拉格会议通过的欧洲和平、安全和合作的宣言》（1972 年 1 月 26 日）。

48.《华沙条约组织政治协商委员会布拉格会议通过的关于美国继续侵略中印半岛的声明》（1972 年 1 月 26 日）。

49.《华沙条约组织国防部长委员会柏林会议通报》（1972 年 4 月 11 日）。

50.《社会主义国家共产党和工人党领导人克里米亚会晤通

报》（1972 年 8 月 1 日）。

51.《保加利亚、匈牙利、民主德国、波兰、罗马尼亚、苏联和捷克斯洛伐克外长莫斯科会议通报》（1973 年 1 月 17 日）。

52.《华沙条约组织国防部长委员会华沙会议通报》（1973年 2 月 9 日）。

53.《华沙条约组织联合武装力量司令部及其他领导机构法律权能、特许权和豁免权公约》（1973 年 4 月 24 日）。

54.《社会主义国家共产党和工人党领导人克里米亚会晤通报》（1973 年 7 月 31 日）。

55.《华沙条约组织国防部长委员会布加勒斯特会议通报》（1974 年 2 月 8 日）。

56.《华沙条约组织政治协商委员会华沙会议通过的〈近东持久与公正和平〉的声明》（1974 年 4 月 18 日）。

57.《华沙条约组织政治协商委员会华沙会议通过的〈越南持久和平与保障越南人民公正民族利益〉的声明》（1974 年 4 月 18 日）。

58.《华沙条约组织政治协商委员会华沙会议通过的〈关于在智利停止对民主人士肆意迫害〉的声明》（1974 年 4 月 18 日）。

59.《华沙条约组织政治协商委员会华沙会议公告》（1974年 4 月 18 日）。

60.《华沙条约组织国防部长委员会莫斯科会议通报》（1975 年 1 月 9 日）。

61.《华沙条约成员国副外长莫斯科会议通报》（1975 年 2月 1 日）。

62.《庆祝华沙条约 20 周年华约成员国国会代表华沙会议通过的〈欧洲人民之间和平、安全、合作与接近〉文件》（1975年 5 月 15 日）。

63.《华沙条约成员国舆论界代表布拉格会晤通报》（1975

年 6 月 7 日）。

64.《华沙条约组织国防部长委员会布拉格会议通报》（1975 年 11 月 20 日）。

65.《保加利亚、匈牙利、民主德国、波兰、罗马尼亚、苏联和捷克斯洛伐克外长莫斯科会议公报》（1975 年 12 月 17 日）。

66.《华沙条约组织政治协商委员会布加勒斯特会议通过的〈欧洲国际关系缓和、巩固和平和发展合作新领域〉宣言》（1976 年 11 月 26 日）。

67.《华沙条约组织政治协商委员会布加勒斯特会议通过的华约成员国建议和条约草案》（1976 年 11 月 26 日）。

68.《华沙条约组织国防部长委员会索非亚会议通报》（1976 年 12 月 12 日）。

69.《华沙条约组织外长委员会莫斯科会议公报》（1977 年 5 月 27 日）。

70.《华沙条约成员国国会协商列宁格勒会晤通过的对签署欧洲安全和合作会议最后文件的国会呼吁书》（1977 年 7 月 6 日）。

71.《华沙条约组织国防部长委员会布达佩斯会议通报》（1977 年 12 月 3 日）。

72.《华沙条约组织外长委员会索非亚会议公报》（1978 年 4 月 27 日）。

73.《华沙条约组织政治协商委员会莫斯科会议通过的华约成员国宣言》（1978 年 11 月 23 日）。

74.《华沙条约组织政治协商委员会莫斯科会议公报》（1978 年 11 月 24 日）。

75.《华沙条约组织国防部长委员会柏林会议通报》（1978 年 12 月 8 日）。

76.《华沙条约组织外长委员会布达佩斯会议公报》（1979 年 5 月 16 日）。

77.《华沙条约成员国议会代表对北约成员国国会的呼吁书》(1979 年 10 月 18 日)。

78.《华沙条约组织外长委员会柏林会议公报》(1979 年 12 月 6 日)。

79.《华沙条约组织国防部长委员会华沙会议总结通报》(1979 年 12 月 7 日)。

80.《华沙条约组织政治协商委员会华沙会议通过的华约成员国宣言》(1980 年 5 月 15 日)。

81.《华沙条约组织政治协商委员会华沙会议通过的华约成员国声明》(1980 年 5 月 15 日)。

82.《华沙条约组织政治协商委员会华沙会议通过的公报》(1980 年 5 月 16 日)。

83.《华沙条约组织政治协商委员会布拉格会议通过的华约成员国声明》(1983 年 1 月 5 日)。

84.《华沙条约组织政治协商委员会索非亚会议通过的华约成员国声明》(1985 年 10 月 23 日)。

85.《华沙条约组织政治协商委员会布达佩斯会议给北约成员国的呼吁书》(1986 年 6 月 11 日)。

86.《华沙条约组织政治协商委员会布达佩斯会议通过的公报》(1986 年 6 月 11 日)。

87.《华沙条约组织政治协商委员会柏林会议通过的公报》(1987 年 5 月 28 日)。

88.《华沙条约组织政治协商委员会华沙会议通过的公报》(1988 年 7 月 16 日)。

89.《华沙条约组织政治协商委员会布加勒斯特会议通过的公报》(1989 年 7 月 8 日)。

90.《华沙条约组织政治协商委员会莫斯科会议通过的华约成员国声明》(1990 年 6 月 7 日)。

华约和北约军事力量对比表

华约和北约驻欧洲及毗邻水域武装力量和军备数量对比

类　　别	华约	北约	比　例
总兵力	3573000	3660200	1：1
指挥机关人员	30200	49470	1：1.6
陆军及其所属空军	1823500	2115360	1：1.2
空防部队	550500	137700	4：1
空军	425100	482300	1：1.1
海军	338000	685000	1：2
侦察、联络、军事院校人员	225400	96900	2.3：1
后卫部队	146300	87500	1.7：1
民防部队	34100	6000	5.7：1
前线飞机——空军、空防和海军	7876	7130	1.1：1
其中：战术飞机	5355	5450	1：1
截击机	1829	503	6：1
海军战斗机	692	1630	1：2.4
空军轰炸机总数	2783	4075	1：1.5
战斗直升机	2785	5270	1：1.9
战术导弹发射器	1608	1361	1.8：1

续表

类　　别	华约	北约	比　例
坦　克	59470	30690	1.9：1
反坦克导弹部队人员	11465	18070	1：1.6
装甲运兵车	70330	46990	1.5：1
火箭发射器、火炮和迫击炮	71560	57060	1.3：1
潜艇(不带战略导弹)	228	200	1.1：1
各种大型水面舰只	102	499	1：5
其中：航空母舰	2	15	1：7.5
载有机动导弹舰只	23	274	1：11.9
登陆舰	24	84	1：3.5

资料来源：1989年1月29日华沙条约组织国防部长委员会公布。

经济互助委员会
（Council for Mutual
Economic Assistance）

金　哲　编著

列国志

第一章

苏联与东欧的自然资源与经济结构

经济互助委员会（简称"经互会"）的形成固然与冷战后的国际大环境密切相关，但若分析一下苏联与东欧各国的自然资源和经济结构的特点，我们也可以对经互会的成因有进一步的认识。

一　自然资源状况

苏维埃社会主义共和国联盟简称苏联，国土面积2240.2万平方公里，居民为2.86亿人。就地理环境而言，平原和低地约占全国总面积的60%，山地和高原分别占全国总面积的20%。其境内的伏尔加河是欧洲最长的河流，全长3690公里，流域面积138万平方公里，干支流大部分河段可通航，约承担全国河运总量的2/3，每年通航期长达7~9个月；叶尼塞河（以大叶尼塞河为源）全长4130公里，流域面积270.7万平方公里，是苏联流量最大的河流；鄂毕河（以卡通河为源）全长4070公里，流域面积242.5万平方公里；勒拿河全长4320公里，流域面积241.8万平方公里。后三条大河大部分

河段都可通航，但结冰期长，每年通航期不到半年。苏联 16%
的领土伸入北极圈内，属寒带气候；80% 的领土属温带气候；
4% 的领土属亚热带气候。大部分地区冬季漫长、严寒干燥，夏
季短促、温暖。整个冬季平均气温在摄氏零度以下的地区，约占
全国面积的 90% 以上。年平均降水量从西部的 750 毫米向东向
北递减至 200 毫米。

　　苏联矿物资源丰富，煤、石油、天然气、铁、锰、铬以及某
些有色金属、稀有金属和非金属矿物的探明储量均居世界前列。
煤的总储量为 57000 亿吨，主要分布在顿巴斯、库兹巴斯、卡拉
干达等地。石油探明储量约 86 亿吨，主要分布在西西伯利亚的秋
明油区、乌拉尔—伏尔加油区、高加索油区等。天然气探明储量
32 万亿立方米。铁矿总储量 1100 亿吨，主要分布在乌克兰的克里
沃罗格、刻赤以及乌拉尔和西西伯利亚等地。水力发电资源估计有
4.5 亿千瓦。森林面积约 738 万平方公里，占全国总面积的 33%。

　　保加利亚　保加利亚面积为 11.99 万平方公里，人口为 847
万人。它位于欧洲巴尔干半岛东部，巴尔干山脉位于其中部，横
贯东西。海拔 600 米以下的平原和丘陵占全国面积的 72%。森
林面积占国土面积的 34.8%，以阔叶林为主。矿藏资源匮乏，
只有褐煤、泥炭和铅、锌、铜等。气候基本上属于温和的大陆性
气候，全年平均气温为摄氏 10.5 度，雨量适中。从巴尔干山脉
到北部边界的多瑙河平原和位于东北部的多布罗加地区是保加利
亚的著名粮仓。巴尔干山脉以南的色雷斯平原则是水果、蔬菜、
烟叶、棉花的主要产地。巴尔干山脉南麓的中部山谷因盛产含油
玫瑰和发达的玫瑰油提炼业被誉为"玫瑰谷"。保加利亚山区和
半山区有大片牧场。全国大部分地区气候条件优良，非常适于发
展种植业和畜牧业。保加利亚的地下水和矿泉水资源丰富，而且
大部分宜于饮用，全国著名的矿泉水源地有 500 余处。

　　波兰　波兰面积为 312683 平方公里，人口为 3850 万。它位

于中欧东北部，地势南高北低，北部和中部为平原和坡地，约占全国面积的92%；南部是丘陵和山地，占全国面积的8%。最大的山脉是与捷克斯洛伐克相连的苏台德山脉和喀尔巴阡山脉。最大的河流是维斯瓦河和西部的奥得河。波兰的气候介于东欧大陆性气候和西欧海洋性气候之间，夏季平均气温为15摄氏度，冬季平均气温为摄氏零下1~零下4.5度。年平均降水量为600毫米。全国农业用地面积约1867万公顷；森林面积为889.4万公顷，森林覆盖率为28%左右。

波兰最重要的矿产资源是硬煤，蕴藏量约1000亿吨；褐煤蕴藏量约300亿吨；二者总蕴藏量居欧洲第4位。有色金属矿藏和化学原料主要有：铜矿，蕴藏量按纯金属计算约为1500万吨；铅矿、锌矿，蕴藏量约350万吨；磁铁矿、钛矿、镍矿和硫黄矿，蕴藏量为1亿多吨。波兰还盛产矿盐和钾盐，并拥有数量较多的石灰石、花岗石、砂岩、泥灰石、雪花石、石英岩、石英砂、瓷土和耐火岩等非金属矿藏。

捷克斯洛伐克 捷克斯洛伐克面积为127900平方公里，总人口为1029.9万人。捷克斯洛伐克大部分为丘陵地带，有森林面积4585814公顷，约占国土面积的1/3左右。捷克斯洛伐克地处温带，属海洋性气候，大部分地区风调雨顺，宜种植麦类、土豆和甜菜等作物；摩拉维亚南部盛产谷物；西北部丘陵地带所产优质啤酒花和摩拉维亚哈纳河流域所产的酿造啤酒的优质大麦颇负盛名；西南部的多瑙河地带土地肥沃，气候温和，盛产谷物。捷克斯洛伐克矿泉水资源丰富，已开发的近千处，其中有享誉世界的著名疗养城市，如卡罗维发利城（意为查理温泉）和玛丽亚温泉市，等等。矿产资源主要有褐煤、硬煤和铀矿等。最大的硬煤产地是俄斯特拉发－卡尔维纳煤田。褐煤主要分布在厄尔士山脉附近各盆地。境内主要的河流有伏尔塔瓦河、发格河和赫龙河，可建小型水电站。国际河流有发源于其境内的拉贝河（中下游称易北河，流入德国）和流经斯洛伐克南部的多瑙河，两条河流均可通航。

罗马尼亚　罗马尼亚的面积为 238391 平方公里，人口为 2279 万人。它位于欧洲东南部、巴尔干半岛的北端。地形分布均匀，山脉、丘陵和平原分别占国土面积的 35%、35% 和 30%，中间高，四周低，形成台阶。喀尔巴阡山在中间形成肘状，环抱特兰西瓦尼亚高原。平原主要在南部和西部地区。多瑙河下游流经罗马尼亚的部分为 1075 公里，在罗马尼亚东部分成 3 条支流流入黑海，形成多瑙河三角洲。罗马尼亚的主要河流还有普鲁特河、塞列特河、穆列什河和奥尔特河等；还有大小不等的 20 多个淡水湖和咸水湖。罗马尼亚属温和大陆性气候，年平均气温摄氏 10 度，四季分明；年平均降水量 640 毫米。罗马尼亚拥有较丰富的动植物资源。1992 年森林覆盖率为 26.7%。地下资源主要有石油、天然气、煤炭、盐矿等。主要农作物为小麦、玉米、向日葵、甜菜、土豆和葡萄等。

匈牙利　匈牙利面积 93031 平方公里，人口约为 1031 万人。它位于欧洲中部喀尔巴阡山盆地，是一个内陆国家。全国地势低洼，平原约占国土面积的 60%，低丘陵地和山地约占 40%。山脉高度一般不超过海拔 1000 米，最高山峰克凯什峰也只有海拔 1015 米。全国 2/3 地区在海拔 200 米以下，地势最低点为海拔 78 米。境内有两条大河纵贯南北：多瑙河流经匈牙利 417 公里，蒂萨河流经匈牙利 595 公里。这两条大河及其无数条支流把全国切割成六块大小不等的景观单位：大平原、小平原、外多瑙丘陵地、外多瑙山地、奥尔波克山麓地带和北部山地。著名的巴拉顿湖是中欧地区最大的淡水湖，位于匈牙利西南部，面积为 600 平方公里。全国地处北半球温带区内，正处在海洋性气候、大陆性气候和地中海亚热带气候的交汇点上，但受大陆性气候影响较大，年平均气温为摄氏 10.8 度，年平均降水量为 630 毫米。

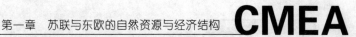

匈牙利矿藏资源比较贫乏，资源中主要是岩浆矿床而沉积矿很少。在现有沉积矿床中，铝土矿是匈牙利经济价值最大的矿产资源，它发现于 20 世纪 30 年代，蕴藏量相当丰富，居欧洲第 3 位。匈牙利也是富产矿泉水和药泉的国家之一。匈牙利煤藏量不丰，煤炭开采地在巴拉顿湖以北，年产量 2300 万吨（1986 年）。匈牙利蕴藏少量石油，主要产地在艾格尔城以及索尔诺克市附近，年产量 200 万吨（1986 年）。此外，匈牙利还出产少量的锰、铀、锌等。

匈牙利最有价值的自然资源之一，是多种多样和异常肥沃的土壤。在山地或丘陵地带，各式各样的森林、草原和其他植被都得到充分发育。在平原地区，形成了彼此伴生的草甸土、草原土、碱土及这些土壤的变种。

分析苏联与东欧各国自然资源概况对经互会的形成和发展所产生的影响时有几点因素值得我们注意：一、苏东各国在地理位置上比较邻近，便于进行经济合作。二、苏东地区尽管有存储量较丰富的煤、石油、天然气、钾盐和铝土矿等，但矿产资源分布不均，苏联、波兰和罗马尼亚的矿产资源较为丰富，而保加利亚和匈牙利的矿产资源较为贫乏；尤其是作为战略资源的石油和天然气，除苏联较为丰富和罗马尼亚能够自给自足外，其余各国都属于贫油国家。三、无论从人口、国土面积和自然资源的拥有量来看，苏联在这 6 个国家之中都处于遥遥领先的位置，无一国能与其抗衡。后两个因素对经互会的发展产生了很大影响。

二 劳动力结构和经济发展水平

第二次世界大战以前，与西欧发达国家相比较，经互会成员国的经济基础较为薄弱，大多数国家的工业生产都低于世界平均水平，按人口平均计算的工业生产与世界平均水平存在一定差距。同时，经互会各国的经济发展水平和劳动力结构也存在较大差距。在经互会成员国中，苏联、捷克斯洛伐克、德意志民主共和国的工业化水平和经济发展水平较高，农村劳动力所占比重较低。

苏联 十月革命胜利后，苏联以非常迅速的速度实现了工业化，由一个农业—工业国变成了一个工业国。1940 年苏联的工业总产值比 1913 年增长了 6.7 倍。与 1913 年相比，1940 年生产资料的产量增长了 12 倍。在 1940 年，重工业在全国工业总产值中所占比重为 61.2%。与 1913 年相比，1940 年的钢产量增长了 3.3 倍（从 430 万吨增加到 1830 万吨）；生铁产量增长了 2.5 倍（从 420 万吨增加到 1490 万吨）；钢材产量增长了 2.4 倍（从 340 万吨增加到 1140 万吨）；石油产量增长了 2 倍（从 1030 吨增加到 3110 吨）；电力工业的进一步发展，使发电量提高到 483 亿度，比 1913 年增加了 24 倍。1940 年，机器制造和金属加工业的产量比 1913 年增长了 29 倍。机器制造业的迅速发展，明显地改变了工业构成。第一次世界大战前夕，机器制造业在工业总产值中所占比重为 6.8%，而到 1940 年则达到 31%。

苏联已经建立起许多新的重工业部门，如汽车工业、化学工业、航空工业等。到 1941 年，苏联已建立起多部门的工业机构，在工业生产总值和工业技术装备方面，已成为世界工业强国，在工业总产值方面仅次于美国。

捷克斯洛伐克 二战前，捷克斯洛伐克的工业化程度较高，生产和资本的积聚程度也较高。在两次世界大战之间的时期内，捷克的工业发展存在不平衡现象。在 1925~1929 年期间，工业生产增长了 32%；而在 1930~1933 年期间，则比 1929 年几乎降低了 40%。捷克的工业生产能力比较大，而国内市场则相对狭小，对国外市场存在一定的依赖性。

民主德国 德国是工业较为发达的国家。二战前夕，德国东部（后来的民主德国）在德国工业总产值中所占的比重为32.9％。其最发达的工业部门是：褐煤（占全德产量的68％），钾矿（占全德产量的64％），纺织工业（占全德产量的39％）、电机制造业（占全德产量的60％），精密机器和光学仪器制造业（占全德产量的58％）。但煤炭和铁矿的大部分是在德国西部开采的。1936年，德国东部的煤炭产量占全德煤炭总产量的2.3％；钢产量占全德钢产量的6.6％；生铁产量占全德生铁产量的1.3％。

保加利亚　属于巴尔干半岛最落后的农业国。1939年，全国人口中将近80％是从事农业和林业的，只有8.2％从事工业生产。在二战前，保加利亚的轻工业和食品工业中，以半手工和手工劳动的小企业占全部工业生产的3/4以上。外国资本，主要是法国资本，在国民经济主要部门中占统治地位。1937年工业投资的48.5％属于外国资本。外国垄断组织掌握了保加利亚制造业的48％、国内商业总额的39％、保险业的24％、银行资本的22％、运输工具（铁路运输在外）的63％。在制糖工业中，外国资本所占的比重达到97％，烟草工业达到65％，造纸工业达到63％，电力工业达到61％，铜矿采掘工业达到100％。

保加利亚的农业较为落后，以小农经济为主。在农业生产中，农户普遍缺乏农具和牲畜。农业的特点是耕地分散，耕作技术落后，单位面积产量低。

匈牙利　二战前是一个农业—工业国。农业是它的主要经济部门，从事农业的人口超过工业人口一倍多。全国耕地的48％集中在1.2万户大地主手里，而120农户只占有10％的耕地。

在工业生产水平很低的情况下，重工业最不发达。1938年，轻工业和食品工业在工业产值中所占比重达60％以上，其中食品工业占30.2％。

在财政金融方面，外国资本（基本上是美、英资本）占统治地位。第二次世界大战前夕及战争期间，德国资本在匈牙利经济中占统治地位。50%以上的银行资本，30%的采矿工业资本、20%的工业股份公司，属于外国资本。

波兰 第二次世界大战前是落后的农业——工业国，主要经济部门是农业。在国民收入中，农业所占比重是45%，工业和手工业占30%，其他部门占25%。

在两次世界大战之间的20年内，波兰人口增加了900万人，但是工业生产下降到1913年的水平以下。波兰工业的技术水平低下，工业布局也不平衡，生产资料生产和消费品生产的比例存在很大差距。主要工业部门是采掘业，实际上没有机器制造业。在全国3500万人口中，从事工业生产的人数为80万人。在工业生产总值方面，波兰在欧洲占第16位。

波兰的主要经济部门受外国资本控制。波兰对外国资本的负债总额在1930年12月31日达到300亿兹罗提，而当时一年的国民收入总额仅约150亿~170亿兹罗提。在1937年，股份公司固定资本中的40%属于外国资本，其中，冶金业和采矿业为52%，化学工业为60%，石油工业为88%，电机工业为66%。

罗马尼亚 农业是罗马尼亚的经济基础。第二次世界大战前，全国人口中有72.3%从事农业，只有7%从事工业。罗马尼亚工业生产总值的几乎一半是轻工业和食品工业产品。冶金，机器制造、化学和其他重工业部门（石油工业除外）还处于萌芽状态。罗马尼亚主要是输出原料和农产品，而制成品的3/4和工业设备的95%依靠外国进口。

在按人口平均的工业品消费水平方面，罗马尼亚占欧洲第18位，在按人口平均的国民收入方面则居于最后。根据国际联盟的材料，1928年罗马尼亚生产的工业产值占世界工业总产值的0.3%，按人口平均的工业生产值比世界平均水平低一半。

第二次世界大战给苏联与东欧各国带来了巨大的经济损失。

战争期间，苏联有 1710 个城市和市镇被破坏，7 万个村庄被烧毁，3.2 万家工业企业、6.5 万多公里铁路被炸毁，9.8 万个集体农庄、1876 个国营农场、2890 个拖拉机站成为一片废墟。战争带来的直接经济损失达 7000 亿卢布，即损失了国民财富总量的 30%。

在第二次世界大战中，保加利亚的经济是为法西斯德国的利益服务的。到二次大战结束时，保加利亚对法西斯德国的负债达 750 亿列弗，这个数字比 1939 年保加利亚全年的国民收入还多 4 倍。由于法西斯的掠夺，使保加利亚经济日趋衰落，工业部门普遍缺乏原料、燃料和熟练工人。到 1944 年年底，工业生产仅为战前的 64%，农业生产为战前的 70%。

在第二次世界大战年代，匈牙利的经济也完全服从于法西斯德国的军事目的。战争造成的损失（按 1938 年汇价计算）估计为 220 亿品格（匈牙利旧货币单位名称，1946 年起改为福林），这个数字比 1938 年匈牙利的国民收入约 4 倍。法西斯分子赶走了一半牲畜，炸毁了所有的桥梁，运走了 90% 的铁路车辆和汽车运输工具。农业生产下降到只为战前水平的 45%。法西斯分子毁掉了 45% 的国家财富，并从匈牙利抢走了价值 30 亿美元的国家财富。1945 年 2 月 28 日的《自由报》写道，"布达佩斯处于非常困难的境地。昨天是战争，今天是饥饿，明天是流行病，威胁着无数的受害者……假如我们不获得帮助，等待着我们的将不是自由，而是死亡。"

由于战争，波兰的经济被破坏了一半，几乎 40% 国家财产被毁，它的价值等于以前两代波兰人的劳动果实。国家遭受的物质损失为 2580 亿兹罗提（按 1939 年的汇价计算），这个损失比 1938 年波兰的国民收入多 4 倍。将近 2/3 的大、中工业企业遭到不同程度的破坏，许多企业被拆除，法西斯德国从波兰运走了大量机器和各种工业设备，工业遭受的损失超过 220 亿兹罗提，等于战前工业设备总值的 1/3。农业也遭受巨大损失，1945 年的农业总产值比 1938 年减少了 45%，牛的总头数减少了 65%，谷物的播种面积只为战前的 56%。由于战争，30% 的铁路、70% 的桥梁、90% 的铁路修配厂、80%～90% 的港口设施都被破坏，客运和货运车厢几乎全部被毁。仅在华沙一个城市就被破坏了 68% 的房屋。法西斯德国在波兰消灭了 600 多万人，占波兰人口总数的 22%，使 800 万人无家可归。1939 年住在波兰境内的波兰公民中，每 1000 人就有 220 人被杀死、37 人受重伤变成残废、大约 100 人患结核病、被带到集中营和强迫劳动的有 100 多人、财产丧失殆尽而被迫迁移的有 90 人。

罗马尼亚在第二次世界大战中也遭到希特勒德国的抢劫。德国法西斯不付任何代价就运走了 150 万辆载有各种货物的车厢。炼油厂设备的 80% 以上被损坏。在 1944 年，工业生产仅为战前的 40%。在铁路方面，有一半以上的机车和大约 1/3 的车厢被损坏，将近 2000 公里的铁路线被破坏。到战争结束时，罗马尼亚的经济已濒于崩溃的边缘。由于战争，罗马尼亚国民经济遭受的损失大约超过 1938 年国民收入的 2.5 倍。

战争使捷克斯洛伐克的经济遭到很大损失。捷克的工农业、运输业、货币制度和文化珍品等所遭受的损失共计 4297 亿克朗。1945 年，捷克生产的工业产品仅为战前的一半，农业也受到了重大损失。在德国占领期间，每年有 1.5 万～1.6 万节车厢的粮食被运往德国。铁路货运车厢减少了将近一半，机车减少了 15%。22 万所住房被破坏，其中 30% 被完全毁掉。

第二次世界大战使民主德国经济遭到极大的损失。在德国东部，苏军与德国法西斯军队的战斗尤为激烈，法西斯军队撤退时进行了极大的破坏，使民德的工业产量急剧下降，1946 年的工业产值仅为 1935 年的 42%，机器制造业产品的产值只为 1936 年的 2.6%，机床制造业产品的产值为 1936 年的 10%，煤和铁矿

的开采量减少了将近30%，生铁产量减少了40%。由于战后德国的分裂，民德境内工业部门之间的比例失调现象较为严重。

从上述对苏联和东欧6国的经济发展水平和劳动力结构的分析中我们可以看出，从内部条件看，这些国家经济水平存在一定差距，其中以苏联、民主德国和捷克斯洛伐克的工业发展水平较高，而其他国家在二战前基本上是农业国，经济落后，工业发展水平较低。经过战争的破坏，苏东6国都面临着恢复和建设国家经济的艰巨任务，但又缺乏资金、原料和技术。这些因素对后来经互会的形成和发展产生了重要的影响。

第二章

经济互助委员会的成立

一 经互会条约的签订

随着马歇尔计划的出台和美苏对抗的加剧，美国开始对苏联和东欧国家实行禁运。1948 年 3 月，美国对苏东国家实行出口特许证制度，4 月做出进一步的规定，即接受马歇尔计划的西欧国家不得向苏联和东欧国家出口美国禁止出口的商品。1949 年 11 月，美、英、法等国又经过秘密磋商，决定成立输出管制委员会，又称巴黎统筹会，对苏联和东欧国家实行禁运，限制其成员国对苏联和东欧国家的出口贸易，由此导致了美国和西欧国家同苏联和东欧国家的贸易剧烈缩减。以苏联为例，1946 年美、苏贸易总额为 3 亿卢布，占苏联外贸额 24%；1947 年减为 1.7 亿卢布，为苏联外贸总额的 12.5%；1948 年又减为 1.2 亿卢布，为苏联外贸总额的 5.3%；到 1950 年，减至 5000 万卢布，仅占苏联外贸总额的 1.7%；1955 年降到最低点，只有 1500 万卢布，仅占苏联外贸总额的 0.25%。

苏联也加紧在东欧国家活动，采取种种针锋相对的措施，同东欧各国签订了一系列贸易协定，加强与东欧国家的经济联系。如：1947 年 7 月 11 日，苏、保签订贸易协定；7 月 12 日，苏、捷签订贸易协定；7 月 13 日，苏、匈签订贸易协定；8 月 26 日，苏、波签订贸易协定。苏联力求通过与东欧国家签订一系列贸易协定的方式，把原先苏联和东欧国家与西方国家的经济贸易关系全都转向苏联和东欧国家之间，并将以往的双边贸易关系向多边经济联系和协调经济活动方向发展。在经济互助委员会成立之前，苏联与东欧国家的贸易总额逐年增长，东欧国家在苏联对外贸易中的比重已超过50%。

1949年1月，保加利亚、匈牙利、波兰、罗马尼亚、苏联和捷克斯洛伐克6国的代表在莫斯科召开会议，强调指出，"由于人民民主国家和苏联坚决反对侵犯各国主权及其国民经济利益的马歇尔计划，因此，美、英和西欧其他某些国家在事实上就一直在抵制各人民民主国家和苏联的贸易关系"。鉴于以上情况，这次会议讨论并决定，为了建立东欧人民民主国家与苏联之间更加广泛的经济合作，必须建立经济互助委员会（简称：经互会）。

这次会议指出，"人民民主国家和苏联之间的经济关系是新型关系，同资本主义国家之间的关系具有原则上的区别。这种关系建立在深刻的共同利益和相互团结的基础之上。得益于此，苏联、保加利亚、匈牙利、波兰、罗马尼亚、捷克斯洛伐克等国通过签署双边协定，在经济合作方面已经取得了很大成就。这些成就表现为商品流通量的巨大增长和经济合作采取的新形式。由于上述经济关系的建立，特别是来自苏联方面的友好援助，人民民主国家才有可能加速国民经济恢复，并走上社会主义道路。"

"但是，尽管人民民主国家和苏联之间的经济合作取得了巨大成就，但由于相互间的经济政策，特别是贸易关系缺乏经常性的协调，这主要反映在这些国家最重要的经济部门中出现了不必要的重复现象，不但损害了这些国家的经济利益，而且在客观上帮助了英、美等国的资本主义垄断组织谋利。目前，当美国通过马歇尔计划向西欧国家的经济政策施加影响和并反对苏联与人民民主主义国家利益的时候，这一现象尤为突出。"

"美国、英国和其他一些西欧国家的政府实质上封锁了与人民民主国家和苏联的贸易关系，而这些国家不会屈服于马歇尔计划，因为马歇尔计划侵犯了这些国家的主权和国民经济利益。"

基于上述情况，这次会议讨论了关于加强苏联和东欧人民民主国家之间的经济合作关系问题。为了进一步密切苏联与各人民民主国家之间的经济合作，"特别是外贸市场之间的协调"，会议认为，应由会议参加国的代表在平等基础上成立经济互助委员会，其基本任务是：

（1）制定成员国经济合作计划，以及在生产专业化和合作化的基础上协同各国的生产计划。

（2）协调对成员国经济关系具有重要意义的进出口商品计划。

（3）协调运输和过境运输的发展计划。

（4）在发生自然灾害和资本主义国家对成员国实施贸易歧视时制定互助措施。

（5）制定解决多边划拨清算问题和外汇汇率问题的方案。

（6）在最为优惠的基础上制定进行科技合作和交流经验的措施。

（7）对业已制定的计划和经济合作措施的实施进行监督。

会议指出，经互会是一个开放性组织，赞同经互会原则并同意与上述各国进行广泛经济合作的欧洲其他国家也可以加入。

经互会只在成员国一致同意的情况下才能做出决议，任何成员国有权对经互会讨论的任何问题发表意见。

经互会将轮流在各成员国首都举行例会，会议主席由会议所在国代表担任。

二　经互会的组织机构

（一）经互会成员国及其组织机构调整

19 49 年 1 月经互会成立时只有 6 个成员国家：保加利亚、匈牙利、波兰、罗马尼亚、苏联和捷克斯洛伐克。此后，民主德国于 1950 年 9 月加入；阿尔巴尼亚于 1949 年 2 月参加经互会，但于 1961 年 12 月停止参加经互会的一切活动。

由于 1962 年 6 月举行的经互会第 16 次（非常）会议对经互会章程作了修改，其中规定，经互会成员国不再受地理区域的限制，非欧洲国家也可以加入。于是，蒙古人民共和国在 1962 年 6 月被吸纳为该组织的成员国，古巴和越南分别在 1972 年 7 月和 1978 年 6 月加入该组织，使经互会最终成为一个拥有 10 个成员国、跨越三大洲的国际性组织。

此外，南斯拉夫从 1964 年起，根据专门协议参加了经互会的一些活动。老挝、朝鲜人民民主共和国、安哥拉、埃塞俄比亚、莫桑比克、阿富汗和也门民主人民共和国的代表曾以观察员身份出席了经互会的一些会议。中国代表曾以观察员身份参加经互会第 7 ~ 14 次会议。

经互会的机构，取决于经互会成员国的合作形式和方法，其组织机构处在不断的调整过程中。在其成立初期，按照 1949 年 1 月 8 日通过的条例，每个成员国在经互会委派两位代表。根据各国政府决定，这两位代表可以配备一定数量的顾问。

经互会设常设委员会主持委员会的日常会议，每个参加国派一名代表进入常设委员会。

经互会还设立一个常设机构执行局，由每个成员国委派一名代表组成，其主要职能是根据常设委员会的任务进行工作。执行局所在地设在莫斯科。为了处理执行局的日常工作，执行局中设立了一个秘书处，秘书长由经互会执行局委任。

经互会成立之初每 3 个月召开一次例会，而非常会议可以根据任何一个成员国的建议而召开。

以后，经互会机构又做了几次重大的调整：

（1）1954 年，经互会进行了改组，规定各成员国派到经互会的代表（每个国家一名）应是政府副总理级。此外，各国在经互会还有 1～2 名副代表和一定数量的顾问及其他工作人员。各国代表轮流参加在各成员国首都召开的经互会会议，定期会议每年不少于两次。

副代表驻在秘书处所在地莫斯科，每月至少举行一次会议，研究如何实施经互会会议提出的各项任务。

（2）根据 1956 年 5 月经互会第 7 次会议的决议，为了进一步促进成员国之间的经济联系以及各国经济主管部门之间的合作，设立了由成员国各部委和计划机关代表组成的若干常设委员会。

（3）根据 1958 年 5 月经互会成员国共产党和工人党代表会议通过的关于必须提高经互会作用的决议，1958 年 6 月，经互会第 9 次会议通过了定期举行成员国代表会议的决议，讨论日常问题并检查各种决议的执行情况。副代表会议和经互会秘书处负责为经互会会议准备材料。为提高秘书处在准备提交经互会各次会议、成员国代表会议以及副代表会议审议的各项问题中的作用，责成秘书处在各次会议上作有关经互会各机构的工作和今后任务的报告。经互会第 9 次会议还批准了经互会秘书处工作条例，并对经互会秘书处进行了改组。1959 年还建立了经互会成员国代表会议制度。

（4）根据 1962 年 6 月 7 日在莫斯科举行的经互会第 16 次非例行会议的决议，成立了经互会执行委员会、经互会执委会综合经济计划局和经互会标准化研究所。为了加强经互会秘书处的工作，撤销了设立在各成员国的常设委员会秘书处，将这些秘书处的工作人员补充到经互会秘书处，并将经互会秘书处全体工作人员集中于莫斯科工作。这次会议还提高了秘书处在处理经互会各机构送审材料中的作用，并强调秘书处可以作为经互会的行政执行机关发挥作用。

20 世纪 70 年代初，由于通过和执行《社会主义经济一体化

综合纲要》，经互会的机构又进行了一些调整和变更，并成立了一些新的机构。例如，为了使各成员国的中央计划机关及科学委员会更积极地参与"综合纲要"提出的工作，经互会第 25 次会议通过成立"经互会计划工作合作委员会"的决定，将"经互会科学技术研究协调常设委员会"改组为"经互会科学技术合作委员会"。

（二）经互会的主要机构及其职能

经互会的主要机构有：经互会会议、经互会执行委员会、有关部门合作委员会、经互会秘书处和两个科学研究机构。此外，《经济互助委员会章程》还规定可以设立其他必要的机构，以便有可能采取最适当的组织机构来解决经互会成员国在经济和科技合作方面的问题。

1. 经互会会议

经互会会议是经互会的最高机关，它有权讨论属于经互会职权范围一切问题，有权根据《经济互助委员会章程》做出各种建议和决定。

经互会会议每年至少召开一次。会议是在每年第二季度依照成员国国名的俄文字母顺序轮流在成员国首都举行。如果需要召开经互会非常会议，应该提出申请，并得到至少1/3成员国的同意。

经互会每个成员国都派代表团参加经互会会议，代表团成员由各成员国家的政府决定。经互会成员国共产党和工人党总书记和政府总理参加了第 16 次、第 18 次和第 23 次经互会会议。第 23 次会议以前的各次经互会会议，各国代表团通常由成员国政府副总理率领。为了提高会议在实施"综合纲要"中的作用，从第 24 次经互会会议起，规定由成员国政府总理担任代表团团长。

经互会会议审议各成员国之间经济和科技合作的基本问题，确定经互会的工作方针，审查经互会执委会关于两次会议之间的工作报告，建立执行经互会职能所需要的机构，等等。

每次经互会会议讨论关于下次会议的初步议程问题。经互会秘书处准备初步议程草案，并不晚于会议召开前 30 天将该草案分发各成员国。议程草案包括：经互会执委会关于经互会的工作报告；上次会议决定列入议程的问题；经互会任何成员国、经互会执委会、其他代表机构和经互会秘书处提出的问题。经互会成员国、经互会执委会、常设委员会和秘书处对于会议通过的初步议程可以提出修改意见或补充建议。

担任经互会会议主席的是会议东道国的代表团团长。主席宣布会议的议事日程，提出会议的工作程序，主持会议，监督并遵守议事规则，并可以随时代表本国在会上发言。

经互会会议可成立起草委员会，准备和草拟决议和其他文件草案。起草委员会的主席和委员根据代表团的提议任命。起草委员会的代表或专门报告人将他们所准备的决议和其他文件草案提交会议审议。

经互会会议为接收新成员做出决议。凡愿意参加经互会的国家，可向经互会秘书处提出正式申请书。申请书需申明：赞同经互会的宗旨和原则，同意承担经互会章程所规定的义务。会议还对经互会成员国之间、希望与经互会建立合作的非成员国之间的合作问题做出决定。

经互会会议的工作语言为俄语。经互会会议及所属机构的会议记录和其他文件均使用俄语。

经互会会议通过的建议和决议须得到经互会成员国的同意。会议有权设立为完成经互会职能的所需机构，并规定其议事规则。

2. 经互会执行委员会

经互会执行委员会（经互会执委会）是经互会的主要执行机关，它由成员国各派一名副总理组成。照例，这名代表同时又

是各国在经互会的常驻代表。经互会执委会取代了 1962 年 6 月以前的经互会成员国代表会议。

1971 年 7 月以前,经互会执委会每两个月至少应举行一次会议。此后,根据经互会第 25 次会议的决议,改为每 3 个月至少举行一次会议。

经互会执委会在其职权范围内有权做出建议和决定,可提出各种方案供经互会会议审议。其主要职能如下:

(1)协调经互会会议决议的执行,监督经互会各成员国履行自身的义务;

(2)协调各成员国国民经济发展计划、生产专业化和协作,组织制定重要生产部门的计划;

(3)审查经互会成员国、执委会、常设委员会、经互会秘书处及其他机构关于经济和科技合作问题的建议,分析科技合作情况,并制定进一步发展科技合作的措施。

(4)制定推进成员国商品流通和科学技术合作的基本方针和措施;

(5)为执委会、常设委员会、秘书处等机构的工作确定活动内容和基本方针;

(6)批准经互会秘书处的人员编制、预算及决算报告,批准委员会、常设委员会、秘书处及其他机构的规章条例,设立监察秘书处财务工作的机构;

(7)设立自身职能所需的机构,并制定议事规则。

经互会执委会会议主席,由各国代表按照国家名称的俄文字母顺序轮流担任。从 1969 年起,每个成员国的代表担任执委会主席职务的限期一般为一年。

在经互会执委会两次会议期间,主席以执委会的名义,对经互会有关机构执行经互会会议和执委会各项决定的情况,以及对提交经互会会议和执委会的议题进行监督。因此,执委会主席在必要时可向秘书处索取情报资料和参考资料；可以组织执委会各国代表的非正式会晤以及召集秘书处和各国常驻副代表举行会议，以便事先交换意见；可以同常设委员会主席和经互会其他机构的主席举行会议，并预先审查秘书处为即将举行的执委会会议拟定的议事程序。

执委会在每年第 4 季度举行的会议上，确定下一年或新阶段的工作计划。执委会的工作计划草案由秘书处拟定。工作计划草案的任务是保障顺利实现经互会宗旨并完成经互会会议及执委会所制定的基本任务。

执委会秘书处的职能由经互会秘书处执行。必要时，执委会秘书处将会议发言及与执委会工作有关的文件译成俄文。

3. 经互会计划工作合作委员会

经互会计划工作合作委员会的宗旨是：促进成员国经济合作的进一步发展，顺利实现"综合纲要"中规定的各国计划工作的合作，促进工业不发达成员国经济进一步发展，并保证各成员国中央计划机关有效地参与合作。

计划工作合作委员会的主要任务是：

（1）确定成员国最重要的多边合作项目，制定实施这些合作项目的有效措施。为此，该委员会负责解决成员国国民经济各主要部门的合作问题，首先是燃料、动力和原料问题，以及在生产中采用先进工艺、新型设备和加强运输联系等问题。

（2）计划工作合作委员会可以就属于各成员国中央计划机关职权范围内的经济政策问题，组织各成员国相互协商。

（3）组织协调各成员国国民经济计划工作，包括不断改进协调工作的形式，提出关于合作建设工程项目的建议。

（4）组织有关编制预测工作的经验交流和合作。

（5）组织经互会有关国家共同规划某一工业部门和某一产品的生产。

（6）组织成员国关于改进国民经济计划化和管理制度方面的经验交流。

经互会计划工作合作委员会组织各成员国在计划工作方面进行多方面的合作，协调属于其职权范围内的各种问题，并讨论成员国的建议。它根据经互会会议、执委会或常设委员会的决议，将有关建议提交经互会会议或执委会审议。计划工作合作委员会根据其本身的建议和决议，以及经互会会议、执委会的建议和决议，准备关于成员国生产部门合作问题的多边协定草案。该委员会对各成员国执行经互会会议、执委会的建议（根据计划工作合作委员会报告通过的）以及委员会本身的建议进行经常性的监督。

计划工作合作委员会的常设机关是办事处。办事处由各成员国委派一名通常是中央计划机关副主席级别的人员组成。该委员会还设有履行职能所必要的其他工作机构。该委员会可通过关于召开科学会议和其他会议的决定，有权向常设委员会和其他同级机构征询和索取有关问题的材料、意见和建议。该委员会向科学技术委员会提供有关的工作报告，首先是关于编制预测、拟定共同规划、协调五年计划和长期规划等方面的工作报告，并通过有关上述问题的建议和决议。

计划工作合作委员会由成员国中央计划机关的主席参加。该委员会会议主席由各国代表按照国家名称的俄文首字母顺序轮流担任，任期为一年。

该委员会负责批准不少于一年期间的工作计划，并根据需要召开会议，一年不得少于两次。委员会向经互会执委会提出年度工作报告。它的办事处的职能由经互会秘书处执行。该委员会会议通常在经互会秘书处所在地莫斯科举行。1973 年 6 月举行的经互会计划工作合作第 27 次会议上通过了关于进一步提高经互会计划工作合作委员会在实现"综合纲要"中的作用和责任的决议。

4. 经互会科学技术合作委员会

经互会科学技术合作委员会的主要任务是：

（1）组织实现"综合纲要"中有关科技方面的规定，组织成员国多边和双边的科技合作，以便最充分和最有效地利用各成员国的科学技术潜力。

（2）在做好分工、协调各成员国进行科技研究的基础上，促进各成员国科技的加速发展。

（3）组织成员国对科技方面的主要问题进行协商，并在解决这些问题时给予帮助。

（4）在多边合作基础上，组织和协调成员国在五年和长期国民经济计划中有关科技方面的重要问题；对成员国的国民经济发展远景、加快新科技的发展速度、建立国民经济新部门、生产新产品等方面的重要科技问题，进行调查和研究，给予帮助并组织合作。

（5）拟定关于在成员国国民经济中采用最新科技成就和先进生产经验的建议；组织关于世界科技成就的研究。

（6）编制某些科学部门的预测，组织有关成员国就一些科技问题进行共同规划。

经互会科学技术合作委员会的职能包括：

（1）拟定关于促进工业不发达成员国科技发展的措施和给予帮助的建议；通过组织合作的方式，培养和提高成员国科技人员的业务水平；在加强成员国科技情报合作方面给予协助。

（2）建立成员国国际科技情报系统。

（3）对根据经互会科技原则建立的国际专业化组织的活动进行分析，并且对其进行的科技合作加以协调。

（4）提供成员国参加国际科技组织的意见，并组织信息交流。

（5）拟定关于扩大调研工作的合作计划，关于生产专门的科学仪器以及其他必需的机器设备和稀缺材料的建议。

（6）拟定成员国科技合作的组织和方法、经济和法律原则，组织成员国在科技计划工作和管理工作的经验交流。

（7）委员会协调经互会各常设委员会同其他同级机构进行的科技合作。

（8）采取措施消除成员国科技发展中的重复现象，总结成员国的科技发展成果。

（9）委员会根据自身建议及其他机构的建议和决议，起草有关成员国间科技合作问题的多边协议草案，包括帮助建立国际科学研究所、设计机构、联合实验室、临时性的科学研究单位、科学生产联合公司、协调中心等。

科学技术合作委员会与"经互会成员国科技机构领导人会议"的工作进行密切合作和互相配合。它有权向常设委员会及其他同级机构征询和索取有关的资料、意见和建议。委员会召集科技会议、讨论会和其他国际会议，设立经常性和临时性的工作机构并确定其工作任务。委员会还对成员国执行经互会会议、执委会的建议以及委员会本身的建议情况进行监督。

科学技术合作委员会向经互会计划工作合作委员会提供工作报告，首先是关于编制重要科技方面的预测和关于技术进步基本方向的工作报告。

科学技术合作委员会由各成员国的科技委员会主席或部长或科技主管机关领导人构成。该委员会会议主席由各国代表依照国家名称的俄文首字母顺序轮流担任，任期一年。

科学技术合作委员会根据经互会会议、执委会的决议和建议，按照年度工作计划进行工作。委员会在需要时举行会议，一年不得少于两次。委员会每年要向执委会提出工作报告。委员会秘书处的任务由经互会秘书处执行。

5. 经互会常设委员会

经互会常设委员会是根据经互会会议的决定建立的，其宗旨是：促进成员国间经济联系的进一步扩大；协助在成员国间建立多边的经济和科技合作，促进国民经济各部门之间的有计划发展；协助社会主义国际分工的完善；促进加速科技进步和提高劳动生产率；促进成员国之间原料和产品的流通。

经互会设有 20 个常设委员会，其中大多数是部门性质的。常设委员会根据经互会章程和常设委员会的工作条例进行活动。

为实现上述宗旨，常设委员会有以下职能：

（1）协调成员国国民经济有关部门的发展计划。

（2）拟定关于最合理和有效地利用成员国的生产设备、原料、材料、产品、国民经济投资的计划；关于拨付对两个或更多成员国的建设项目的投资；关于生产专业化和协作等的建议。

（3）拟定成员国的科技合作问题的建议，其中包括关于协调科技研究、科技成就和先进经验交流的建议。

（4）研究成员国产品统一标准问题，并且制定有关劳动生产率、产品成本、技术经济指标等的计算方法。

（5）常设委员会在其职权范围内，对成员国执行本委员会决议情况进行系统监督，定期听取各成员国代表团关于执行建议情况的报告，必要时制定促进建议执行的措施。

经互会各成员国均派有代表团参加常设委员会。代表团团长通常由各国部长或国家委员会主席、副主席担任，团员通常为国家计划部门、各部或主管机关的领导、企业或科学研究所的领导人。参加常设委员会工作的还包括各国代表团的顾问和专家。经互会成员国拥有数量众多的专家，有 1000 多个科研单位参加常设委员会有关问题的研究工作。

经互会各成员国本着自愿原则，根据本国需要参加各相关委员会。例如，蒙古人民共和国参加了经互会对外贸易、农业、轻工业、食品工业、建筑业、统计、运输业、金融、标准化、地质、电力、邮电事业等常设委员会的工作。

6. 经互会秘书处

经互会秘书处是经互会的行政执行机构。秘书处的基本任务是，根据经互会各机构的工作计划准备相应的材料。

经互会秘书处的职能是：

（1）组织筹备并协助举行经互会各机构的会议和经互会范围内的各种会议，根据经互会机构的工作计划为这些机构准备或协助准备材料。

（2）根据经互会各成员国的资料，编写经济简评和进行经济研究，编制经济研究资料以及成员国经济和科技合作问题方面的信息资料。

（3）准备经互会工作问题的方案，提交经互会有关机构审议。

（4）拟订经互会各机构的工作计划草案，为经互会各机构召开会议准备与分发材料。

（5）按照经互会各机构的建议和决定，与常设委员会共同制定成员国经济和科技合作问题的多边协定草案。

（6）对经互会各机构的建议和决议以及执行情况进行登记备案，并提出相关建议交执委会和常设委员会审议。

（7）秘书处还负责有关的财务工作。

秘书处工作具有独立性，包括对所审议的问题提出的观点、建议和意见，并保持同经互会各机构必要的工作联系。

秘书处由各国经济、国际法、财政及其他领域的专家、技术人员和服务人员组成。各国推荐到秘书处工作的专家，应具备必要的理论素养、实际工作经验、组织能力并通晓俄语。

经互会秘书是经互会的主要负责人，由经互会会议任免；副秘书由执委会任免。秘书及副秘书任期均为四年，可以连选连任。

秘书处的机构及其人员编制，由执委会批准。

经互会秘书、副秘书和秘书处其他工作人员，作为国际组织官员履行自身职责。为了使秘书处工作人员能独立履行职责，根据"经互会职能、特权和豁免权"协议，给他们提供特权和豁免权。

秘书处所在地设在莫斯科。秘书处所需经费及其行政事务开支由成员国负担。每个成员国分摊的份额，由经互会会议决定。

经互会秘书处接受经互会各机构的委托拟定需要审议的问题。例如在1957年有一半以上需要审议的问题都是由秘书处准备的。

从1959年开始，秘书处根据各成员国和各机构提供的资料，用俄文出版《经济情报公报》。为了进一步加强关于经互会工作的报道，从1974年第1季度开始出版《经互会成员国经济合作》替代此前出版的《经济情报公报》，作为经互会秘书处的机关刊物。为了扩大信息的覆盖面，每年还用俄文和英文出版经互会一年来的工作概览。秘书处也出版一些非定期书刊，如在经互会成立20周年时出版了经互会工作概况。

7. 国际会议

组织和举行成员国参加的各种国际会议，对经互会成员国经济和科技合作的加强和完善，对成员国的"社会主义经济一体化"的发展，起着重要的推动作用。在举办国际会议期间，会议组织国的有关机构之间能够互通信息并交换意见。会议可以提出建议送交执委会审议，并且同经互会各常设委员会也保持联系。会议通过有关工作组织和程序问题的决议，并对职权范围内的问题与有关国家进行协调。

经互会举行的各种国际会议，一般是每年举行一次或两次。以下介绍几个较为重要的由成员国代表参加的国际会议。

"经互会成员国水利机关领导人会议"，开始于 1962 年。它负责制定成员国水利资源综合利用的原则和方法，以满足国民经济所有部门的需要。会议拟定关于保护地面水与地下水不受污染、堵塞和毒化最有效方法的建议，拟定关于在勘查和设计工程方面采用最新科技成果以及关于利用水利系统和建筑物的建议。

经互会有关成员国水利机关的专家们参加临时工作组的工作。会议所需要的相关资料，根据会议委托，直接由经互会秘书处水利组进行准备。《水利公报》是"水利机关领导人会议"的机关刊物。

水利机关领导人会议通常一年召开一次。此外，对某些参加者感兴趣的问题，可以召开专家会议进行讨论。

"经互会成员国租船和船主组织代表会议"，开始于 1952 年 2 月。它确定有关成员国在租船、水运服务和外贸海运方面建立和加强合作等工作方案。1962 年成立了它的执行机构——船舶租赁协调处。通过该机构的工作，有助于解决成员国在水运方面存在的迫切问题，如提高本国船只运输能力以保证船只的充分利用；协调成员国在水运方面的运输服务；寻求定程航行效率更高的协调方法；互相提供船舶吨位和货物运输的计划。

"经互会成员国科技创新机构领导人会议"，它在多边合作基础上，拟定有关保护和利用科学发明、合理利用的法律问题的建议；组织有关成员国交换最重要的科技成果信息；在保护和利用科学发明、合理利用、商标等专利方面使有关国家的法律趋向统一。

科技创新机构领导人会议拟定关于成员国相互承认各个国家采用的科技保护文件、专利情报、证件和专利权鉴定的建议，审议在培养和提高成员国科技干部业务水平方面互相帮助的问题。

科技创新机构领导人会议通过的建议，按照规定程序在成员国执行；必要时由会议提出建议交经互会有关机构审议。

科技创新机构领导人会议的参加者是成员国科技创新机构的领导人。会议根据需要举行，但不得少于一年一次。会议举行时，要同经互会科学技术合作委员会保持密切联系。为了沟通情况，会议要向科学技术合作委员会报送工作计划，必要时还需要向该委员会报告自己的工作；并根据该委员会的要求，提出关于科技成果和专利方面合作的建议。

1969 年 12 月，执委会成立了一个常设机构——法律问题代表会议，以便研究有关经济和科技合作方面的法律问题，改进成员国经济和科技合作的法律原则。这个会议最重要的职能之一是同经互会常设委员会协作，草拟多边协定、公约、统一格式的法规和条例草案，以调整成员国之间的经济和科技合作。除此之外，该会议还探讨与促进各成员国经济和科技合作相适应的国际法规问题；组织成员国有关机构关于法律问题的经验交流和信息交换。

经互会成员国为了交换信息，互相咨询和交流工作经验，根据执委会决议，在 1968 年设立了"经互会成员国商业部长会议"，由各成员国商业部长参加会议的工作。

从 1972 年起，成员国商业部长会议作为经互会的常设机构开展工作。其职能是协助各国商业部在贸易方面的合作，向经互会有关机构提出关于加强商品生产国际分工的建议。该会议还拟定关于商业技术设备生产专业化和协作以及交换设备的建议。它促进各成员国商业部在贸易方面建立直接的多边科技合作；就商业问题进行协商，交流经验和情报。

商业部长会议根据需要在成员国轮流举行，一年至少举行一次。

8. 研究所

"经互会标准化研究所"和"世界社会主义体系国际经济问题研究所"，都是经互会的所属机构。"标准化研究所"是根据

经互会第 16 次会议的决定于 1962 年在莫斯科成立的。它开展有关标准化的理论性和实验性研究，制定关于统一各成员国标准和创造新标准的草案；提交关于最重要产品的标准化建议和关于在国民经济中采用各国拟定的最先进标准等建议。研究所提出建议交经互会机关审议，并召集专家会议。

"标准化研究所"所长和副所长从各成员国中挑选，经各成员国协商并得到"经互会标准化常设委员会"的同意，经经互会秘书处提出后由执委会任命。该研究所的咨询机关——研究所委员会的成员，由"经互会标准化常设委员会"确定。

1970 年根据经互会第 24 次会议的决定，设立了"世界社会主义体系国际经济问题研究所"。该研究所的任务是：对加强和完善成员国间合作与发展社会主义经济一体化进行综合研究；协助成员国有关科研机构研究经济合作中的相互协调问题，交换经济信息。

该研究所由经互会执委会直接领导。执委会根据经互会秘书处的提名任命该研究所的所长和副所长，批准该研究所的工作计划和工作报告，审查有关的科研建议。研究所的学术委员会由成员国的代表（每个国家两名）、所长和副所长、经互会秘书处代表组成。

以上是对经互会机构的简介。此外，经互会在每个成员国的领土上享有执行任务所必需的法律权力。经互会成员国的代表和经互会官员，在每个成员国的领土上享有执行经互会章程所规定的任务所必要的特权和豁免权。这些特权和豁免权是由 1959 年 12 月 14 日在索非亚签订的协议确定的。根据该协议，经互会作为法人，它有权缔结条约，有权购买、租赁和转让财产。经互会的会址不可侵犯。其财产、档案和文件无论置于何处，均享有豁免权，不受任何形式的行政和司法干涉。经互会豁免一切直接捐税，无论是全国性或是地方性的。在进口和出口专供办公用的物品时，经互会享有关税豁免权并不受其他限制。同时，在各成员国领土范围内，在次序优先、税率、费率、邮政和电信联系方面享受优惠条件。

经互会机构存在的主要问题是，组织形式和工作方法上的多级性和机构重复现象，因而不能消除在协调工作中出现拖拉现象。因此，经互会机构的组织形式以及各机构工作方法的不断完善，始终是经互会迫切需要解决的问题，这一点引起了各成员国的关注。改进经互会工作的关键在于克服经互会各机构存在的多级性和机构重复以及办事拖拉现象，特别是改进经互会秘书处和常设委员会的工作方法。

经互会第27次会议的决议提出，要改进经互会的工作。会议责成执委会和其他机构，根据第27次会议批准的原则和"综合纲要"规定的原则，采取措施来完善经互会的组织机构，以及改进成员国之间的合作。各国代表们曾建议：计划工作合作委员会在实现"综合纲要"中应该发挥更大作用；在成员国合作方面所采用的形式和方法，应该在较短时间内促进有关成员国在最重要的问题上进行合作。此外还指出，为了在成员国某些经济部门之间进行合作，应该成立经互会成员国之间的协调机构并建立生产最重要产品的联合企业。

总的来看，在经互会存在期间，根据积累的经验，为适应经互会成员国面临的新任务的需要，经互会的组织机构、各机构的工作方式和方法都处在不断的调整过程中，也在不断地寻求新的更加有效的组织形式和工作方法。

第三章

经互会发展的主要阶段

从经互会成立到解散，经互会的发展经历了四个阶段。第一阶段是经互会合作体制的创始阶段，从 1949 年经互会成立到 20 世纪 50 年代中期。第二阶段是从 20 世纪 50 年代中期到 60 年代中期，是经互会体制以其"章程"和《社会主义国际分工基本原则》为基础规定了行为准则。第三阶段是从 20 世纪 60 年代中期到 80 年代初期，这是经互会合作体制进一步发展的时期，也可以说是成员国"经济一体化"阶段，其主要标志是 1971 年经互会第 23 次（非例行）会议通过的《经互会成员国进一步加深与完善合作和发展社会主义一体化综合纲要》。第四阶段是以 1984 年 6 月举行的经互会最高级会议规定的经互会 80 年代经济战略为标志，使经互会国家的经济"一体化"迈入了一个新的阶段。但由于长期积累的矛盾日益加深，最后随着东欧剧变和苏联解体，经互会宣布解散。

一　创始阶段

第一阶段是经互会合作体制创始阶段，时间从 1949 年 1 月经互会成立到 20 世纪 50 年代中期。

243

经互会成立时提出的任务是，成员国交流经济建设方面的经验，彼此进行技术援助，并在原料、粮食、机器设备等方面进行互助。

苏联和东欧各国都曾遭到二战的严重破坏，当时所谓的合作，主要是东欧各国从苏联进口机器设备、原料、燃料、棉花、粮食；东欧国家则以相应的产品，如煤、石油、铁路设备、布匹、烟草、食品等供给苏联。

这一阶段经互会国家的经济合作形式为贸易往来、工业合作、科学技术援助、提供信贷、合办企业和培养干部等。

（1）贸易往来，即换货。在 1948～1952 年的 5 年中，各成员国之间贸易额增长两倍多。苏联是东欧各人民民主国家的主要贸易伙伴。苏联在各东欧国家外贸中的比例从战前 0.1%～1.1% 增加到对罗马尼亚的 56%，对阿尔巴尼亚的 50%，对匈牙利的 36%，对保加利亚的 50%，对捷克斯洛伐克的 35%，对波兰的 33%。经互会各国间的相互贸易占这些国家外贸额的绝大部分。如 1953 年，苏联为 80%，波兰为 70.4%，匈牙利为 77%，罗马尼亚为 84.4%，捷克斯洛伐克为 78.4%，民主德国为 75%，保加利亚为 85.7%；至于阿尔巴尼亚、蒙古则只同社会主义国家贸易，即 100%。

（2）工业方面的合作。苏联以贷款形式向东欧各国供应机器设备、铁矿石、石油、棉花等。到 1955 年，苏联提供给东欧各国的长期贷款总额为 210 亿卢布，援建企业 200 多个。1948～1952 年，苏联对东欧国家供应的机器设备增加了 9 倍，其中许多是成套设备，比较起来更侧重于重工业设备。

（3）科学技术合作。主要是根据经互会有关协定，相互交流国民经济各部门的工艺技术，无偿提供图纸、技术资料，派遣专家进行技术援助，相互介绍科技经验，而且主要是由苏联向东欧国家提供援助。

（4）合办企业。如苏罗、苏保、苏匈之间都办了合营企业。

到 1954 年时，还陆续"将苏联股份以优惠条件"移交给有关成员国。

（5）培养干部。苏联的高等院校每年接受经互会成员国的留学生，为它们培养科技专门人才。

应当指出，这些合作形式，对东欧国家恢复、发展经济和顺利进行经济建设起了重要作用。例如，到 1954 年，苏联和东欧国家的工业生产水平比 1937 年提高了 242%。与二战前的水平相比，1953 年波兰的国民收入增加 1 倍，保加利亚增加了 86.7%，捷克斯洛伐克增加了 60%。

二 规范行动准则阶段

经互会发展的第二阶段大致从 50 年代中期到 60 年代末。这一时期制定了经互会章程和《社会主义国际分工基本原则》。

1961 年 12 月举行的经互会第 15 次会议上制定并批准了《社会主义国际分工基本原则草案》。接着，1962 年 6 月在莫斯科举行的经互会成员国共产党的工人党代表会议上正式通过了《社会主义国际分工基本原则》。该文件规定，一些重要的生产部门实行国际分工的基本方向，标志着经互会国家之间的经济合作扩大到生产领域。《社会主义国际分工基本原则》的中心思想，强调了协调各国的国民经济计划，指出："协调国民经济计划是顺利发展和加深社会主义国际分工的主要手段"，"要在协调计划的基础上进一步完善社会主义国际分工，就必须加速发展在社会主义阵营内实现生产专业化和协作这种先进的分工形式"。"在社会主义阵营范围内实行生产专业化和协作化"，"促使在社会主义体系范围内扩大再生产形成最适当的比例"，进一步"完善"或"深化"社会主义国际分工。它提出："建立包括几个社会主义国家的生产综合体"，共同投资"扩大原有的原料和动力基地"，其目的是高速发展工农业，使成员国"先在工农业生产的绝对产量方面超过世界资本主义体系，而后在按人口平均的产品产量和劳动人民生活水平方面超过经济上最发达的资本主义国家"，"使所有国家大致同时过渡到共产主义"。这些做法总的目的是，推行国际分工，实行某些部门专门化，改变东欧国家的经济结构，使之适应于苏联经济发展的需要。

1962年成员国党代表会议通过的两个文件规定了经互会的宗旨、职能、机构以及活动的基本方向，经互会这套合作体制在这一阶段以"章程"和活动纲领式文件明确下来。

这一阶段经互会活动的主要进展是：

（1）开始（自1959年）协调成员国国民经济计划，包括长期计划。

（2）开始实现若干部门产品生产的专业化与协作化。某些国家在苏联控制之下放弃了某些产品，甚至传统产品的生产，发展供所有其他成员国需要的产品的生产，如民德停止生产飞机、大汽缸小汽车，而去生产船舶；匈牙利放弃了大卡车、1500吨以上船舶和收音机的生产，生产大轿车、河运船只等。

（3）开始进行某些共同项目的计划制订工作。

三　经济一体化阶段

经互会发展的第三阶段从60年代中到80年代初。这一阶段发表的代表性文件是1971年召开的第23次经互会会议通过的《经互会成员国进一步加深与完善合作和发展社会主义一体化的综合纲要》。这一阶段的特点是，"从协调换货向直接协调经互会国家生产、科技、基本建设等经济活动过渡"；即实现生产、科技、基本建设等全面的一体化，还建立了

国际投资银行和国际经济合作银行。

勃列日涅夫上台后，苏联对赫鲁晓夫提出的"全面开展共产主义"的冒进口号做了修正，批评了赫鲁晓夫的主观主义和唯意志论，提出"苏联已建成发达的社会主义"；但在实际上，却是过高地估计了苏联社会主义的发展阶段。安德罗波夫上台后，修正为只处在发达社会主义的"起点"，与此相适应，提出了"一体化"口号，企图实现以苏联经济为中心的经互会国家的经济"一体化"。据当时的苏联报刊论述，所谓"经济一体化"，是经互会各国国民经济"有计划地协调、互相适应的过程，是这些国家经济的结构朝着建立统一的经济结构方向适应和逐步改造的过程"。在这一过程中，"重新安排各国经济使之互相结合"，最后形成一个"新的经济共同体"。而当时"经济一体化"的特点是，各成员国之间的合作从流通领域扩大到生产领域，加深生产专业化及协作，加强科技合作，共同开发资源和建设大型工程项目。

在 1969 年 4 月召开的经互会第 23 次特别会议上首次提出"经济一体化"方针，会议决定着手拟定"进一步发展成员国经济和科技合作"的具体措施。经过两年多时间的讨论，在 1971 年 7 月举行的经互会第 25 次会议上，正式通过了《经互会成员国进一步加深与完善合作和发展社会主义经济一体化综合纲要》（以下简称《综合纲要》）。《综合纲要》是实现一体化的具体措施，它强调："加深和完善经互会成员国经济合作和科学技术合作，发展它们的社会主义一体化"，"在经济和科学技术各主要部门建立起深入而稳定的联系"。

《综合纲要》提出，在 15～20 年内，分阶段实现生产、科技、外贸和金融的"一体化"，规定了加强经济一体化的主要途径和手段。

（1）就经济政策的基本问题进行双边和多边协商，加强计划工作方面的双边和多边合作。

（2）有计划地扩大生产、科技方面的国际生产专业化和协作。

（3）有计划地扩大相互贸易并提高其效果。

（4）扩大成员国各部之间、各主管部门之间和其他国家机关之间的直接联系。

（5）发展现有的和新建立的国际经济组织。

（6）不断完善经济和科技合作的法律原则。

与前阶段只是在解决一些重要经济问题上的合作不同，《综合纲要》规定了经互会成员国在经济活动一切领域的合作，涉及生产合作和科技合作、对外贸易和金融关系以及改进合作体制及其组织和法律等方面的问题，其中的大部分措施都是相互配合的。这就使得建立经互会国家一体化的过程不仅范围更广泛，而且在它的各个环节上又是互相密切配合的。

《综合纲要》中包括有200多项有关成员国合作和发展经济方面的重要措施，特别注重协调各国在经济方面所有阶段的活动，从拟定预测、生产、投资一直到产品销售。它综合了经互会成员国合作的所有最重要的形式与方法，包括物质生产、科学技术、对外贸易及与第三国市场贸易等综合的合作形式。对于《综合纲要》通过后最近几年的措施，还规定了具体的期限与实现这些措施的机构，而对于较长时期的措施，则是根据各国准备的程度以及有关的问题而规定的。

考虑到罗马尼亚等国家的反对意见，《综合纲要》提出，一体化要在各国完全自主的基础上进行，"不因此建立超国家的机构，也不涉及各国的内部计划、财务和经济核算问题"；但在实际执行中，却一步步朝着苏联原定的方向实施。

《综合纲要》更重要的方面是，通过协调长远计划，共同出资开发资源和兴建一些大型工业企业，而这些企业主要设在苏

联。根据《综合纲要》规定的原则，1975 年 6 月经互会第 29 次
会议上讨论并通过了《经互会成员国 1976 ~ 1980 年多边一体化
措施协调计划》。该计划规定，由各有关国家联合投资建设一批
预算造价约为 90 亿转账卢布的项目。在苏共"25 大"上（1976
年 2 月）勃列日涅夫称，"这个纲要把社会主义国家合作提高到
比仅仅是发展贸易要高得多的程度"，并提出了制定"长期专项
纲要"问题。接着，在当年召开的经互会第 30 次会议作出了制
定长期专项纲要的决定。到 1978 年，经互会召开第 32 次会议，
通过了关于燃料和原料、农业和食品工业以及机器制造业的 3 项
长期专项合作纲要。1979 年，经互会第 33 次会议又通过了关于
日用工业消费品及交通运输两项长期专项合作纲要。这些项目预
定在 1990 年前实现。这样，通过这些合作纲要，到 1990 年，经
互会各国的合作几乎把重要生产领域和科技领域都包括在内，使
经互会成员国的经济发展更趋一体化。苏联这样急于搞专项合作
纲要，是因为苏联当时燃料、原料增产缓慢，而东欧国家亟须得
到供应；同时苏联这一时期又大量借债，1971 ~ 1975 年它从西
方国家获得贷款达 120 亿美元，1975 年和 1976 年两年又出现巨
额债务逆差，因此，亟须发展燃料和原料生产，以满足国内需要
和向西方国家出口还债。东欧国家也有这方面的需要，从而成为
东欧国家可以接受这种一体化的重要原因。

四　制定国家经济战略阶段

第四阶段是从 20 世纪 80 年代苏联提出经互会国家经济
战略到 1991 年经互会解体。这一阶段是经互会面对
日益严峻的国内外经济形势，力图进一步加强合作，但终因积重
难返而解体的阶段。

1981 年 2 月，勃列日涅夫在苏共"26 大"提出新任务，要

求经互会各国除协调计划外，还要协调经济政策，采取各种形式把资源联合起来，使下两个五年计划期间成为加强生产协作和科技协作的时期。

根据苏共"26大"的方针，苏联认为，纲要的任务已基本完成，现在需要提出经互会国家的统一经济战略，并要求各成员国协调配合。1983年6月召开的经互会国家党的领导人最高级会议，就是为了贯彻这一经济战略而召开的。这次会议发表了两个文件，在政治上是共同对敌，经济上是加强一体化；在解决原料、燃料、机器制造业与农业发展等问题方面加强合作；特别是决定共同制定15～20年的科学技术进步综合纲要，把资源和人力集中到优先发展的、有决定意义的先进技术领域，如电子技术、微处理器、自动化系统等方面，达到先进技术设备的自给自足，保持对西方国家在技术上的独立性。虽然在经济方面提出可同西方国家发展关系，但应优先发展经互会各国间的关系。苏联力图通过加强一体化，改变经互会国家科技落后的面貌，首先在先进技术上达到自给自足。

（一）苏联提出经互会国家的经济战略

1. 80年代初苏联经济面临的主要问题

（1）原料、燃料开采越来越困难，石油、煤、铁矿石的产量增长缓慢，或停滞不前。石油产量的增长速度越来越慢，1980年为6.03亿吨，比上一年增长700万吨，1981年比上一年增长600万吨，1982年比上一年增长400万吨，1983年比上一年增长300万吨。煤产量自1975年以后一直徘徊在7亿吨多一点，1979年为7.19亿吨，1983年降至7.16亿吨。铁矿石产量1977年为2.40亿吨，1979年为2.42亿吨，1980年为2.45亿吨，1981年为2.42亿吨，1982年为2.44亿吨，1983年为2.45亿吨。原料、燃料的产地主要在西伯利亚，离东欧国

家越来越远，增加了开发和运输的困难，难以按照东欧国家的需要供应。而且，东欧国家不断发展加工业，因加工业获利较大，因此这方面的发展较快，从而使能源、原料的消耗甚大，使得苏联的供应包袱越来越重。同时，在1973年后，原料、燃料涨价，苏联依靠原料、燃料涨价获得它所需要的外汇来进口机器设备和粮食等，因此就迫切需要在开源节流方面寻求出路。

（2）农业一直是苏联经济的薄弱环节，1979～1984年，已是6年连续歉收，预计的生产计划远未完成（谷物原定1981～1985年为2.38亿～2.43亿吨）。农产品和日用消费品供应都成问题，亟须东欧国家在农产品和日用消费品的生产与供应上给予协助。

（3）苏联和东欧国家都负有大笔西方外债，苏联自己还过得去，有些东欧国家还本付息的困难很大。如果偿还外债影响国内消费，影响投资，社会就会不稳定。一些东欧国家本应供给苏联的高质量的产品却转向西方去还债，有的国家不能履行供货合同。

（4）苏、美军事对峙不断强化，使得苏联进口新技术设备、贷款等受到西方的限制。苏联亟须统一东欧国家的步调，共同对敌。而东欧国家则各有打算，各行其是。

因此，苏共"26大"提出不仅要协调经互会各国的计划，还要"使整个经济政策配合起来"，"使下两个五年计划成为各社会主义国家加强生产协作和科技协作的时期"。"26大"召开以后，苏联报刊就不断宣传经互会在80年代的经济战略，并要求经互会国家为此统一步调。

2. 经济战略的主要内容

（1）协调经互会各国科技进步的发展战略，80年代要集中力量优先发展下述领域：微型或小型电子计算机、自动化系统、机器人、原子能、新材料工业、采矿业、运输设备、建造大功率的技术设备、节能设备等。

加速掌握这些先进技术，是为了加强经互会国家在世界市场上的竞争地位，为了使西方国家的任何"制裁"、"抵制"不能破坏经互会国家在经济关键部门的再生产过程。

（2）对西方国家采取一致的应对战略，其目标是：增加产品出口的比重，减少粮食进口，减少原料、材料和技术设备的进口，在经互会国家内通过合作来进行这些产品的生产，以保证经互会国家在技术经济上同资本主义市场保持必要的独立性。

（3）经互会国家要共同解决燃料、原料供需问题，必须修正经互会内部以往的分工概念，不能再指望仅从苏联方面增加原料、燃料的供应。解决的途径要靠搞合作项目，需要东欧国家投资开发苏联的原料、燃料资源；要建设原子能发电站，以节约燃料，并需开发其他的非传统能源；更重要的是，要东欧国家采取节能措施，多利用本国资源。因此，经互会国家必须有一致的战略，依靠科技进步来解决这个问题。成员国相互间的贸易也要提高质量，扩大稀缺材料的出口，主要靠发展专业化协作多生产成品的零配件来扩大贸易额。苏联的打算是，这样就可减轻苏联对各成员国的负担，同时可以把增加的石油、天然气产量向西方出口。

（4）把增加农产品生产"作为战略的中心任务"。减少从西方的粮食进口，要求东欧国家增加对苏联的食品及轻工业消费品的供应。苏联农业一直歉收，急于减轻进口粮食负担，要求东欧国家与苏联一起来加强农业生产。与此同时，要求增加农业机械设备、食品工业设备、仓库设备的生产。

（5）要求经互会国家进行计划协调。经济战略的协调要通过计划协调来实现。先前的长期专项纲要已经不够了，现在要通过计划协调使国际分工服从于经互会国家加速科技进步，完善其生产结构和全面集约化的要求，服从于使经互会国家在技术经济方面同资本主义市场保持必要的独立性。

这实质上是一个更趋向自给自足的经济战略，是对世界经济进一步关门的战略。

（二）统一经互会国家的步调，贯彻苏联提出的共同经济战略

1983 年 6 月 12～14 日，召开了经互会最高级经济会议，各成员国党的总书记参加（古巴总书记未出席，由政治局委员罗得里格斯出席）。上次最高级会议于 1969 年 4 月举行，已过去 15 年。

这次会议的议程是：制定关于经济发展，加强国际分工，把力量进一步集中到科技进步的关键部门和大力发展经济一体化的共同战略。会议通过了两个文件：《关于进一步发展和加强经互会成员国经济与技术合作基本方针的声明》和《维护和平和国际经济合作宣言》。紧接这次会议，举行了由各国政府领导人率团参加的第 38 次（非例行）会议，通过了实施最高级经济会议的各项决议的措施。这次最高级会议总结了 1969 年经互会第 23 次特别会议（最高级会议）以来经互会所取得的成就，充分肯定了经济一体化的方针。会议决定进一步完善和发展经济一体化综合纲要，对科技合作问题给予了较大关注。会议提出了下一阶段经互会成员国在经济合作方面的最重要任务：经济向集约化道路加速过渡，依靠完善社会生产结构，更好地使用科技潜力等来提高经济效益；进一步发展社会生产，提高产品的技术水平和质量，加速产品的更新换代，发展出口潜力；更合理地配置生产力，加速经互会成员国经济发展水平逐渐平衡的过程，特别是越南、古巴和蒙古的经济发展水平与经互会东欧成员国的水平逐渐平衡的过程。会议决议的根本目的是加速经互会成员国的经济一体化，主要有以下几点。

（1）协调成员国的国民经济计划，集中力量解决优先任务。在协调国民经济计划时，不仅要有计委机关参加，还要有外贸机关、有关部门的管理机关参加，必要时还要有经济组织（企业）参加，以便确定国际分工专业化的基本方向，以保证增加最重要商品的产量和相互供应。在协调过程中，要优先考虑专业化分工和协作项目以及建立合营公司，保证按时供货及供货的比例和结构。会议再次强调：在协调工作完成后，在制定各国经济计划时要体现已达成的协议，加强企业之间的联系，并为创立合营公司及其他国际经济组织创造条件。

（2）制定为期 15～20 年的科学技术进步综合纲要，认为实现经互会国家共同经济战略的主要环节是加速各国的科技进步。通过综合纲要可以把资源、人力集中到主要的有决定意义的科技发展方向上来，即发展电子技术、自动化系统、原子能动力、新材料、新工艺和生物工程等。在生产中，要广泛采用电子技术和自动化手段，加速生产的机器人化，加紧安排生产电子技术所需的稀缺设备和高纯度材料。在下一五年计划期间，仅苏联就准备生产 10 万台工业用机器人，2000 个灵活的自动化生产系统，并提出建立发展机器人与自动化系统的国际中心，以此来改变生产结构和生产方法，以保障社会主义国家技术经济的独立性。会议提出，要加强机器制造业方面的专业化分工与协作，生产新一代产品，向关键部门提供优质的具有世界水平的机器设备。要特别注意发展电子计算机、原子能发电站设备，发展电子工业、微处理器技术和机器人技术，广泛装备国民经济的各个部门，减少从西方的进口。

（3）加强在能源、原材料方面的合作。首先要求采取各种措施节约能源和原材料，包括采取先进工艺、现代化设备、改变原材料和能源的生产和消费结构等措施，来降低能源与原材料的消耗。其次是采取新技术来发展能源和原材料的生产，特别要注意发展原子能发电站，并提出制定至 2000 年的原子能发电站和热电站的计划，要充分利用本国资源（如褐煤）来发电。

（4）强调经互会成员国在发展农业生产和和轻工业生产方面的合作。为此，要具有先进机械和先进工艺，促进农副产品和食品加工业的发展，减少运输、储存及食品生产中的损失，强调增加食品和轻工业产品的相互供应量。会议把解决经互会国家的农业问题称为"头等任务"。

（5）会议提出，准备同世界上所有国家特别是发达资本主义国家发展互利的经济贸易联系和科学技术交流；但又强调，首先是在经互会长期纲要和协定的基础上扩大这种联系。据保加利亚党报透露，经互会国家将首先同社会主义国家发展经济关系，此外才在互利、不干涉内政和平等基础上同发达资本主义国家发展经济关系。

因此，这次最高级会议所贯彻的共同经济战略，实质上是在经互会国家的国内外形势发生新变化的情况下，特别是在技术革命挑战的形势下，力图通过经互会国家在生产、科技、外贸等方面加强一体化的办法，共同努力改变技术落后状态，以保证在经济技术方面保持对西方国家的独立性，保证经互会国家的"经济安全"，不受"制裁"和"禁运"之害；同时，力争在世界市场上加强竞争力。苏联《新时代》杂志 1984 年第 4 期刊载的皮萨列夫斯基的文章早就表明这一点。文章说："美国和其他帝国主义国家的统治集团向世界社会主义发出的不仅仅是军事挑战。因此，经互会成员国不得不首先自力更生，奉行计算机技术、微处理器等在国民经济各部门都使用的先进设备自给的方针"。文章在谈到同西方进行贸易时说："在贸易上也同其他经济领域一样，需要持冷静、慎重的态度，精确估量本国的可能性。例如，这既要有助于苏联同西方顺利地进行贸易，也要有助于同任何伙伴打交道时保持绝对独立的地位"。

　　1985 年 12 月 17～18 日，经互会在莫斯科举行第 41 次非常会议。这次会议是在美国提出"战略防御计划"和法国提出联合西欧国家力量的"尤里卡计划"的形势下召开的。经互会国家意识到，今后在科学技术领域的竞争将左右国际力量的对比，经互会国家必须调整合作方针，必须把加快科技进步放在合作的主要位置上来。为此，这次会议讨论并通过了《2000 年前经互会国家长期科技合作综合纲要》。这是经互会国家进一步加强经济一体化的又一重大步骤，标志着经互会国家的科技合作和一体化进入了一个新的阶段。

　　《科技合作综合纲要》的中心内容是加快成员国的科技进步，推动科技成果迅速转化为生产力。它规定：2000 年前，经互会国家要在国民经济电子化、综合自动化、原子能动力、新材料与新工艺和生物工程等 5 个最先进的科技领域有突破性的发展，使成员国的社会劳动生产率至少提高一倍。它还规定，要在生产和生活领域广泛采用电子技术，使很大一部分人从手工操作和单调的劳动中解放出来。在原子能发电方面，要在原有反应堆技术上进一步改进，研制快速中子反应堆。为了保证上述目标的实施，这次非常会议决定，准备成立一系列科技中心，建立科技生产联合公司，组织各国科研力量联合攻关；准备建立科技干部学习、培训、进修中心以及联合实验室，加强对科技干部的培训；建立各国企业和科研机构之间的直接联系，形成"科技—生产—销售"的完善体系；增设新材料和新工艺研制合作常设委员会和生物工程常设委员会；进一步协调各国的科技政策。同时，根据《科技合作综合纲要》的规定，经互会国家还将扩大同非经互会成员国的社会主义国家、发展中国家和其他国家进行多方面的科技合作，以促进经互会国家的科技发展。自《2000 年前经互会国家长期科技合作综合纲要》实施以来，经互会国家的几百家科研、设计和生产单位已着手进行合作，至

1987 年 3 月底，经互会国家共同研制出近 400 种工业新产品、新材料和新工艺。

但是实践证明，经互会在 20 世纪 80 年代进行的经济战略调整并未完全奏效。进入 80 年代后期，经互会国家的经济面临着更大的困难。最后，经互会也随着东欧剧变和苏联解体而被宣布解散。

第四章

经互会成员国经济合作
体制及其特点

一　经互会成员国经济合作体制

40 多年来，经互会国家之间的协作，主要是通过协调国民经济计划、科技合作、生产专业化与协作、共同建设联合项目和相互贸易，以及货币金融和信贷合作等方式来实现的。

（一）协调国民经济计划

协 调国民经济计划是实现经互会综合纲要的基础，是经互会成员国之间进行经济合作的最主要方式，也是加深成员国国际分工和经济一体化的主要措施。

在经互会国家中，在经济计划工作合作方面起主导作用的是各国的中央计划机关。它们负责组织这项工作，还广泛吸收有关的主管部门、联合公司、大型企业参加，同时利用政府部门与经济组织之间的直接联系。经互会成员国中央计划机关的主席经互会范围内进行经常性合作。作为经互会主要机构之一的经互会计划工作合作委员会，在建立这种合作中起着重要作用。

经互会成员国在协调国民经济计划的过程中，对它们所制定

计划草案的重要方面和基本方针相互提供情报，同时对于在相互关心问题方面发展对外经济关系所拟订的方案进行协商。在经互会成员国中央计划机关领导人签署议定书以后，协调国民经济计划工作才告结束。有关国家也以类似的形式结束协调工作，如签订政府间协定等。协调国民经济计划的最终结果，是用签订相互供应的长期协定和关于经济部门合作的经济协定的形式固定下来。根据商定问题的性质，签订政府之间的协定或者是签订经济组织之间的合同。经互会计划机构在组织协调各国计划过程中提出的提案则采取建议的形式，是否实行由各国有关机关自己决定。

在经互会活动初期，各成员国制定本国国民经济计划在前，各国相互协调国民经济计划在后。为了使协调的计划更加紧密，自1966年起，经互会改变了协调计划的做法，即由原来的各成员国先制定本国计划然后进行协调，改为先由经互会协调计划然后由各国在协调基础上再制订本国的计划和双边、多边协定。

经互会国家协调国民经济计划的主要方向和内容包括：磋商经济政策的基本问题；编制关于经济、科技方面重要项目的预测的经验交流和合作；协调国民经济主要部门生产方面的规划；协调国民经济五年计划；成员国关于改进国民经济计划与管理制度的经验交流；协调国民经济发展的远景规划等。

1. 磋商经济政策的基本问题

对经济政策的基本问题进行磋商是经互会成员国进行经济和科技合作的重要形式之一。就经济和科技政策的基本问题定期进行磋商，是从《综合纲要》通过后开始的。

在经互会范围内多边协商以及在有关国家间双边协商的基础上，经互会成员国按照它们商定的形式和程序，对经济和科技政策的基本问题进行相互磋商。需要相互磋商的问题由有关成员国协商决定；在哪一级相互磋商由各国根据所讨论问题的性质和内容而定。

相互磋商的内容包括：经济和科技政策的基本方针和手段（它们决定国民经济主要生产部门和其他领域的相互合作的形式）；改进成员国经济和科技合作的问题；协调计划和更充分地利用商品货币关系之间的有机联系问题；对外经济政策的基本方针，包括关于创造有利条件以利于发展生产、科学和技术领域的专业化和协作方面的设想。

经互会成员国进行相互磋商的目的是在制定国民经济计划和采取经济措施时能将相互磋商的结果考虑进去。有关国家关于商定问题的磋商，以作出相应的协定、议议书或其他文件的形式确定下来。各成员国，在制订自己的国民经济计划和采取经济措施时，在编制预测、协调计划、生产专业化和协作等方面进行合作时，在科技领域进行合作时，在发展对外贸易和金融关系方面进行合作时，应考虑在磋商中讨论过的问题，以及已签订的协定、议议书或其他文件。

2. 编制关于经济、科技方面重要项目预测的经验交流和合作

经互会国家经济预测的对象是科技进步、资源、社会需求和再生产的物质条件。经互会成员国和经互会各机构编制预测的工作，是在协调计划工作以前进行的。

根据《综合纲要》，成员国在编制关于经济、科技方面重要项目的预测方面的合作，主要是交流编制预测的方法和组织情况，交流有关各国科研机构在经互会机构内共同编制各种预测的经验。

在《综合纲要》通过后，经互会计划工作合作委员会拟定并批准了《经互会成员国在预测工作领域合作方面的组织与方法的基本原则》（简称《组织与方法的基本原则》），作为制定关于个别部门预测的具体方法的基本依据。这个文件还规定了在这方面合作的基本方针和基本形式、共同预测的基本程序和方法。

经互会成员国的共同预测和交换预测工作，是针对各成员国

能源基地（包括核动力），黑色和有色金属原料基地（包括地质勘察工作），造纸业、轻工业、黑色和有色冶金业、石油化工业等国民经济的重要部门的科技项目进行的。

关于预测工作的重要结果，由经互会计划工作合作委员会定期研究，并在经互会国家协调长远规划和五年计划时加以考虑。

3. 协调国民经济主要部门生产方面的规划

对国民经济主要部门生产的共同规划的内容包括：编制发展国民经济主要部门的长期的技术和经济预测；协调有关解决各项问题的共同的科学技术方针；确定完成协作的科研和设计工作的题目、期限和方法；实现共同拟订的使产品质量达到世界水平的措施；确定对产品的长远需求，确定为扩大生产在有关国家间分摊物力和财力的可能性；拟定准备生产的计划和广泛的专业化和协作，规划产品的销售量和协商相互供应的经济条件。

协调国民经济主要部门生产的规划，以协作国家的政府间或主管机关间签订协定或合同的形式固定下来。这些协定和合同是它们间签订贸易协定和合同的根据。

4. 协调国民经济五年计划

在经互会活动的初期阶段，协调各国发展国民经济计划在一定程度上是通过双边贸易协定的方式实现的，没有扩展到生产领域。

1954～1956年，经互会第一次对成员国的1956～1960年的五年计划进行了协调，主要是协调几种主要的原材料、能源和其他最重要的产品的相互供应。之后，对国民经济五年计划的协调成为经互会的重要活动之一。

经互会国家协调国民经济五年计划的范围日益扩大。从开始时只对原材料、能源等国民经济最重要产品的生产进行协调，扩展到对国家重要的科研工作、农业和运输业的某些方面进行协调。协调五年计划的方法、组织和法律基础也是朝着日益固定的方向发展。经互会成员国通过缔结协定形式将经互会成员国之间通过协调达成一致的意见用法律形式固定下来。

5. 关于改进国民经济计划与管理制度的经验交流

《综合纲要》规定，经互会成员国应根据社会主义管理经济的列宁主义原则，系统地交流改善国民经济计划与管理方面的经验。

经验交流的内容包括：在确定发展经济和对外经济关系的基本目标和长远规划方面编制和利用预测的方法；国家计划在国民经济管理制度中的作用，国家计划工作在国民经济管理制度中的地位，改进计划方案的制定方法，准备做出决定的原则、标准和方法；国民经济计划工作中经济统计方法与模型的制定与运用；计划和管理制度在使生产达到最高技术水平中的作用，利用物质刺激和物质利益的问题，投资计划、拨款和使用问题，作为国民经济计划体系组成部分的对外经济联系问题。上述经验交流是在经互会成员国中央计划机构领导下，按照双边和多边方式进行的。

经验交流的基本形式首先是根据具体计划进行探讨。提供讨论的材料曾在成员国中央计划机构副主席会议上进行审议。经互会计划工作合作委员会将这些工作经验进行讨论和总结，并提出有关专题性建议以及关于今后工作方向的建议。

经验交流的另一种形式，是定期交换国民经济的计划和管理方面的主要标准文件。举行学术会议、讨论会和研究会也是经验交流的一种形式。

6. 协调国民经济发展远景规划

经互会第 8 次会议规定，在经互会范围内对成员国发展国民经济 10～15 年的远景规划进行协调。

会议责成经互会常设委员会着手研究某些生产部门的发展远景，以便研究 1965 年以后各成员国在这些部门中进行经济和科技合作的基本问题。会议指出，由于没有商品流通的远景规划，不能对各国之间的运输包括各种不同的运输形式进行协调，在成员国的国际运输方面也缺乏应有的协调，因此引起车辆周转不灵，对海运与港口也不能有效的利用。会议认为，有必要拟定关于协调远景时期（10~15年）成员国提供的各种运输工具（在考虑自己的经济条件下）的建议，以保证进出口货物和中转货物的便利运输。

经互会第13次会议（1960年7月），针对各国进行的关于制定国民经济长远规划工作，通过了关于组织经互会机构协调成员国长远规划的决议。

制定长远规划的目的在于，指明经互会国家10~15年发展国民经济主要部门和生产产品种类的主要趋向，反映各成员国在社会经济发展与科学技术进步方面的长期经济政策和基本目标，确定集中制定国民经济计划和各国参加国际分工的方针。

经互会成员国协调长远规划的工作，是根据各国间达成的协议按多边或双边形式进行的。经互会国家全面协调长远规划工作的成果应在协调五年计划时估计进去。各成员国中央计划机构主席级会议上审议协调的结果，最后由有关国家根据解决这些问题时达成的协议，签订相应的协定或协定书。

（二）科技合作

互会成员国的科技合作在发展中经历了几个阶段。

（1）1949年经互会第2次会议通过了关于科技合作的决议。它要求经互会国家互相交换或提供设计和技术资料；交换情报和许可证；互派学者、专家和熟练工人学习科技成就，进行生产教学和技术援助。此外，这时的科技合作还包括：成员国之间互相吸收科技工作者研究的技术问题及其进行的科学实验；在高等院校和中等学校培养科技干部；举行科学技术联席会议；成员国相互提供科学技术援助等。

从 1957 年起，经互会成员国之间的科技合作采取了一些新的形式，如科研和设计机构的合作，进行共同研究和设计工作，以及对发展科技的现行计划及长远规划进行协商等。进行合作的科技研究项目，涉及科学技术的各个领域。这些项目是根据经互会国家科研机构商定的科技研究计划确定的，并经各国有关科技合作的双边委员会和小型委员会的同意。这些项目有：改进生产工艺规程，生产过程自动化，在工业中运用计算机技术，企业工艺操作与管理工作的机械化和自动化，等等。

（2）随着经互会部门常设委员会的建立，经互会国家的科技合作进一步扩大。

经互会常设委员会除了研究经济问题以外，也研究科技领域的合作问题。常设委员会对科技研究和设计工作进行协调，组织各种科技会议，组织国际专家组传授经验。例如，根据经互会"电力常设委员会"的建议，研究了关于有效控制电力系统自动化方面的频率和输电功率、自动调节电力系统中的电压和无效功率、使用测算机等重要问题。

在经互会常设委员会内成立有关成员国的多个专家工作组（队）也是科技合作的一种重要形式。这些专家工作组的任务是：通过分析各国提供的资料或直接了解生产的方式，研究生产组织、生产工艺、生产过程机械化与自动化等方面的先进经验，研究工作方法，然后拟定关于改进成员国类似企业的工作的建议。

1962 年经互会第 16 次会议上成立了"科学和技术研究协调常设委员会"。

经互会成员国所进行的和共同关心的最重要的科技研究的协调，是在经互会机构内部按照所制定的科技研究协调计划进行

的。制定此项计划的根据是各国根据本国科技研究计划提出的建议。协调科技研究的目的旨在有效地利用科技研究领域中国际分工的有利条件，集中各国的科技力量，共同解决根据发展科技的基本方针提出的与成员国国民经济计划相结合的一些重要问题。进行协调工作时，科技研究及设计工作由有关成员国的机构进行，同时按科研课题的性质以其中一个机构为首。参加最重要科研课题的研究机构，按照问题或课题成立科技委员会，其成员包括各国科技方面著名学者和专家。科学协作会议和科技委员会的活动包括：根据各国的建议，制定研究工作计划并监督计划的执行；讨论和研究最迫切的问题；审议研究工作的总结并作出相应的结论；组织参加协作的研究机构间的经验交流、研究情况和研究成果的交流。在协调科技研究的过程中，定期举行科学协调会议，按照课题和任务制订科研工作计划，讨论工作总结，进行有关学术思想和科学假设的交流。这种协调工作进行得较为频繁，例如，就经互会"科学和技术研究协调常设委员会"协调的问题和课题，1970 年就曾举行过 71 次会议，有 2400 名经互会成员国和南斯拉夫的专家与学者参加了这些会议。

（3）《综合纲要》的通过进一步促进了经互会国家科技合作的发展。在《经互会成员国进一步加深与完善合作和发展社会主义经济一体化综合纲要》中，对科技合作的主要内容做了专门规定，即：就科技政策的基本问题进行相互协商，编制 10 ~ 15 年的科学技术预测；有关国家共同规划某些重要科技问题的研究；进行科学技术研究的协作；协调科学技术研究工作；交流科技成就和经验；加强科技情报、发明和专利事业方面的合作；培训科技干部；等等。

根据《综合纲要》提出的科技任务，1972 年，经互会科学技术合作委员会向经互会执委会提交了《1972 ~ 1975 年对有关 1976 ~ 1980 年和更长时期的科技政策基本问题进行相互磋商的实施纲要（草案）》。这个纲要根据成员国的情报，为 1976～1980 年与更长时期的合作，选择了科技的基本方向和主要问题。在选择基本方向时，一方面，把注意力主要集中在那些对国民经济发展具有重要意义和为顺利实现《综合纲要》提出的经济任务必须解决的问题上；另一方面，集中在最有科技发展前途的科研问题上。

1972 年 10 月，经互会执委会通过了《经互会成员国科技合作和经互会机构在该领域活动的组织方法、经济和法律原则》。其中规定了经互会国家进行科技合作的主要方面，并为进行这些方面的合作制订计划与拨付资金的手续，规定了转让科技成果和利用科技成果的主要形式及条件，双方在承担义务方面的责任以及解决纠纷的方式。

按照综合纲要的要求，各国共同解决以下问题：生物物理学方面的研究；提高现有食物的营养价值和试制高质量的新食物品种，培育农作物高产和杂交品种；研究试制"佩斯季齐迪"新产品和保护植物的新的生物药剂；制定保护自然环境的措施；农业、畜牧业和林业生产过程的机械化、电气化和自动化；木材的综合利用；研究世界海洋主要区域的化学、物理、生物现象，利用海洋矿物资源；用合成树脂制造新塑料和制定生产新塑料的新工艺；研究新的工业催化剂；制定金属防锈方法；试制新的高频半导体材料和金属；制定金属加工机床程序控制装置；试制新的计算机技术并在国民经济各部门应用；试制科学研究用的仪器、自动化工具和设备；进行组织管理控制论方面的科学研究；经互会有关成员国工业中使用原子能动力问题；等等。

在《综合纲要》通过后的时期内，经互会科学技术合作委员会又制定了经互会各国之间 1976～1990 年的科技合作的基本方针，并为在科技领域采用新的合作形式做了大量的工作。

根据《综合纲要》，为了提高协作机构履行所承担义务的责

任和分享物质利益，开始越来越广泛地实行以协定和合同为基础的科技合作。经互会成员国的主管机关、研究所、企业及其他组织之间在科技研究方面根据协定和合同实行协作。至 1981 年，成员国之间已签订了 205 项科技合作协定与合同，参与合作的组织达 3000 个。

在经互会第 23 次会议推荐的有关合作的新的组织形式中，在合作计划范围内建立合作组织最为盛行，有 500 多个科研、设计机构采用了这种合作形式。根据签订的协定和合同，成立了 36 个协调中心、两个国际科技机构、两个国际科学—生产联合公司。

协调中心。它是根据经互会成员国之间的协议，在成员国的科研机构制定和实行选题合作计划时，执行协调者职能的机构。协调中心的职能通常由各国的科研机构、设计组织及拥有相应科学技术基地的其他组织执行。

国际科技机构。它作为专业机构，是根据协定和议定书与经互会结合在一起的。它在工作中要考虑经互会有关机构的建议，根据这些机构的要求，向它们提供必要的情报等。国际科技机构包括经互会成员国成立的联合实验室。1968 年波兰科学院、保加利亚科学院、民主德国科学院和苏联科学院在波兰的弗罗茨瓦夫设立的国际强磁场和低温实验室，便是这种实验室的例子。

国际科学—生产联合公司。它是通过自己的独立经济活动完成任务的。在这些联合公司中，可以设立有关科研、设计、生产、销售和辅助工作等分支机构，也可以通过同各国有关机构及有关国际组织签订经济合同的方式完成自己的任务。有关国际科学—生产联合公司的建立和活动的规章和条例，与国际科学技术组织相同。从 1972 年 3 月 1 日开始实行经济核算制的经互会"国际原子能仪表公司"，就是科学—生产联合公司的一个例子。它的创始成员是保加利亚、匈牙利、民主德国、波兰、苏联、捷克斯洛伐克的经济组织、生产企业、对外贸易联合公司和科研机关。

(4) 随着由苏联提出的 20 世纪 80 年代经互会国家经济战略的出台，在 1983 年 6 月召开的经互会国家最高级经济会议上，通过了《关于进一步发展和加深经互会成员国经济与技术合作基本方针的声明》。经互会各国达成协议，共同制定了 15 ~ 20 年的科学技术进步综合纲要，并就科技合作的一系列问题达成协议。

1985 年 12 月 17 ~ 18 日，经互会在莫斯科举行第 41 次非常会议。这次会议是在美国提出"战略防御计划"和法国提出联合西欧国家力量的"尤里卡计划"的形势下召开的。经互会国家意识到今后科学技术领域的竞争将左右国际力量的对比，经互会国家必须调整合作方针，必须把加快科技进步放在合作的主要位置。为此，这次非常会议讨论并通过了《2000 年前经互会国家长期科技合作综合纲要》。这是经互会国家进一步加强经济一体化的重大步骤，标志着经互会国家科技合作和一体化进入了一个新的阶段。

该《综合纲要》的中心内容是加快成员国的科技进步，推动科技成果迅速转化为生产力。它规定，在 2000 年前，经互会国家要在国民经济电子化、综合自动化、原子能动力、新材料与新工艺和生物工程等 5 个最先进的科技领域要有突破性发展，使成员国的社会劳动生产率至少提高一倍。它还规定，要在生产和生活领域广泛采用电子技术，使很大一部分劳动者从手工操作和单调的劳动中解放出来。在原子能发电方面，要在原有的反应堆技术上进一步改进，研制快速中子反应堆。为了保证上述目标的实施，这次非常会议决定，准备成立一系列科技中心，建立科技生产联合公司，组织各国科研力量联合攻关；准备建立科技干部学习、培训、进修中心以及联合实验室，加紧科技干部的培训；

建立各国企业和科研机构之间的直接联系，形成"科技—生产—销售"的完善体系；增设新材料和新工艺研制合作常设委员会和生物工程常设委员会；进一步协调各国的科技政策。根据这次非常会议通过的《综合纲要》的规定，经互会成员国将扩大同非经互会成员的社会主义国家、发展中国家以及其他国家多方面的科技合作，以促进经互会国家的科技发展。自《2000 年前经互会国家长期科技合作综合纲要》实施以来，经互会国家的几百家科研、设计和生产单位已着手进行合作，至 1987 年 3 月底，已共同研制出近 400 种新产品、新材料和新工艺。

（三）生产专业化和协作

生产专业化和协作是在经互会协调计划的基础上进行的。生产专业化和协作是经互会成员国根据各自国家的国民经济基础、技术力量和特长，承担某些生产任务，在产品研制和生产过程中得到其他成员国的支持，最后把产品提供给经互会国家。在《综合纲要》中指出，发展各国之间的生产专业化和协作也是进一步加强和完善合作以及发展社会主义经济一体化的重要手段。经互会国家生产专业化和协作的最初尝试开始于 20 世纪 50 年代。1954 年经互会第 5 次会议通过了一项关于经互会成员国在机器制造业方面发展经济关系的决议，对于主要的机器和设备（如石油工业设备、采矿设备、动力工业设备、黑色冶金和有色冶金设备、金属切削机床、锻压设备、铁路运输工具、轻工业和食品工业设备、卡车、拖拉机、农业机械和轴承）的专业化给予极大的关注。到了 20 世纪 70 年代，生产专业化和协作主要集中在机器制造业、无线电电子业、化学工业、冶金业、原子能和微处理器等国民经济部门，尤其以机器制造业部门最为广泛。截至 80 年代初，经互会成员国在这方面已签订了约 1300 个双边和多边生产专业化和协作的协定。

1. 生产专业化和协作的阶段与形式

下面以机器制造业为例，说明经互会成员国进行生产专业化和协作的阶段与形式。

1956 年成立的经互会"机器制造业常设委员会"在多边基础上组织成员国机器制造业专业化和协作工作，同年，在柏林召开的经互会第七次会议研究了协调 1956～1960 年期间国民经济计划问题，并通过了 613 种机器制造产品和其他产品生产专业化和协作的建议。

机器制造业专业化和协作的工作大体分为三个阶段。

第一阶段是 1956～1962 年。机器制造业常设委员会通过了关于生产 1200 多种机器制造产品的建议。这项建议是根据各国提供的关于专业化产品的生产、消费、出口和进口的计算平衡资料、综合平衡表、专业化效果的基本技术经济指标资料等制定的。在此以前，制定了机器制造业产品目录和这些产品数据标准化与统一化方面的建议。经互会成员国采取办法，尽可能精确地算出所有产品的计算平衡资料，特别是规定了掌握新产品制造的期限。

在经互会机构作出的建议中规定：哪些国家将生产某种产品，哪些国家不生产这种产品，各国应互相通报建议中规定的应承担的义务，因此使这些建议具有必须履行的性质。

经互会机器制造业常设委员会每年根据各国代表团的报道，制定执行这些建议的办法，特别是关于互相供应专业化产品的办法，必要时还要规定更有效地完成这些建议的措施。

第二阶段是 1962～1967 年。在 1962 年 6 月召开的经互会成员国共产党和工人党代表会议上指出，为保证成员国进一步采用先进工艺，在利用最新科技成就的基础上实现生产的综合机械化和自动化，采用以前不生产的稀缺的与新式的机器、设备和仪器，经互会关于生产专业化的工作必须集中在最重要的几种机器、设备和仪器上面。

在 1962～1967 年的生产专业化建议中，不仅规定了专业化产品的种类，而且规定了成员国相互供应的产品数量。1967 年底，经互会机器制造业常设委员会做出了关于 42 类机器、设备和仪器生产专业化方面的建议，这些建议包括将近 1800 种最重要的产品的种类、型号和规格的名称。

经互会机器制造业专业化工作的第三阶段开始于 1968 年。从 1968 年开始，经互会进一步采取措施改进生产专业化和协作的工作。1972 年初，经互会机器制造业常设委员会拟定并作出了关于 3000 多种规格的 70 类机器和设备（不包括 2400 种规格的滚珠轴承）生产专业化和协作的建议。

由经互会机器制造业常设委员会草拟，并由经互会执委会于 1967 年通过的《关于改进生产专业化与协作工作的有效措施》（以下简称《有效措施》）规定，生产专业化和协作方面的相互义务，是根据双方协商和国家的法律，用签订生产专业化和协作条约（协定）或供应专业化产品的贸易协定（合同）的方式固定下来。

根据《有效措施》，按照成员国管理本国国民经济，有权签订生产专业化和协作条约（协定）或贸易协定（合同）的原则，责成本国有关的国家机关或经济组织成为缔约的当事人。

生产专业化和协作协定中规定的供应产品，应当反映在成员国政府间的贸易协定中。这样就有了法律上的根据，并且可以根据法律来调整成员国之间生产专业化和协作方面的经济关系。

到 1973 年底，在经互会机器制造业常设委员会范围内，签订了 17 项机器制造业产品的生产专业化和协作的多边协定。这些协定包括 1673 种机器和设备的种类、型号和规格名称；并且规定，由一个国家生产的为 793 种，两个国家联合生产的为 459 种，3 个和 3 个以上国家联合生产的为 421 种。

协定还规定了签约各方在 1971～1975 年相互供应专业化产品（总数为 50 多万种产品）的义务。

协定规定实行生产专业化的产品有：工具制造业使用的金属切削机床和锻压机（86 个品名），汽车拖拉机制造业使用的金属切削机床和锻压机（160 个品名），金属切削机床的工具和配套产品（79 个品名）。生产专业化和协作的项目有：拖拉机和其他农业机械（72 种规格），生产磷酸、硝酸、硫酸的成套设备（14 套设备），等等。

到 20 世纪 70 年代末，经互会各国已经建立起一系列专业化生产部门，它们包括：轧钢、石油开采、化工设备、海洋运输船舶、拖拉机及其他农业机械、电动小吊车和电动小车、金属切削机床和锻压机、金属矿与非金属矿露天开采设备、轻工业及食品工业设备、滚珠轴承等。以下一些数字可以说明经互会国家在生产专业化方面取得的进展。例如，在保加利亚和苏联生产近 100% 的电动起重机，在波兰和苏联生产 95% 的挖掘机，在匈牙利和苏联生产 80% 的公共汽车，在苏联生产 90% 的炼油设备，在罗马尼亚和苏联生产 95% 以上的熔铁炉设备，在民主德国和捷克斯洛伐克生产 95% 的印刷设备，等等。

在这些专业化生产中以滚珠轴承工业的专业化和协作尤为突出。成立于 1964 年的由经互会各国组成的"滚珠轴承工业合作组织"，对轴承工业的专业化和协作起了极大的促进作用。其主要职能是，制定更充分的满足协作国家对各种滚珠轴承的需求，合理使用协作国家轴承工业的生产能力。在实行专业化与协作之前，经互会国家所需滚珠轴承仅有 10% 由其本身解决。实施专业化与协作以后，经互会国家生产的滚珠轴承种类的数目减少为 577 种，减少了从国外进口，1970 年滚珠轴承的相互供货量增加了 6 倍。

除机器制造业外，其他部门的生产专业化和协作也在日益

加强。

在 20 世纪 60 年代中期，经互会"化学工业常设委员会"制定的关于化学产品生产专业化和协作方面的建议共计 2000 项。以后，又对 1500 多个品名的化学试剂、620 个品名的染料、100 多个品名的药品等制定出生产专业化和协作的建议。1966 ~ 1970 年期间，制定了 600 多项化学产品生产专业化与协作的建议。例如，根据签订的专业化协定与协作协定，苏联在 1971 ~ 1975 年期间分工生产 250 多种化学产品供应保加利亚，其中有染料及半成品、无机盐、清漆和颜料、塑料、各种用途的催化剂等。另一方面，保加利亚分工生产 35 种以上的化学产品，并向苏联供应这些产品，其中有染料及半成品、植物保护剂、药品、铅丹、密陀僧等。经互会于 1969 年成立的"国际化学工业合作组织"，在建立化学工业生产专业化与协作中起了非常重要的作用。

在黑色冶金业方面，1965 年 7 月经互会成立了"国际冶金业合作组织"。该组织拟订了关于经互会成员国在发展黑色冶金业方面长期合作的基本方案，以及由此提出了那些必须建立的新设备才能满足成员国需求的轧材和管材的生产专业化和协作的建议；制定了关于"国际冶金业合作组织"参加国现有企业生产的几种黑色冶金产品按品种和型号的生产专业化的建议，完成了关于签订板材、优质钢制成的型材、几种无缝钢管和焊接钢管、弯曲型材等生产专业化合同的准备工作。1970 年，在国际冶金业合作组织范围内，经互会各国交换了 170 万吨金属产品。

在经互会有色冶金业常设委员会范围内，进行了关于由有关国家合作兴建有色金属的新企业的工作；编制了 1976 ~ 2000 年经互会成员国主要有色金属的生产和消费的预测；建立了关于解决具体问题的协调中心。经互会"黑色冶金工业常设工业委员会"通过了一系列钢材生产专业化的多边协作建议。例如，苏联专门生产冷轧和热轧薄钢材、宽度为 1500 ~ 2300 毫米的带钢和高度为 500 毫米以上的宽缘工字钢梁；波兰和苏联生产宽度为 3000 毫米以上的粗钢板；波兰生产直径为 150～400 毫米的焊接钢管；波兰、苏联生产钢轨；等等。

在核动力协作与专业化方面，经互会成员国设立了核装置制造方面的国际经济联合组织——国际原子能仪器公司。经互会第 27 次会议认为，加速发展成员国的原子能动力具有特殊意义，因此认为，有关成员国建立关于发展现有供原子能发电站使用的生产设备以及联合建设新的生产设备的国际联合组织是必要的。为了执行这项决议，1973 年 12 月，保加利亚、匈牙利、民主德国、波兰、罗马尼亚、苏联、捷克斯洛伐克等国签署了关于建立"国际原子能发电设备联合公司"的协定。

经互会石油和煤气工业常设委员会通过了大约 20 个品名的油类及其他石油产品的生产专业化建议，并且制定了关于发展小吨量石油产品、添加剂、石油加工业使用的催化剂的生产专业化建议。

在消费品生产专业化和协作方面，根据经互会有关成员国的建议，经互会第 27 次会议委托经互会执委会在 1973 年制订了关于建立制造纺织和针织工业生产设备及相互供应和共同生产先进工艺设备的国际经济联合组织的建议。1973 年 12 月，保加利亚、匈牙利、民主德国、波兰、罗马尼亚、苏联和捷克斯洛伐克签署了关于建立国际纺织机械联合公司的协定。

在食品工业方面，经互会食品工业常设委员会，拟定了关于生产蛋白灌肠皮、柠檬酸、香草素和乙基香草素、熏制剂、特种芳香剂和催化剂等的数量；签署了多种酶剂的多边生产专业化的协定草案；组织安排了有关国家实行现代化包装容器和包装材料的专业化与协作生产，以满足 1976～1980 年经互会国家食品工业的需要。

经互会机构制定了关于发展某些兽医用药剂、仪表、器械、

兽医专用汽车的生产和生产专业化方面的建议，以便各成员国能依靠本国生产和相互供应来满足对兽医药剂，特别是对抗寄生蠕虫药品和医用器材的需要。1972 年，根据上述建议，经互会成员国签署了关于兽医药剂生产专业化和协作的多边协定。

在经互会农业常设委员会范围内，拟定并签署了关于在 1973～1980 年内实行 45 种农作物和树林优良品种的生产专业化和相互供应的多边协定（每年供应 10 吨以上种子和 1.5 亿株树苗及切条）；赞同了通过协作，尽快采取提高家禽产量，共同利用家禽良种的一系列措施。

2. 产品的标准化问题

与生产专业化和协作紧密相关的一个重要问题是各种产品的标准化问题。

经互会各成员国认为，广泛实现产品的标准化和统一化（首先是按成批量生产的方式合理组织生产，以满足许多成员国需要的材料、零部件和制成品），是生产专业化和协作的最重要的条件之一。

根据经互会第 16 次会议的决议，设立了经互会标准化常设委员会和标准化研究所。它们的基本任务是，制定统一各国产品标准化的措施；在按科学根据选择产品序号和技术指标以及统一基本数据的基础上，规定合理的产品目录；协调经互会各部门常设委员会实施产品的标准化方面的工作措施。

1964 年，经互会执委会根据经互会标准化常设委员会提出的草案，批准了《经互会机构实施标准化工作暂行条例》。

1965 年第一次编制了经互会各机构标准化工作的 1966～1970 的五年综合远景计划。该计划由标准化常设委员会、标准化研究所和某几个部门的常设委员会的标准化工作远景计划组成的。这一远景计划在 1965 年 12 月得到了经互会执委会的赞同，根据这个计划拟定了大约 1550 个产品的标准化题目。在完成上述工作以后，采纳了大约 3000 条标准化建议，目的在于规定和统一产品的技术指标，以及根据世界最新成就提出产品质量要求。

例如，在钢材方面，制定了关于规定优质钢材的技术要求和产品目录标准化的建议。这种优质钢材可以制造更坚固和更轻巧的机器、构件和建筑物，轻便的和弯曲的型钢、钢板、钢带等。对有色金属生产以及对粉末冶金术（生产优质钢的最先进的方法之一）提出更高的技术要求，在标准化建议中占有重要的地位。到 1970 年底，在经互会范围内，已经制定了 500 项关于冶金业方面的标准化建议。在化学和石油及天然气工业方面，综合远景计划中也规定了各项任务，根据这些任务实现成员国之间的生产专业化和产品标准化以及扩大它们的商品交换，首先是在塑料、合成橡胶、化学纤维、石油加工、矿物肥料、植保化学药剂、油漆、染料及其他化工产品等方面。到 1971 年，在化学和石油及天然气工业方面已经采纳了 500 项标准化建议。在机器制造业方面，制定了大约 1500 项建议，大大提高了经互会内部统一的机器制造产品标准在各国的比重，约占远景计划中规定的标准化建议总数的 50%。

1970 年，经互会各常设委员会制定并通过了 1971～1975 年标准化工作远景方向和综合性项目草案，经经互会标准化常设委员会协调和审议之后，由经互会执委会审定，作为经互会各机构的综合远景工作计划。计划分 16 部分，它们包括 15 个常设委员会和标准化研究所关于标准化方面的工作项目，还包括有远景方向和综合性项目、每个项目的创作国、工作起讫期限。

《综合纲要》对于发展经互会成员国标准化方面的合作是一种新的推动力。

《综合纲要》规定的关于发展生产专业化和协作方面的措施，是与经互会各机构关于最重要产品（从原料到成品）的综

合标准化工作紧密相关的。

《综合纲要》通过后，经互会各机构在标准化方面制定了载重卡车和公共汽车、农用拖拉机、铁路货运车厢、非同步电动机、动力电缆制品、半导体制品和微型电子技术的综合标准化规则。1972 年经互会各机构提出了 458 项关于国民经济各部门或技术方面的标准化建议。1972 年 11 月，经互会各国签署了关于建立标准化的规范计量工具的合作协定。

（四）共同建设联合项目

共同建设联合项目是经互会在 20 世纪 50 年代末和 60 年代初启动的，是在协调成员国国民经济计划的基础上进行的。这种合作方式，主要通过一些国家以信贷方式参加另一些国家的工业项目的方式实现的。在这种合作方式中，最通常的做法是把建设该项工程所需的部分基本设备及其他商品（包括：供国民经济其他部门使用的设备、稀缺材料和消费品，以及工程设计等）作为信贷。信贷主要是以商品形式提供，并由有关国家贷款建设的工程项目或部门所生产的产品来偿还。

例如，1957 年波兰和德意志民主共和国签订了关于发展波兰褐煤生产的协定。根据协定，德意志民主共和国向波兰提供9000 万卢布的贷款，并由德意志民主共和国完成工程设计、提供机器和设备，在波兰建设年生产能力为 3500 万吨褐煤的露天矿场，将来由波兰用煤和焦炭向德意志民主共和国偿还贷款。

1960 年，保加利亚和德意志民主共和国签订了关于在保加利亚的奥里亚霍沃市共同建设一座年产 2.8 万吨纸浆和 2.75 万吨纸的联合工厂的协定。根据此项协定，德意志民主共和国给予保加利亚 913.5 万卢布的贷款，用来购买德意志民主共和国的设备，并由德意志民主共和国给予技术援助。工程建成后，由保加利亚向德意志民主共和国供应纸浆来偿还贷款。

　　为了解决经互会国家的石油供应，经互会第 10 次会议（1958 年 12 月）通过了关于建设一条输油管干线，以便从苏联输送石油到匈牙利、德意志民主共和国、波兰和捷克斯洛伐克的决议。这条全长 4564 公里的输油管干线在匈、捷、波、苏、民德五国的共同协作下，于 1961 ~ 1964 年建成。这条输油管干线在每国境内的部分由所在国用自己的技术力量和资金来建设，并属于所在国的财产。缔约各方通过供应管道、设备和建筑机械等方式相互支援。有关费用的支付，各方按相互签署的贸易协定结算。在建设输油管干线的过程中，捷克斯洛伐克主要提供了钢筋，匈牙利提供了通讯器材和自动仪表，苏联和波兰提供了钢管，德意志民主共和国提供了抽油机，输油管干线的起始部分（1600 公里）配套工程的所需设备、钢管等物资都是由苏联供应的。此外，苏联对参加建设输油管干线的有关国家还给予了大量的技术援助。

　　1959 年 5 月召开的经互会第 11 次会议通过了关于在 1961 ~ 1965 年期间联合成员国动力系统的第一段工作的提案。根据这一提案，1960 年建成了民主德国和捷克斯洛伐克、民主德国和波兰、匈牙利和捷克斯洛伐克、匈牙利和捷克斯洛伐克动力系统间 220 千伏电压的联合输电线路，全长 500 多公里。1962 年 7 月，随着穆卡切沃—绍伊谢哥德输电线路的建成，苏联西乌克兰电力系统加入了这一联合动力系统。1963 年 12 月，罗马尼亚动力系统加入了联合动力系统。1967 年 7 月，保加利亚动力系统也加入了联合动力系统。1973 年，7 个经互会成员国的动力系统联结成 22 条电压 110 千伏 ~ 400 千伏的系统间高压输电线路。这条重要的输电线路是在经互会各国的共同参与下完成的。

　　需要指出的是，经互会国家很多共同建设的联合项目是与苏联境内的原料与燃料开采联系在一起的。从 20 世纪 60 年代开始，苏联就如何满足经互会国家原料与燃料的供求问题展开讨论。很多专家指出，随着经互会东欧成员国对原料、燃料的需求量的不断增加，苏联原有的原料和燃料基地已经满足不了各成员国的需要。苏联《国际生活》杂志 1968 年第 12 期发表题为《现阶段经互会国家的合作》的文章指出："进一步发展燃料、原料资源和满足这些国家不断增长的需求问题仍将是尖锐复杂的。原因首先在于，许多经互会国家扩大产品的生产主要是靠已勘察到的自然资源。经互会所有国家加在一起，拥有全面发展国民经济综合体所必需的燃料和原料的几乎全部品种的蕴藏量，但是这些资源在区域分布上极不平衡。在社会主义大家庭的所有国家中，只有苏联拥有国民经济所需要的高质量的原料和燃料资源。但与此同时，采掘工业部门投资量和基金量大，再生产和投入这些部门资金的回收周期长，是对解决这个问题增加困难的重要原因。同生产这些出口商品，例如石油、精选矿石有关的财政负担，据计算，每增加一个单位的产品，对燃料动力和采矿部门所必需的投资量大大超过对工业的平均投资，特别是同机器制造业部门相比较。因此，扩大原料出口商品的生产，对于作为出口国的苏联来说，是与大大增加投资负担相联系的。因此，这个问题显然应由成员国集体努力来解决。但是，解决这个问题不能只靠机械地发展商品交换，并且主要是由苏联来供应。因为，用原料换取加工工业产品时，双方的负担远远不相等。看来，解决困难的出路就是给发展燃料动力和原料部门的出口创造更有效的刺激。"苏联《经济报》1975 年第 29 期刊载的文章指出："1961 ～ 1974 年，苏联对东欧国家的动力资源供应增加了 5 倍多，与此同时，苏联国内燃料开采量增加一倍。去年供应量为 12000 万吨标准燃料。为了保证增加石油、天然气的出口，仅此一项投资就需 63 亿卢布。今后 10 年燃料动力供应问题特别复杂，苏联燃料基地向交通不便、气候严峻的西伯利亚地区东移以及建设长距离管道，需要付出巨大的物力和财力。"

在这种情况下，从 20 世纪 60 年代起，苏联与东欧经互会成员国签订了一系列双边和多边协定，以东欧成员国提供贷款及劳动力的形式在苏联境内进行联合项目的建设工作。这些项目主要是在原料和燃料领域进行的。仅在 1965～1975 年期间，苏联同东欧成员国就签署了 11 项政府间经济协定。这些协定规定，这些国家要在苏联国土上为发展石油、天然气、纸浆、有色金属以及其他原料类商品的生产提供资金援助。

1960 年，苏、捷两国签订了关于发展苏联黑色和有色冶金工业的合作协定。根据协定，捷克斯洛伐克向苏联提供 2.8 亿卢布的贷款，用于购买捷克斯洛伐克的有关设备。这笔贷款用苏联生产的黑色和有色金属偿还。

1963 年，根据保加利亚、匈牙利、民主德国、波兰、苏联和捷克斯洛伐克签订的协定，在苏联建设金吉谢普磷灰岩矿。为建立此磷灰岩矿，保、匈、民德、波兰和捷克于 1963～1965 年向苏联提供了总额约 4200 万卢布的贷款，这些贷款以苏联开采的矿产品来偿还。

1966 年根据苏、捷两国签订的关于发展苏联石油开采工业的合作协定，捷克斯洛伐克向苏联提供了 5 亿卢布的贷款。贷款将用苏联开采的石油偿还。

1968 年苏、捷两国签订了关于在苏联境内合作建设天然气管道的协定。根据协定，捷克斯洛伐克向苏联提供 4000 万卢布的贷款，年利 2%。苏联以向捷克斯洛伐克供应 10 亿立方米天然气偿还贷款，并保证在 1975～1980 年期间每年供应捷克斯洛伐克 30 亿立方米天然气。

1969 年 8 月 19 日，苏、匈双方签订关于扩大"友谊"输油管干线和在苏联境内铺设支线进行合作的协定。协定指出，"为了帮助苏联扩大"友谊"输油管干线和铺设至边境的支线，匈牙利政府保证在 1969～1972 年间根据本协定附件规定的商品供

应苏联 5200 万转账卢布的货物。其中 1969 年为 1700 万卢布，1970 年为 1300 万卢布，1971 年为 1100 万卢布，1972 年为 1100 万卢布。苏联用开采的石油偿还这笔贷款。

根据 1975 年经互会第 29 次会议通过的《1976～1980 年经互会成员国多边一体化措施协调计划》规定，苏联和经互会其他成员国联合投资 10 个项目。这一合作的规模巨大，8 个工业项目的预算造价达 90 亿转账卢布，由苏联和东欧成员国各承担半数。这些联合投资项目主要有：奥伦堡—苏联西部边界输气管道，乌斯特伊利姆斯克纸浆联合企业，基耶姆巴也夫斯克石棉联合企业，生产含铁原料、铁合金以及从纯石蜡中提炼饲料用酵母的企业等。经互会成员国为了建设这 8 个项目，将向苏联提供建设这些项目所必需的商品，其中包括金属结构、大型载重汽车、推土机、起重机、载重平板拖车、水泥、电缆制品、钢管、各种工艺设备、辅助设备和消耗品。此外，东欧成员国还承担派出 15000 名劳工。这些以商品形式提供的贷款，苏联将以项目建成后的产品偿还。

除了共同建设这 8 个项目以外，1979 年 4 月，苏、捷、匈、波 4 国还签署了关于在苏联境内共同建设赫麦利尼茨基原子能发电站的原则性协定，关于建设从该发电站至波兰的热舒夫输电线和建设热舒夫变电站的协定。该项目的总投资为 15 亿卢布。1983 年 10 月举行的经互会第 37 次会议，又签署了在苏联境内合作建设克里沃罗日耶矿山选矿联合企业的多边协定。

（五）对外贸易

在经互会国家合作的初期，成员国之间的相互贸易是根据年度贸易协定进行的。

随着各国经济得到恢复和过渡到制定发展国民经济五年计划，根据经互会第 2 次和第 3 次会议（1949～1950 年）的建议，在协调成员国发展国民经济计划的基础上开始签订长期贸易协定。长期贸易协定包括根据共同计划签订的个别产品或个别部门的协定、生产专业化和协作协定、其他经济协定或长期合同等。上述协定一般为期5年，是同各国的发展国民经济五年计划相适应的。

根据经互会第7次会议（1956年5月）的决议，成立了经互会对外贸易常设委员会。该委员会专门研究发展经互会成员国范围内的对外贸易问题。

经互会各成员国在协调计划过程中，首先是确定长期贸易协定和各国国民经济五年计划中规定的相互的供应主要商品。此外，它们还采取各种措施，使出口单位和进口单位能够及时签订关于实现长期贸易协定规定的供应商品定额的长期合同。在签署长期贸易协定和年度贸易议定书之前，先由成员国签订长期合同。

经互会机构吸收各成员国工业部门的代表参加有关长期贸易协定的准备工作，以保证扩大商品交换的范围，提高相互供应商品的技术水平，满足买方对数量、质量、期限方面的要求及其他供货条件。

经互会对外贸易常设委员会成立后，经互会成员国根据协调计划原则签订的长期协定，使成员国之间的相互贸易额有了大幅度的增加。例如，同1961～1965年的协定相比，1966～1970年成员国间的相互贸易额的增长率如下：保加利亚增长91%，匈牙利增长72%，德意志民主共和国增长39%，蒙古增长29%，波兰增长56%，罗马尼亚增长35%，苏联增长66%，捷克斯洛伐克增长31%。1989年经互会成员国之间的相互贸易额达1021.56亿卢布。

经互会成员国之间的贸易是经互会成员国对外贸易的基础，它们之间的相互供应是各成员国对外贸易的主要部分。据1989

年统计，保加利亚与经互会其他成员国的贸易额占其外贸总额的79%，匈牙利占其对外贸易额的 40.5%，民主德国占其对外贸易额的 41.3%，古巴占其对外贸易额的 78.9%，蒙古占其对外贸易额的 91.5%，波兰占其对外贸易额的 67.7%，罗马尼亚占其对外贸易额的 46.9%，苏联占其对外贸易额的 55.8%，捷克斯洛伐克占其对外贸易额的 55.5%。在经互会成员国中，大多数成员国在经互会内部的相互贸易额都超过其外贸总额的 50%。

（六）货币金融和信贷合作

1. 银行会议和货币金融常设委员会

经互会国家货币金融关系合作的组织形式，从时间上来讲，始于 1958 年在布拉格就当时货币问题举行的银行会议，即社会主义国家中央银行代表会议。会上讨论了改进贸易结算、简化和统一支付条例、扩大多边划拨清算业务等问题，开始定期介绍各成员国同资本主义国家银行的外汇业务等情况。

以后历次成员国中央银行代表会议的主要内容是，讨论在支付和货币关系方面进行合作的问题；同经互会成员国以外的国家银行的结算和外汇业务方面进行合作的问题；研究资本主义国家的经济状况和外汇情况。此外，会议还对各成员国政府通过的有关对外经济关系的决议和经互会各机构所提出的各项措施交换意见。

1962 年 12 月，根据经互会第 17 次会议的决定，成立了经互会货币金融常设委员会。该委员会组织经互会成员国主管货币和金融机关的多边合作（或是协助组织这种合作）；研究经互会成员国关心的货币金融问题；同经互会秘书处一道根据经互会机构的建议和决议，准备有关货币金融问题的多边协定草案。

在经互会成员国党的领导人和政府总理于 1963 年 7 月召开的会议和经互会第 18 次会议上，就成员国货币金融关系的进一步发展达成协议。经互会成员国党政领导人会议和经互会第 18 次会议批准了关于实行转账卢布多边结算，成立国际经济合作银行的协定以及该银行的章程。保加利亚、匈牙利、德意志民主共和国、蒙古、波兰，罗马尼亚、苏联和捷克斯洛伐克的代表，于 1963 年 10 月 22 日在莫斯科签署了上述协定。根据此项协定，从 1964 年 1 月 1 日起，各成员国相互供货和其他支付都用转账卢布进行结算。

转账卢布，是一种成员国的集体货币，可以从国际经济合作银行一个成员国账户上自由转移到另一个成员国账户上。转账卢布的含金量规定为 0.987412 克纯金。转账卢布也执行积累手段的职能。在一定时期内，在各个成员国国际经济合作银行往来账户上都积存着数额很大的转账卢布。拥有这种转账卢布的国家，保证自己能够用这些货币得到平衡供应以外的商品；如果不购买商品，这笔金额由于加算利息将继续增加。

从 1964 年起实行的集体货币多边结算的新制度，是调整成员国货币金融关系结构的一个重要环节。这一制度的含义是在国际经济合作银行转账卢布账户上有资金的国家，可以自由支配这些资金用于对其他成员国的结算。

经互会成员国一直在进行的工作是规定各国货币之间以及这些货币同转账卢布之间有经济根据的相互协商一致的比例，同时也在考虑由各国单独规定上述比例是否具有汇兑行市或汇率的形式，以及在各成员国国内如何使用上述比例的方法。

2. 国际经济合作银行

根据经互会第 18 次会议的决议，成立了国际经济合作银行，其所在地在莫斯科。从 1964 年 1 月 1 日起，该银行开始实行转账卢布多边结算，办理成员国的对外贸易业务和信贷业务，吸收和保管转账卢布短期资金，吸收银行成员国和其他国家的黄金和自由兑换货币账单和存款，并在吸收金额范围内办理此项资金业

务。该银行根据有关国家的委托，可以利用各国拨出的资金对共同建设、改造和使用工业企业及其他项目提供拨款与贷款。

国际经济合作银行有法定资本和准备金，而且可以设立特种基金。它的法定资本规定为 3 亿转账卢布。每个成员国在法定资本中分担的缴款额，则是根据它的出口额在银行成员国相互贸易总额中所占的比重规定的：保加利亚为 1700 万转账卢布，匈牙利为 2100 万转账卢布，德意志民主共和国为 5500 万转账卢布，蒙古为 300 万转账卢布，波兰为 2700 万转账卢布，罗马尼亚为 1600 万转账卢布，苏联为 1.16 亿转账卢布，捷克斯洛伐克为 4500 万转账卢布。1974 年 1 月国际经济合作银行委员会一致通过决议，接受古巴为国际经济合作银行成员国。

银行法定资本的缴款，是以银行成员国商品供应平衡之后超过进口的价款（等于它们应缴的份额）作为保证的。法定资本用转账卢布、自由兑换货币和黄金缴纳。

国际经济合作银行发放下列用途的贷款：出现暂时支付超过收入时，保证商品流转的及时结算（结算贷款）；用于弥补由于生产和销售的季节性原因及其他原因引起的入超（季节性贷款）；用于弥补因超过规定期限拖延供应商品而引起的暂时超计划入超（计划外贷款）；用于在成员国商定的商品定额以外的扩大商品流转业务的贷款（扩大商品流转贷款）；用于弥补某些成员国商品流转出现暂时困难而引起的国际收支不平衡（平衡国际收支贷款）；至于用于共同新建、改建和使用工业企业和其他项目的贷款，则由有关国家拨出的资金来提供。

国际经济合作银行贷款的利率由国际经济合作银行委员会按贷款的种类和期限分别作出规定。规定利率高低的根据是必须刺激相互义务的履行和节约使用贷款，同时保证银行的盈利。银行在执行它所担负的结算和信贷职能时，要大力协助各国履行供应商品的义务和加强它们结算的计划和付款纪律。

国际经济合作银行委员会和理事会是该银行的管理机构。银行委员会是它的最高管理机关，它对国际经济合作银行的活动实行总的领导。它由国际经济合作银行全体成员国代表组成，每个成员国无论缴纳银行资本多少都有一票表决权。银行委员会的决议采取一致通过的方式。银行理事会是银行委员会执行机关，它在国际经济合作银行章程规定的范围内，根据银行委员会的决议对银行的活动进行直接领导。理事会对银行委员会负责，并向它报告工作。理事会由理事会主席和理事所组成，他们是从银行全体成员国公民中选派，任期5年。

国际经济合作银行的转账卢布存款业务量逐年增加。1964年从全权代表银行接受的存款额为4.45亿转账卢布；1970年则达到15亿转账卢布；1971年1月1日的存款余额为2.95亿转账卢布，比1965年1月1日的存款余额增加了10.8倍。

3. 国际投资银行

国际投资银行是根据经互会第23次（专门）会议的建议和第24次会议的决议成立的，从1971年1月1日开始在莫斯科营业。加入该银行的成员国是：保加利亚、匈牙利、德意志民主共和国、蒙古、波兰、罗马尼亚、苏联和捷克斯洛伐克，从1974年1月起，古巴也成为成员国。银行的最高管理机关是银行成员国代表组成的委员会。国际投资银行的法定资本是10.526亿转账卢布。截至1973年初，成员国实际缴纳的法定资本为3.68亿转账卢布，其中1.11亿转账卢布为可兑换货币；银行利润为1032.57万转账卢布。国际投资银行委员会决定，从1972年的纯利润中提出648.2万转账卢布作为银行准备金。

国际投资银行信贷工作所要达到的目的是有效地促进成员国生产专业化和相互协作，并保障成员国的利益。

1971年和1972年，国际投资银行委员会和理事会作出决定，对26个工程项目提供总数为2.79亿转账卢布的贷款，其中

1.13 亿转账卢布为可兑换货币。

例如，该银行曾对捷克斯洛伐克的"塔特拉"汽车工厂的现代化和扩大生产能力提供了总数为 7750 万转账卢布的贷款，偿还期限为 11 年。

国际投资银行向匈牙利提供了一笔总数为 2050 万转账卢布的贷款，偿还期限为 10 年，作为匈牙利铁路电气化改造和把一段铁路的蒸汽机车改为内燃机车的费用。为改建和扩建匈牙利的"伊卡鲁斯"工厂，该银行提供了 1200 万转账卢布的贷款，偿还期限为 9 年。它向德意志民主共和国提供了一笔 1060 万转账卢布的贷款，偿还期限为 6 年，用于改建和扩建德意志民主共和国机器制造企业的生产设备。向罗马尼亚提供了一笔 3800 万转账卢布的贷款，偿还期限为 10 年，建设一座生产异戊二烯橡胶工厂。向波兰提供了一笔 700 万转账卢布的贷款，偿还期限为 6 年，为在洛姆惹市的一家企业建设一个新车间提供贷款。

（七）经互会苏联和东欧成员国与越南、古巴、蒙古的经济关系

在经济发展水平上，经互会苏联和东欧成员国与后来加入经互会的越南、古巴、蒙古等国之间存在差距。与此相应，苏东各国与这些国家之间的经济关系有具有一定的特点，主要表现为苏东各国尤其是苏联以提供贷款、设备、技术和材料等方式帮助这些国家建立加工业，并充分发展相互间的贸易关系，将这些国家的经济发展也纳入经互会国际分工的轨道。

越南加入经互会的时间较晚（1978 年），但早在加入经互会之前，它与经互会成员国首先是与苏联的经济关系已非常密切。越南国民经济的恢复（1955~1957 年）和以后国民经济的发展，是在经互会成员国首先是在苏联的帮助下实现的。1955~1965年期间，在苏联帮助下建设的越南企业，提供了煤产量的 3/4，

金属切削机床产量的一半以上，锡、磷灰石、过磷酸石灰的几乎全部产量，以及电力的大部分。从越南独立到 1978 年加入经互会，经互会成员国同越南的贸易额增加了 20 倍以上。1978 年以后，越南与经互会国家的贸易关系进一步加强。1985 年越南对苏东成员国的出口和进口额分别占其出口和进口总额的 49.2%和 69.4%。1989 年，越南与经互会国家的贸易额达到 25 亿卢布，占越南年度对外贸易总额的 55.7%。越南对苏东国家出口的主要商品有天然橡胶、水果、蔬菜、茶叶、咖啡等农产品，以及少量轻工业产品和手工艺品。越南从苏东国家进口的商品中，大宗的如石油制品、棉花、化肥、钢材等，均占越南进口量的 90%以上，此外还有大量的机械设备和部分食品等。越南出口苏东国家最多的是低价值的农产品，进口的多为高附加值的工业产品，双方的贸易一直处于不平衡状态，越方从苏东国家的商品进口额是向苏东国家出口额的 3 倍左右。

古巴最主要的贸易伙伴是苏联。早在 1959 年，苏联就购买古巴的食糖，1971 年古巴向苏联输出了 150 万吨食糖。在古巴的出口中，苏联所占份额几乎占 1/2；在进口中，苏联所占份额为 3/5。古巴同苏联的贸易额，从 1960 年的 1.61 亿卢布增加到 1972 年的 8.22 亿卢布。除输出原糖外，古巴还向苏联出口矿产品、烟草和烟草制品、酒精、甜酒、罗木酒（甘蔗制成的一种烈性酒）、菠萝、橙子、柚子等。苏联向古巴供应农业机械，铁路、航空、水上和公路运输设备，以及新建企业的成套设备，等等。1972 年苏联供应古巴货物的总价值为 1.64 亿卢布。当美国拒绝向古巴供应石油及石油产品时，苏联每年向古巴输出 600 万吨石油及石油产品。除此之外，苏联还向古巴供应大量的食品和轻工业产品。

经互会东欧成员国也同古巴保持广泛的贸易联系。如捷克斯洛伐克向古巴的工业企业（在捷克技术援助下建设的）供应设

备；德意志民主共和国供应古巴制糖工业设备；保加利亚帮助古巴发展农业、食品工业和化学工业；罗马尼亚帮助古巴进行地质勘察等。

经互会东欧成员国是古巴的糖、镍、烟草及其他商品的主要输入国。1972 年，这些国家在古巴出口总额中所占份额为 47%、进口额为 70%，同古巴的贸易总额是 17.83 亿卢布。

在经互会苏东成员的帮助下（由经互会苏东成员国提供设备和材料），蒙古建成了许多加工企业，这些企业的建成促进了蒙古制造业的发展。

蒙古主要的贸易伙伴是经互会苏东成员国。这些国家在蒙古人民共和国对外贸易额中所占的份额达 95% 以上，其中苏联占 80% 以上。经互会苏东成员国在蒙古进口贸易中占主要地位的商品是：工业机械、运输工具、农业机械、金属、化学品及各种日用消费品。20 世纪 60 年代，畜产品在蒙古出口中占主要地位，蒙古向苏东国家出口牛、马、绵羊、骆驼、羊毛、绒毛、皮、毛料等产品。随着蒙古加工业的逐步发展，轻工业、食品工业产品和半成品在出口中所占份额有所增加。矿产品——萤石、钨砂是蒙古出口的经常项目。到 20 世纪七八十年代，蒙古的出口产品构成发生了改变：农牧产品在出口中所占比重由 1970 年的 73.9% 降到了 1988 年的 39%，而制成品的比重则相应的有所增加。

二　经互会经济合作体制的特点

经过几十年的发展，经互会形成了一个以苏联为中心，或者是服从于苏联需要的、基本上是封闭型的经济合作体制。按其活动内容，可指出以下几个特点。

1. 经互会国家的经济计划体制，专业化、协作化和对外贸易，以及科学技术的一体化，都是以苏联为核心和主体的。

（1）长期以来，苏联十分重视经互会的计划协调工作，认为协调计划是"完善一体化过程的主要手段"。从 20 世纪 50 年代中期起，一般是各国先制订本国的五年计划草案，然后同苏联协调，确定相互供货的数量。1965 年后，是一边制订计划，一边同苏联协调，确定相互供货的数量。随着协调范围的扩大（由换货领域扩大至生产领域，如生产的专业化和协作、兴建共同投资项目等），协调期限的变长（原来只协调五年计划，后来开始协调 10 年到 15 年计划，与实施长期纲要密切结合），协调计划的程序也改变了。过去是先由各国提出计划草案，再进行协调，现在是先由经互会计划合作委员会（这是一个苏联起主导作用的综合性委员会）提出建议，也就是以苏联的建议为中心，各国参照苏联的建议再制订本国计划。1978 年 6 月召开的经互会第 32 次会议，制定了到 1990 年的《长期专项合作纲要》（主要是燃料、动力和工业原料），苏联恐怕仅是经互会通过《长期专项合作纲要》无保证，于是又同其他成员国分别签订了到 1990 年的长期专业化和协作规划。苏联非常重视《长期专项合作纲要》，称《长期专项合作纲要》是一体化过程中进行"计划管理"的"新形式"，它将决定经互会国家一体化的"前途和进度"，决定这些国家很大一部分生产能力、自然资源、科技力量、劳动力和财力的使用方向，而其中"起主导作用的是苏联"。这样，通过多方面的计划协调活动，建立了一个以苏联的计划为中心，实际上受苏联控制的计划体系，从而把经互会各国经济发展的方向纳入苏联经济计划的轨道。

（2）以苏联经济为核心的专业化和协作化。经互会国家生产专业化始于 20 世纪 50 年代，经互会有几次会议就某些型号的机器生产专业化问题曾经做出决议。随后，专业化的程度和范围逐步加深和扩大。特别在 1971 年通过《综合纲要》之后，经互

会开始全面一体化，生产专业化成为经互会国家同苏联经济合作的主要形式之一，经互会国家的专业化产品向苏联出口占很大部分。苏联是经互会成员国机器制造业产品的主要进口国，占这些国家机器制造业出口产品的 40% ~ 70%。1966 ~ 1970 年，经互会成员国向苏联供应了价值 120 亿卢布的机器设备，这个数字约占苏联由国外进口的全部机器设备订货的 3/4。苏联在 1971 ~ 1975 年从经互会成员国进口的机器设备总值在 180 亿卢布以上。1975 年，这项产品的进口额占苏联从经互会成员国全部进口额的一半；而就个别产品来说，它的比重还要高一些。如保加利亚生产的 98% 电动吊车、90% 以上电动叉车大部分运往苏联；匈牙利生产的 60% 大轿车、波兰生产的 70% 船舶、民主德国生产的 70% 船舶和 80% 客车车厢都运往苏联。经互会成员国生产的日用消费品（是这些国家的传统出口项目）在苏联的进口商品中占有很大比例，这项商品的供应约占苏联从经互会国家进口总额的 23%。1971 ~ 1975 年，苏联向经互会成员国订购的日用消费品价值在 8500 万卢布以上，即比 1966 ~ 1970 年多 40%；其中有缝纫机、家具、皮鞋、毛织品等，食品的供应量也在增加。苏联在经互会成员国对外贸易额中所占的比重是稳定的（约占 60%），而这些国家在同苏联贸易中所占的比重从 46.5% 增加到 56.2%。1989 年苏联同经互会成员国的贸易额为 785 亿卢布。

但是，实施成员国国际分工和生产专业化，各国就要相应的改变本国的生产结构，而这种改变，主要是围绕苏联经济的需要进行的。苏联出版的书、刊也承认这一点，苏联出版的《经互会国家工业部门的合作》一书说："保加利亚工业部门的发展及其专业化，是同苏联的需要紧密地、有机地联系在一起的"。民主德国的"金属加工部门多数是按照苏联国民经济的需要改建的"。随着专业化范围不断扩大，一些国家对苏联的依赖更为加深。这种分工、专业化是以苏联经济为核心的。保加利亚一位经济学家曾对此解释说：这一共同体的核心就是苏联，因为苏联经济在大家庭中占主导地位。因此"苏联的国民经济综合体就成了天然的核心，各兄弟国家的经济都联合在它的周围"。

后来加入经互会的蒙古和古巴也被纳入国际分工的轨道。蒙古主要是开采铜钼矿、磷矿、焦煤以及发展畜牧业；古巴则要发展蔗糖和镍的生产。

2. 在经互会里，除成员国围绕苏联经济需要进行专业化分工以外，还在燃料、原料和市场上对苏联有严重的依赖性。

苏联在社会主义经济一体化中的地位是由下列因素决定的：苏联是世界上自然资源最丰富的国家之一，也是世界上最大的工业国之一，很多产品的产量居世界前列。东欧国家自然资源较缺乏，经济发展所需的原料、燃料主要靠苏联供应。苏联是经互会其他成员国原材料的主要供应者，依靠苏联的供应，经互会成员国几乎能满足它们对石油和生铁的全部需要量，石油产品、金属轧材、磷肥需要量的 3/4，棉花、煤、锰矿需要量的 3/5 以上，铁矿需要量约 90%，木材进口需要量的近 80%。苏联对经互会成员国的石油供应量，在第 9 个五年计划时期增加到 2.43 亿吨，天然气的供应量增加到 330 亿立方米，铁矿石（折成金属）供应量增加到 9400 万吨。1981~1983 年，苏联向经互会伙伴国提供了 2.64 亿吨石油和石油产品、920 亿立方米天然气和 530 亿度电。

20 世纪 70 年代，由于国际市场上能源价格上涨，苏联向经互会国家出口燃料和电力的比重增加了：1970 年为 14.6%，1975 年为 26%，1980 年为 39.7%，1985 年约为 50%。苏联提供的机器设备在经互会国家发展能源、冶金、化学工业、交通、农业等方面起着非常重要的作用。苏联的贷款对于这些国家的经济发展具有很大的意义。在东欧各国建立社会主义经济基础的过程中，苏联曾给予大量有偿或无偿的援助。经互会的科技潜力占

世界的 1/3，而苏联在其中占 70% 。据有关专家的计算，由此避免某些科技项目的重复研究，每年可使经互会国家节省 50 亿 ~ 70 亿卢布。

苏联还是东欧各国最大也是最可靠的商品销售市场和外贸伙伴。苏联甚至还是这些国家的机器制造业产品、化学工业产品以及农产品的主要购买者。仅在 1956 ~ 1967 年，苏联从经互会国家进口 1.4 万节客车车厢、4.4 万辆货车车厢及价值 11 亿卢布的食品和轻工业产品。正因为如此，在经济方面，东欧国家对苏联的需求程度大大高于苏联对东欧国家的需求程度，再加上国际分工和专业化，经济上的相互联系、相互依赖关系的增强，形成了东欧各国对苏联经济的严重依赖。以波兰为例，在 1945 ~ 1970 年期间，正是依靠从苏联进口，波兰满足了所需石油和天然气的 95% ，所需铁矿砂的 85% ，所需有色金属的 55% ，所需棉花、木材的 60% 。波兰有一份材料说，即使在勃列日涅夫执政时期，波兰人"不怕坦克"，就怕苏联"关闭石油输送管道"。又如民主德国，它从苏联购进大量原材料，如无烟煤、焦炭、黑色及有色金属、石油、天然气、棉花、肉类、植物油，它很难找到另一原材料供应国来替换苏联。匈牙利报纸发表评论说："苏联是我国最重要的外贸伙伴，占我国整个对外贸易的 35% 。工业成品占我们向苏联出口的 68% ，而我们从苏联进口的 62% 是原料和半成品，这对我们是多么重要。举例来说，切佩尔钢铁厂4/5 的原料来自苏联。我国经济结构改革纲领的实现，在很大程度上是依赖于匈苏合作"。1990 ~ 1991 年，苏联能源出口量大幅度下降和价格上涨对东欧国家带来了"能源冲击"。捷克斯洛伐克总统哈维尔指出，这次能源危机给他的国家带来了政治和经济两方面的问题："石油不仅仅是生意和钱的问题，而且关系到一个国家的稳定"。

正是基于东欧国家有这种需求，苏联要求东欧国家出资金、出人力，共同兴建一些设在苏联的大型原料、燃料基地和电站等一体化项目。1976～1980年"多边一体化措施协调计划"规定，经互会国家共建10个项目，其中包括奥伦堡天然气联合企业、联盟天然气管道工程，还有油田、钢厂、纸浆厂、石棉厂等8项在苏联境内建设的工程，计划共同投资90亿卢布，苏联、东欧各国各负担一半。1981～1985年，"多边一体化措施协调计划"又规定共同建设一些项目，建在苏联境内的就有：赫麦利尼茨基原子能发电站，康斯坦丁诺夫斯基原子能发电站，一个年产1700万吨的铁矿，两个铁矿选矿联合企业，通往波兰的变压输电线路，一个利用石油原料制造的年产30万吨的酵母饲料工厂，等等。

这种共同建设的项目，苏联和东欧各国都各有需求。东欧国家可以获得稳定数量的燃料与原料（一般规定投产后12年内以产品逐年偿付参加国的投资），这对东欧国家经济发展有促进作用。但这些国家要先拿出巨额投资，却是一个很大负担。此外，燃料、原料价格不断上涨，也常使投资国受损失，原投资额因原料和燃料价格上涨将得不到原先规定的产品数量。这种合作对苏联利益更大是明显的。首先，这些项目多数是在苏联建设，还清投资后，苏联可获得全部设备、产品。其次，苏联可取得东欧的资金、人力，缓解本国资金不足的困难。1976～1980年，东欧国家向苏联总共投资88.9亿卢用于共同建设。1985年的共同项目投资，经互会国家投资将达800亿～900亿卢布，其中相当大部分是由东欧国家承租。最后，随着这些项目的建成，使东欧国家在经济上加深了对苏联的依赖。

3. 通过上述"一体化"措施，通过协调计划，加深国际分工与协作。通过《综合纲要》，尤其是《长期专项合作纲要》和科技一体化，经互会国家形成了一个经济上错综复杂互相依赖的经济集团。

　　在这个经济体系中，苏联是主体，是核心，是控制力量。不论原料、燃料供应、市场、工业生产、科学技术等方面，东欧各国对苏联都有很大的依赖性。东欧各国的经济计划以至经济、生产结构和科技政策，都以苏联的需要为转移。而这些又都是通过指令性的协调计划，尤其是《长期专项合作纲要》的计划来实现的。因此，这个计划管理的合作体系，实际上是苏联高度集中的计划管理体制的延伸和扩大。至于这个经济集团同西方的经济来往，一直是有限的。苏联不断强调同西方资本主义国家打交道时要头脑清醒，因为"孕育着危险性"；要统一经济战略，保持"技术经济上的独立性"。因此，在苏联控制下，斯大林领导时期不用说，在赫鲁晓夫时期，直到勃列日涅夫时期，经互会从其指导思想到采取的各种措施都趋向于自给自足，因此，基本上是一个封闭型的经济集团。在社会主义发展历史上，在二战后一个相当长阶段内，出现这样性质的经济集团，有其历史的、经济的、政治的、军事的以及传统理论的影响等因素，而其中与苏联的计划管理体制有很大关系。匈牙利有的文章评论说，指令性的计划管理体制是为一个拥有雄厚的物质资源的国家实行自给自足的经济发展战略而建立的体制。实际上苏联把这种国内体制基本上搬到经互会体制上来了。因此，经互会体制大体上带有苏联经济管理体制的长处和优点，又带有苏联经济管理体制的缺点和问题。

第五章

经互会与世界经济的关系

一　同发达资本主义国家的经济关系

斯大林提出的关于"两个平行的世界市场"的理论对经互会国家与西方资本主义发达国家的经济关系影响很大。"两个平行的世界市场"理论，把经互会国家封闭式的经济合作模式，即以苏联为中心同资本主义世界来往很少的经济合作模式，从理论上肯定下来。

这一理论集中反映在斯大林的《苏联社会主义经济问题》一书中。1952 年 2 ~ 9 月间，斯大林针对苏联某些经济学家在社会主义建设问题上的观点，写了两篇文章和两封书信，先是被当作 1951 年 11 月召开的政治经济学教科书未定稿讨论会的结论，后又被汇编成册，这就是《苏联社会主义经济问题》一书的由来。在书中，斯大林总结了苏联几十年社会主义建设的经验并作了理论阐述。当讲到苏联社会主义建设的国际环境、社会主义与资本主义的关系时，斯大林认为：资本主义国家之间的矛盾比两大阵营之间的矛盾更为激烈，因此存在着资本主义国家之间爆发战争的危险性，"要消灭战争的不可避免性，就必须消灭帝国主义"。在这种前提下，社会主义与资本主义两种制度之间就不再

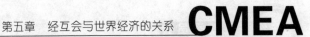

有什么和平共处了，相反，社会主义制度一定要消灭资本主义制度。正因为如此，斯大林进一步提出，中国和东欧人民民主国家同苏联一道组成了与帝国主义阵营相对立的社会主义阵营。"两个对立阵营的存在所造成的经济结果，就使统一的无所不包的世界市场瓦解了，因而现在就有了两个平行的也是相互对立的世界市场。"就这两个市场来说，斯大林认为，由于社会主义国家之间利益完全一致，社会主义这个市场将越来越繁荣。他指出，在二战以后的时期，"这些国家在经济上结合起来了，并且建立了经济上的合作和互助。这个合作的经验表明，没有一个资本主义国家能像苏联那样给予各个人民民主国家以真正的技术精湛的帮助。……结果，在这些国家中便有了高速度的工业发展。可以满怀信心地说，在这样的工业发展速度之下，很快就会使得这些国家不仅不需要从资本主义国家输入商品，而且它们自己还会感到必须把自己生产的多余商品输往他国"。同时也指出，由于资本主义国家之间的争夺更为激烈，资本主义这个市场将越来越萎缩，在此基础上会形成资本主义政治经济的总危机。

姑且不论斯大林的这些论点对统一的世界市场瓦解的判断是否符合实际，但这一理论对经互会国家封闭的经济体制的形成则产生了相当大的影响。斯大林之后的苏联领导人赫鲁晓夫和勃列日涅夫等人，在这个问题上实际上继承了这一理论和政策。这就制约了经互会成员国与资本主义国家之间贸易关系的发展。长期以来，经互会成员国相互之间的贸易额大约占其贸易总额的2/3，而它们与资本主义国家之间的贸易额只占1/3。

（一）经互会成员国同西欧国家之间的经济联系

经互会成员国同西欧国家签署的长期贸易协定的数目在20世纪70年代中期有了较大增加。70年代以来，经互会成员国同欧洲资本主义国家之间其他形式的经济合作，也有较大发展。据联合国欧洲经济委员会的材料，截至 1972 年底，两者之间已签订了将近 600 个经济合作协定。例如，匈牙利同资本主义国家（西德、意大利、法国、奥地利等国）签订了 164 个这种协定。很多经互会成员国同西欧大多数国家签订了关于经济、科技和工业合作的政府间专门协定。例如，苏联同芬兰、英国、西德、意大利、比利时和丹麦订有这种协定；匈牙利、保加利亚同欧共体成员国订有这种协定；波兰、罗马尼亚和捷克斯洛伐克同意大利、法国、英国、西德、比利时和丹麦也订有这种协定。苏、法两国在科技方面开展合作：建立彩色电视系统、征服宇宙空间、研究利用海洋资源、和平利用原子能等，是一个较为突出的例子。1971 年 10 月，苏、法之间签订关于发展经济、技术和工业合作协定，标志着苏、法两国的经贸关系发展进入了一个新阶段。在这些协定中，包括关于法国参加在苏联建设欧洲最大的汽车工厂和乌斯特—伊里姆木材工业联合企业的合同，关于共同建设世界上最大的汽车柴油发动机（每台发动机的功率为 210～320 马力）工厂（年产 25 万台发动机）的合同，关于苏联参加在法国马赛附近的弗斯·休·麦尔建立冶金联合企业的协定等。经互会国家与芬兰的经贸关系发展得最为充分。1972 年，芬兰同经互会成员国的贸易额占其对外贸易总额的 15.4%，其中同苏联的贸易额占 12.2%，同波兰的贸易额占 1.3%，同德意志民主共和国的贸易额占 0.5%，捷克贸易额占 0.8%，同罗马尼亚贸易额占 0.5%，同匈牙利的贸易额占 0.3%，同保加利亚的贸易额占 0.1%。芬兰对从经互会成员国获得对许多重要商品的需求。在 70 年代中期，苏联在芬兰燃料柴油和重油进口中所占的份额为 100%，食糖为 90%，棉花为 80%，石油为 72%，木材为 70% 左右，固体燃料为 40% 以上（其中焦炭约占 70%）。此外，经互会成员国还是芬兰生产的金属切削机床、汽车、黑色金属轧材、有色金属、肥料、化学产品等商品的主要供应者。

（二）经互会成员国与美国的贸易关系

第二次世界大战结束后，美国政府对经互会成员国采取了一系列歧视性贸易措施，制定并且通过了一整套旨在限制同经互会欧洲成员国进行贸易的法律和规章。美国在 1948 年 3 月对出口社会主义国家的一切商品实行许可证制度。1949 年，美国国会通过了"出口管制法案"，把美国对经互会成员国出口的歧视政策用法律形式固定下来，禁运商品扩大到 2800 种之多。

20 世纪 50 年代初，美国同经互会成员国的贸易额极小。例如，1954 年美国对苏联的出口额仅为 50 万美元。美国和经互会成员国的贸易在 60 年代仍处于低水平。比如，1960 年美国在经互会成员国贸易额中所占的比重约为 1%，1969 年为 0.8%；经互会成员国在美国对外贸易中所占的比重 1960 年为 0.8%，1969 年为 0.6%。

针对这种情况，1973 年 2 月美国总统助理 P·弗莱尼肯在其对实业家的演说中承认，"我们得出这样的结论，我们的盟国同东欧各国的贸易超过我们同这些国家的贸易额几乎 19 倍。现在对我们来说，是提高美国在这些国家市场上的比重的时候了。我们生存在竞争的世界上，我们始终需要国会的帮助，使我们能够与日本人和西欧人的机会相等。"因此，美国尼克松政府在 60 年代末稍许放宽对经互会成员国的贸易限制，70 年代初已经显示出增加经互会成员国同美国贸易的可能性。1972 年，经互会成员国同美国的贸易额比 1970 年增加了一倍多。

1972 年 5 月，苏联领导人同美国总统理查德·尼克松在莫斯科举行会谈。在这次会谈中，双方签署的《苏联和美国相互关系原则》第七条指出，苏联和美国把经济贸易联系看做是巩固双边关系的重要的和必要的部分，并且将积极地促进这些联系。它们将有助于苏联和美国的组织和企业之间的合作，有助于签订有关的协定和合同，其中包括长期协定。

苏、美两国领导人莫斯科会谈以后，苏联和美国的经济关系开始活跃起来。但是，旨在大规模发展苏、美经济关系的最初的实际步骤之一，乃是1973年4月苏联同美国的西方石油公司签订的协定。协定规定，美国公司参加在古比雪夫城附近建设一个生产矿物肥料的工业联合企业，由美国向苏联供给过磷酸，苏联向美国供应化肥。这个长期协定规定了价值约80亿美元的相互供货。

苏联还同美国的通用电气公司签订了关于电机制造、电工技术和原子能问题的协定；同美国的休列特－帕卡尔德公司签订了关于科学测量仪器、医疗电子技术和应用小型电子计算机的协定，同美国的布朗一鲁特工程技术公司签订了关于制定各种设计和工程建设方面的协定；还同美国的胜家缝纫机制造公司、贝克特利公司、国际电话电报公司等签订了协定。

有些美国公司购买了经互会成员国（首先是苏联）处于领先地位的科技专利。例如，苏联对美国企业提供诸如金属加工、冷藏装置和冰冻装置方面的专利权和生产方法。

（三）经互会成员国与日本的贸易关系

19 60~1971年，经互会成员国和日本之间的贸易额增加了6倍多。其中，经互会成员国对日本的出口额增加了几乎5倍，从日本的进口额增加了将近8倍。

20世纪70年代以来，日本已成为经互会成员国的主要贸易伙伴之一。1965年日本在苏联同资本主义发达国家贸易中占第3位，而在1972年跃居到第2位。1973年10月10日在莫斯科签署的苏联日本联合声明中指出，双方得出必须加强经济合作的一致意见，包括合作开发西伯利亚和其他地区的自然资源。

二 同发展中国家的合作

发展中国家是区别于社会主义阵营国家与资本主义阵营国家的世界第三种力量。苏联对发展中国家的主要经济战略是力图通过对发展中国家提供经济援助，扩大与发展中国家的经济贸易关系，吸引发展中国家向社会主义阵营靠拢，以扩大社会主义阵营的影响。经互会成员国与发展中国家的经济合作，是通过帮助发展中国家新建和扩建原有的工业、动力，农业、运输业及其他部门的企业和工程，帮助它们开发自然资源等方式实现的。

经互会成员国对发展中国家的经济和技术援助的特点是，把帮助的重点放在建立、巩固与扩大这些国家的国营经济上。

在 1972 年，经互会成员国已经给予并且继续给予 63 个发展中国家以经济与技术援助，兴建了大约 2900 个工业企业和项目，其中 65% 以上已经建成和投产。经互会成员国和发展中国家签订了 135 项经济和技术合作新协定，这些国家包括印度、埃及、阿尔及利亚、伊朗、土耳其、孟加拉国等，客观上促进了这些发展中国家的经济发展。如在苏联援助下建成的阿斯旺水电站提供的电力占埃及全国电力生产的一半，这个水电站生产的电力将近 70% 可供该国的各大企业使用。从阿斯旺水电站投产以来到 1972 年底，它的收入为 9 亿多卢布。阿斯旺水电站动力代替热电站动力每年能节省价值 6 千万卢布的燃料。规模巨大的纳赛尔人工湖能够额外灌溉 84 万公顷土地，一年生长二三茬农作物。

在埃及的赫勒万地区，在苏联、德意志民主共和国、波兰、罗马尼亚和捷克斯洛伐克的援助下，建设了一座大型冶金联合企业。它包括很多大的企业，其中有冶金工厂、炼焦厂、化学工厂、烧结工厂、机床制造厂、生产锻造品的企业及其他工程项目。

在阿尔及利亚，在保加利亚和苏联专家发现的铅锌矿基地上建成了阿别德选矿工厂。

在很多情况下，经互会成员国帮助建成的企业，是发展中国家新兴经济部门的第一批企业，这些企业的建成有助于发展中国家经济结构的完善。

经互会成员国在为发展中国家培养经济人才和技术工人方面给予极其重要的帮助。培训的主要方式之一，就是在建设企业与安装设备过程中，由经互会国家的专家培训当地工人，以及在工作地点及在建设企业时组织短训班和教学中心方式进行。此外，还通过在经互会国家的企业、设计部门和科学研究机构进行生产技术训练的办法培养发展中国家的学员。

发展中国家与苏联合作兴建了100多所学院、技术学校和教学中心等。其中有印度的孟买工艺学院，缅甸的仰光工艺学院，几内亚的综合技术学院，阿尔及利亚的石油和煤气学院、石油中等技术学校，埃塞俄比亚的巴哈尔达尔技术学校，以及设在埃及、伊拉克、马里的教学中心等。埃及教学中心的设备，是按协作方式由德意志民主共和国和捷克斯洛伐克提供的。

在苏联及经互会其他成员国的学校和企业里，也为受援的发展中国家培训专家、技术员和熟练工人。如在苏联，为发展中国家培训技术专家和工人的教学工作直接在150多个先进企业里进行。在这些企业里，设有固定的教学基地。到1972年初，经互会成员国培训了来自100多个发展中国家的2.5万多人。

为给培养发展中国家的科技人才提供有利条件，经互会第27次会议通过了关于设立经互会奖学基金的决议，并向参加此项基金的经互会成员国建议，责成经互会执委会采取必要措施，以便从1974/1975学年起开始使用经互会奖学基金。

经互会成员国按优惠条件向发展中国家提供贷款，贷款金额约占给予经济与技术援助项目所需资金的 80%。向这些国家提供贷款的利息为年息 2.5~3 厘，从完成设备和材料的交货或工程项目开始使用后 1~3 年开始偿还贷款，偿还期限为 12~15年。经互会成员国提供的贷款和贷款利息，基本上是以该国传统的出口商品或本国货币来偿付的，也有一部分贷款是以经互会成员国帮助建成的工程所生产的产品来偿还。

根据经互会第 24 次会议建议成立的国际投资银行，设立了对发展中国家提供经济和技术援助的"特种贷款基金"。

经互会对某些发展中国家也给予了一些无偿援助。比如，苏联对孟加拉国恢复海港的正常航行给予了无偿援助；苏联给孟加拉国 10 艘配备有苏联海员的捕鱼船，并在两年内帮助捕鱼并培训当地船员。保加利亚向孟加拉国提供了 82 万外汇列弗的无偿援助；匈牙利无偿地供给孟加拉国一批药品和食品，波兰无偿地供给孟加拉国一批鞋类、服装、药品、医疗器材和 3 艘船舶。

经互会成员国协助发展中国家建造的工程项目，通常是靠这些国家本国的力量去建设。有些发展中国家缺乏技术人才和其他必要的条件，经互会成员国则实行建设"交钥匙工程"的做法，即由经互会成员国负责建成，交付完全可以投产使用的工程。例如，在几内亚成立了苏联的建筑机构，全部用苏联的力量和资金建设各项工程，在几内亚建成了锯木厂、罐头厂、屠宰冷藏联合企业、"季京"畜牧场、综合技术学院、体育场和"卡马因"旅馆。

发展中国家在经互会成员国贸易总额中所占的比重，从 1960 年的 6.9% 增加到 1972 年的 8.4%。1971~1972 年，经互会成员国同发展中国家的贸易额增长了大约 16 倍，1972 年为 56 亿卢布。经互会成员国向发展中国家出口机器设备、原料、燃料及其他商品，以促进发展中国家的经济增长和经济独立。同时，经互会成员国从发展中国家进口原料和数量日益增多的制成品及半成品。

20 世纪 70 年代以后，经互会成员国扩大了同发展中国家签订长期协定和合同的做法，大大增加了相互之间的贸易额。这些协定和合同使发展中国家在经互会成员国为自己的出口商品找到了稳定的和日益扩大的市场。

三　与国际组织的关系

根据《经济互助委员会章程》第 11 条，经互会可以同国际经济组织建立与保持联系。经互会同这些国际组织之间的关系，其性质和形式是根据双方的协议决定的。国际组织的代表可以应邀参加经互会机构的工作，由经互会秘书处根据经互会会议或执委会的决定发出邀请。

经互会执委会每年讨论秘书处关于同国际经济组织和科技组织联系采取措施的报告，并批准关于实现此类联系的计划。

经互会基本上是通过经互会秘书处同联合国所属机构和组织进行联系，联系方式是经互会代表将自己的活动通知这些国际组织，介绍自己的工作经验。

经互会同联合国欧洲经济委员会（简称欧经会）的联系，在经互会同国际组织的联系中占主导地位，因为欧经会在发展与不同社会制度国家之间的经济合作中起很大的作用。经互会同欧经会最初的联系是在 1955 年建立起来的，到 1959 年，这种联系用法律形式固定下来，并从 60 年代初期起不断加强，到了 70 年代，这种联系已极为广泛。经互会秘书处，一方面参加欧经会的主要活动，向它提供经互会的活动情况，并邀请它的代表参加经互会常设委员会会议及其他活动；另一方面则大力协助欧经会研究有关的需迫切解决的问题。经互会秘书处和欧经会合作的重要活动之一，是为参加欧经会组织的关于影响轧钢生产劳动生产率

的各种因素的首次讨论会准备工作报告，准备关于轧材和管材生产中劳动生产率水平的报告，关于轧材和管材产品标准统一化的工作报告。

经互会参加了联合国贸易和发展会议的工作。经互会代表团以观察员身份参加了联合国贸易和发展会议的第一、第二和第三届会议。此外，经互会秘书处的代表还参加了联合国贸易和发展会议理事会会议及其所属委员会的工作。在向发展中国家传授经验以及发展国与国之间的贸易关系方面，经互会秘书处同联合国贸易和发展会议有着一定的合作基础。

应联合国工业发展组织理事会的邀请，经互会按协商的办法，参加了联合国工业发展组织所采取的一些措施。经互会秘书处的代表参加了联合国工业发展组织理事会会议及其他活动。

经互会秘书处的代表，应国际原子能机构总干事的邀请，作为观察员参加了国际原子能机构的有关会议。例如，经互会秘书处工作人员于 1971 年参加了国际原子能机构大会及和平利用原子能国际会议。国际原子能机构也参加了经互会"和平利用原子能常设委员会"的活动，参加了它组织的讨论会和研究会，以及在制定"放射性物质安全运送规则"方面进行合作。

经互会始终保持同联合国经济和社会理事会的联系。经互会代表定期参加经济和社会理事会常会的工作，在出席会议时，通报关于经互会协调国民经济计划的经验等情况。

经互会秘书处同联合国教科文组织建立了正常关系，并参加其所属机构的工作。1967 年，经互会秘书处曾派代表参加联合国教科文组织召开的"建立普及科学情报国际体系办法研究中心"第一届会议。经互会秘书处按时派代表参加联合国教科文组织的大会和经互会关心的其他活动。例如，经互会代表参加了联合国教科文组织举办的题为《弗·伊·列宁与科学、文化和教育的发展》的科学讨论会等活动。

经互会秘书处的代表同联合国亚洲及远东经济委员会和非洲经济委员会有着定期的联系。1971 年，经互会秘书处曾派专家参加了联合国亚洲及远东经济委员会组织的关于经济发展问题的讨论会，并在会上介绍了经互会协调国民经济计划方面的经验。1973 年，经互会秘书处的代表参加了联合国非洲经济委员会成员国部长会议，在会上向与会者介绍了社会主义国家经济一体化综合纲要。经互会秘书处还派代表参加了联合国粮食及农业组织的会议，并在会上报告了经互会在农业和食品生产方面的情况。

经互会同世界卫生组织就防止水污染问题进行过联系。因此，世界卫生组织秘书处的代表也参加了经互会成员国水利机构领导人会议。

经互会秘书处同斯堪的那维亚国家参加的北欧理事会建立了联系。1971 年，北欧理事会秘书长访问经互会秘书处，并交换了关于经互会和北欧理事会活动的情报。应北欧理事会的邀请，经互会秘书处工作人员参加了北欧理事会举行的欧洲国际组织代表会议。1973 年，在北欧理事会举行的第 5 次欧洲国际组织代表会议上，经互会秘书处代表在发言中阐述了关于经互会与芬兰合作协议的基本情况。

经互会与西方阵营最重要的经济组织欧共体的经济联系不很密切，它对欧共体长期采取不承认、不接触、不谈判的"三不政策"，直到 20 世纪 70 年代初期，双方的关系才有所松动。1973 年 8 月 27 日，经互会秘书长法捷耶夫在同丹麦对外经济部大臣伊瓦尔·内戈尔进行非正式会谈时建议，就经互会和欧洲共同市场建立"较密切的接触"举行正式会谈。同一时期，经互会还就信贷、技术和工业合作及关税等问题，向欧共体提出了一些非正式建议。但受种种因素的制约，经互会与欧共体直到 1988 年才相互正式承认，而这时离经互会解体的日子已为期不远。

　　需要指出的是，除去冷战因素外，作为组织与组织之间的合作，经互会与欧共体之间的联系存在一大障碍：欧共体的组织机构享有相当一部分权力和经济实力，欧共体机构在权限范围内通过的法令要高于各成员国的法令，各成员国政府和议会必须服从，并在很多情况下欧共体的决策实行少数服从多数的原则，这就使欧共体能发挥比较有力的协调作用。反映在对外经济关系方面，欧共体执委会有权代表欧共体国家在一切对外贸易关系上采取行动。而经互会建立在相互协商的基础上，实行全体一致原则；在对外经济关系上，经互会没有类似于欧共体的这种委任代理权，经互会成员国保持着对外贸易政策上的自主权。受到上述障碍的限制，阻碍了欧共体与经互会之间建立并发展两个组织之间的联系。

第六章

经互会取得的成就和
存在的问题

一 经互会取得的成就

经互会成立以来，各成员国经济都取得了很大成就，这是与经互会的作用分不开的。根据 1982 年《经互会统计年鉴》公布的材料，苏联在 1960～1981 年期间，社会总产值增长 2.36 倍，工业总产值增长 3.18 倍，农业总产值增长 51%；保加利亚分别增长 3.87 倍、5.3 倍和 78%；匈牙利分别增长 1.92 倍、2.19 倍和 73%；民主德国分别增长 1.89 倍、2.3 倍和 44%；波兰分别增长 1.64 倍、3.1 倍和 41%；罗马尼亚分别增长 4.56 倍、8.94 倍和 103%；捷克斯洛伐克分别增长 1.63 倍、2.16 倍和 45%；蒙古分别增长 2.32 倍、5.56 倍和 38%。当时，经互会已成为世界上一个重要的经济集团。至 20 世纪 80 年代初，经互会国家的国民收入约占世界国民收入的 1/4，工业总产值约占世界工业总产值 1/3，农业总产值约占世界农业总产值的 1/5，发电量占世界发电总量的 22%，煤产量占世界总产量的 31%，石油产量占世界总产量的 23%，天然气产量占世界总产量的 35%，钢产量占世界总产量的 32%，水泥产量占世界总

产量的 22%，化工产品占世界总产量的 32%。

　　从东欧国家来说，经互会成立初期，对打破西方国家实施的经济封锁，解决各国当时的经济困难起了积极的作用。此后，通过经互会成员国间的经济合作，促进了各国的经济发展。东欧各国自然资源贫乏，长期以来由苏联向它们提供燃料和原料，如石油、天然气和含磷原料等，基本上解决了这些国家单独不能解决的困难。东欧国家外汇短缺，它们从苏联进口石油等产品以及东欧国家间的贸易都是以货易货，无需支付外汇。同时，苏联向它们提供的燃料和原料价格低于国际市场价格。东欧国家国内市场狭窄，技术力量有限，许多产品难以打进西方市场，而苏联却是它们工农业产品稳定的、广阔的出口市场。所以，东欧国家普遍认为，如果没有经互会的合作，它们的经济是不可能得到迅速发展的。由于苏联的帮助，供应设备和材料，提供设计技术，在许多情况下还提供贷款，许多经互会东欧成员国建成了一些大型工业企业和生产部门。蒙古、古巴和越南从与苏联和东欧国家经济合作中也得到很多好处。如为蒙古普遍勘探矿藏，兴建了工厂；为古巴制定了开采镍、钴矿藏的设计方案，每年从古巴进口数百万吨食糖；为越南兴建了 100 多个重要项目，其中包括苏联帮助兴建装机容量为 190 万千瓦的"和平"水电站、装机容量为 65 万千瓦的普吏热电站、年产 120 万吨水泥的平山水泥厂等。

　　苏联参加经互会也获得了很多好处。例如：通过经互会的合作，苏联可以获得某些东欧成员国的先进工业技术和科研成果，促进本国工艺水平和劳动生产率的提高；可以从东欧国家得到许多所需的产品，补充苏联国内市场商品供应的不足，同时可以通过经互会作为推销其产品的市场；通过共同建设联合项目，可以解决资金和劳力不足的某些困难，加速苏联东部地区自然资源的开发，可以腾出资金和人力发展本国急需的工业。当然，除了经济利益外，苏联通过经互会更能得到政治上的利益。

经互会成立以来的成就有以下几个方面：

（1）经互会国家经济发展速度比较快，其增速高于欧共体国家。1951～1983年，经互会国家国民收入增长了7.6倍，年平均增速为6.8%；而欧共体国家国民收入只增长2.3倍，年平均增速为3.3%。在这一期间，经互会国家工业产值增长了13倍，年平均增速为8.6%；而欧共体国家工业产值只增长了2.8倍，年平均增速为4.3%。在此期间，经互会国家农业产量增长1.6倍，年均增长为3%左右；外贸额增长了32倍（年均增长11.5%）。

经互会国家人口占世界总人口1/10，而工业产值由1950年占世界工业总产值18%增加到1983年约为33%；国民收入由占世界的15%增加到占25%。工业生产中机器制造业占全世界总产值34%，化学产品占世界总产量的32%，农业产值占世界总产值的20%。

（2）经互会国家中一些原来经济落后国家已变成有相当工业发展水平的国家。1951～1980年，工业在国民经济中所占比重，保加利亚由36%增长到51.8%；匈牙利由26.5%增长到49.5%；波兰由26.3%增长到54.7%；罗马尼亚由43.3%增长到59.3%。这一期间，农业包括林业在内在国民经济中所占比重都降到15%～16%左右。这些国家已由原来的经济比较落后的国家发展为较发达的工业—农业国。

在经互会建立初期，按人口计算的工业产值，东欧成员国中农业国与工业国的差距为1：4.6；到20世纪80年代初，就成为1：1.4。例如保加利亚，原来工业基础很差，二战前几乎没有什么工业，二战后在苏联援助下发展了一些基础工业。60年代以后，保加利亚参加了专业化生产，承担电吊车、电叉车的生产。在20年时间内，从无到有，从落后到先进，到80年代初期，这些工业部门已成为保加利亚出口产品的重要部门，产品的质量、数量都有很大提高。从 60 年代到 80 年代，电吊车的年产量由 4000 台增为 12 万台；电叉车由 3000 辆增加到 65500 辆。保加利亚还生产电子计算机的部分设备，产量占世界第 4 位、欧洲第 2 位。

（3）人民生活水平有了提高。在经互会成员国中，民主德国人民的生活水平最高；捷克斯洛伐克、匈牙利次之；然后是保加利亚，它在低水平情况下赶上来，提高比较快。

（4）由于采取一体化方针，并侧重发展工业尤其是机器制造工业，工业门类比较齐全。经互会国家在能源、原料、材料、机器设备等方面的自给率较高。

仅以经互会内部通过成员国间的贸易可满足需要的情况来看，如机械设备达 68%，硬煤达 99%，原油达 70%，天然气达 93%，铁矿石达 77%，生铁达 96%，钢铁制品达 66%，木材达 70%。同时，一些先进技术项目也有不少发展，如原子能发电、微电子技术、工业用机器人等。

苏联需要的若干民用重要产品是东欧国家提供的，例如，1976～1980 年，东欧国家提供了苏联所需要的海运、河运船舶的 40%，客车车厢的 26%，大轿车的 13%，农业机械设备的 13%。苏联利用东欧国家进口的食品工业设备生产水果蔬菜罐头的 40%、糖及糖果等占 30%、牛奶制品占 15%。

由于上述这些条件，苏联得以集中力量发展军事工业，保持同美国的战略均势；增强其军事实力，维持其超级大国的地位。

二　经互会存在的问题

但是，随着经互会国家经济的发展，经互会的合作体制愈来愈不适应经互会国家经济发展的要求，最明显的有以下一些问题。

（一）经济活动的非市场性

考 察经互会经济活动的非市场性，必须首先考察其高度
计划性和垂直联系的特点。经互会的经贸活动基本上
是以苏联为中心呈放射状向东欧国家扩散。经互会成立之初，具
有很强的政治色彩，斯大林时期，苏联随意规定贸易条件；虽然
赫鲁晓夫时期有所改变，但不是由市场来决定商品价格，而是人
为地规定商品价格的做法基本上被延续下来。

1950 年以前，经互会国家在其相互贸易中通常是遵循资本
主义市场的价格。但在朝鲜战争期间，资本主义市场上开始了投
机性的物价猛涨，这一过程由于美国建立战略储备而日益严重，
结果人为地抬高了个别商品的价格。出于阻止资本主义市场发生
的投机过程对经互会国家的贸易产生有害影响，因此经互会国家
达成协议，不变更它们贸易中采用的合同价格。在 1951～1956
年期间，是以 1949～1950 年上半年的世界价格作为确定经互会
国家相互贸易中合同价格的基础；1957 年是以 1956 年全年的平
均价格作为合同价格的基础。

1957 年经互会开始制定经互会成员国相互贸易的价格形成
原则。1958 年 6 月经互会第 9 次会议批准了社会主义国家贸易
中制定价格的原则，这个原则成为经互会成员国相互贸易中确定
合同价格的基础。

经互会国家相互贸易的外贸价格通常是长期稳定的，规定了
长期贸易协定有效期内的价格。在长期协定生效期间，签订下一
年合同时，除非根据一方建议，并经双方协商，在必要时可修改
个别商品的合同价格。

这样，一直到 60 年代以前，经互会国家的外贸商品价格都
不是以世界市场商品价格作为基础，而采取"自己的价格基
础"。比较典型的例子是石油的价格，这是苏联向东欧国家出口

的最重要的商品之一。最先是 5 年一作价，价格是人为规定的，与国际市场价格不挂钩，苏联吃了很大的亏。70 年代中期，世界石油、原材料价格上涨 15 倍，苏联坚持要改为以前 5 年世界市场平均价格作为经互会内部制定年度价格的基础 10 年不变，从而使石油价格发生了有利于苏联的变化，引起了苏联与东欧国家之间的价格之争。1971 年匈牙利在经互会布加勒斯特会议上提议，将经互会内部关系建立在市场经济的基础上，经互会内部价格参考世界市场价格，但遭到了拒绝。万般无奈的匈牙利领导人卡达尔不得不保持国内价格与国际市场价格的脱钩，导致匈牙利在石油危机中缺乏应变能力。从 1975 年以来，苏联向东欧国家出口的原料每年都要涨价，如 1977 年涨了 200%，但仍没有达到世界市场的水平。苏联认为还需要提高能源的价格，因为能源的低价"意味着燃料出口国向进口国提供优惠。由于这种优惠基本上是单方面提供的，因此保证交换的所有参加国获得平等的物质利益，便成了一个迫切的问题"。1975 年，经互会内的外贸价格改为每年确定一次，即以在前 5 年主要市场价格基础上的协定价格来代替 5 年固定的价格。例如，把 1971～1975 年的平均价格作为 1976 年的作价基础，1972～1976 年的平均价格作为 1977 年的作价基础，等等。经互会成员国定期进行协商，修正价格，经过修正后得出的价格，在长时间内是不改变的。即便这样，经互会国家的外贸价格也与世界市场价格不接轨。由于价格由官僚协议，经互会内部又实行专业化合作和国际分工，规定某些国家放弃生产一些产品，而另一些国家又必须生产某些产品，造成了许多商品独家经营，舍此无他，以致经互会内部"竞争已完全绝迹"，这样一来，产品的质量自然就没有保障。经互会变成了各国竞相推销次品的场所，技术进步的动因也大大地削弱了。

　　经互会很多成员国都对经互会价格的形成原则持批评态度。

保加利亚《国际关系》杂志 1974 年第 4 期发表评论说"应该承认，这一制度还存在着实质性的缺点。最大的缺点是，合同价格制度脱离了社会主义各国的生产条件，没有真正反映出产品的费用，这在许多情况下在很大程度上限制了或者不能促进经互会成员国之间互利的经济联系的发展。""合作的实践还表现在价格形成的个别原则，如互利的原则，已遭到部分程度的破坏，这首先关系到农产品与食品的价格。根据苏联经济学家奥塔尔诺夫斯基的材料，1971 年经互会成员国相互贸易的合同价格根本脱离了它自己的基础——世界价格，在机器和设备方面比世界价格高 19%，工业原料低 8%，农产品和食品低 19%。可见，在经互会成员国的贸易中形成的换货比例同世界的比例迥然不同，其中农产品和食品的价格最低。在这种情况下，农产品和食品出口国由于按较低的价格出售自己的产品而不断遭到相对的损失。""价格与价值不符的某些现象是经互会国家的特点。60 年代所做的计算表明，经互会成员国的农产品和食品的平均生产费用比这些商品在经互会成员国当时的相互贸易中的合同价格高一到两倍，这种合同价格整个说来是同世界价格的水平一样的。根据匈牙利经济学家阿乌什和巴尔塔的计算，1963 年经互会国家之间的贸易价格，在机器方面比世界高 26.9%，原料比世界高 15.4%，而农产品和食品比世界只高 1.7%。""到 1971 年，价格的不断变化，使农产品的合同价格比世界价格相对下降了 19%。在同一时期，由于许多客观原因，农业和食品工业的生产费用继续上涨了。世界农产品的生产也有这样的趋势，因而最终导致了近几年来价格的提高。然而，经互会国家贸易中的价格几乎未变，价格不能保证收回生产费用的情况出现并加深了。生产和出口这类产品的国家已开始遭受损失。"保加利亚阿罗约所著的《国际社会主义经济一体化》一书中写道："1958 年通过的价格形成的原则并不总是受到维护的，原因是运用这些原则的方法不够明确和

完备。有时在商定某种商品的合同价格时，个别国家的主观意愿占了上风。破坏这些原则的主要结果是：在确定社会主义国家贸易的合同价格时使用的资本主义市场的价格不够有代表性，同样的商品有不同的价格。"

与外贸价格密切联系的是各国货币的兑换率问题。经互会各国的货币无法兑换。经互会的成员国虽然在 1971 年就决定，1980 年之前实现各国货币的可兑换性，但是直到其解体以前，仍然在试行可兑换卢布（即转账卢布）制度，可转账卢布是经互会成员国的集体货币，它以苏联卢布为基础，并基本与卢布等值。但它只能用于经互会内部的结算、合同、信贷与支付，不能用于生产，更不能作为国际通用货币使用。同时，苏联也就成了这些国家货币兑换的决定者，各国只能与苏联垂直联系而较少横向交流。经互会内部的经贸关系缺乏价值的共同等价物，货币、价格或汇率不符合经济的实际内容。各成员国之间的货币无法自由兑换导致经互会国家在各国之间就统一成本费和价格问题始终未达成令大多数成员国都满意的协议，用转账卢布表示的各成员国输出商品的价格有时显著地不一致，造成了经互会成员国官方的兑换率和其货币购买力不一致的现象大量存在。即便在经互会内部，多余的转账卢布也不能转换成所需要的商品，贸易顺差的一方不能得到现汇，而只能在对方的市场上购买商品，以至于在与西方的贸易上转账卢布什么职能也不能发挥，不能起到真正的货币作用。苏联经济学班梅廖夫称，转账卢布是"没有出生就死了的胎儿"。这样一来，经互会就与世界市场基本上是脱轨的。正如一位西方专家所指出的，"从发挥作用这个意义上讲，经互会不像欧共体那样是一个真正的多边组织，它只是一个双边联系的组织，其目的是协调计划，维持'订货'"。一位匈牙利官员曾对经互会的货币体制表达了一种更为极端的看法："经互会不是市场，而是古老社会中那种原始的换货的现代化了的形式，在经互会中之所以用卢布来进行结算，那是因为人们觉得如果用鱼鳞或小石子来做结算手段会叫人感到不好意思。"

（二）经济运行的封闭性

受斯大林"两个平行市场"理论的影响，经互会基本上是一个自给自足的、封闭的经济体系。苏联经济学界所谓"国际经济机制"，就是指经互会国家内双边和多边合作的形式和方法的总和，苏联与东欧国家的相互供销服务占了主导地位。经互会与西方发达资本主义国家的软联系不很密切，它长期对欧共体采取不承认、不接触、不谈判的"三不政策"，直到1988 年才正式相互承认。经互会国家对外贸易总额的 60% 是在内部进行的，平均占国民收入总值的 18%。不仅是能源资源，而且其他最重要的原料的 80% ~ 90% 都是在经互会内自给自足的。苏联机械设备产品进口的近 60% 来自经互会国家，相当于经互会国家对设备、工具等的投资的 35%。到 1986 年，来自经互会国家的机械设备产品占苏联进口的 71.1%，占东欧国家这类产品出口的 45.8%。另外，与欧共体国家有近一半的燃料要依赖于从第三世界进口不同，经互会可满足内部煤炭需求的99.2%、石油的 69%、天然气的 93%、铁矿砂的 76.7%、粗铁的 96%、黑色冶金产品的 66.3%、木材 70%、生活日用品的61%，占经互会进口工业产品的 1/3；而欧共体才占 17%。但欧共体在世界贸易中的比重达 36%，而经互会不到 10%。苏东国家的货币都是不能自由兑换的，存在着支付手段的障碍，因此它们能进口多少欧共体国家的货物，取决于它们能向西方世界出口多少货物。

经互会经济运行的封闭性还表现在其内部关系方面。一是以苏联为中心，在经互会贸易额中苏联的比重是比较大的，一般都

在 40% 以上，而东欧成员国间相互经济联系比较松散。苏联是东欧各国最大的贸易伙伴。

经互会经济运行的封闭性还表现在经互会国家之间的经济联系都是通过政府协议，而不是由企业、公司之间直接联系的。如到 1988 年，只有 1600 多个苏联企业与经互会其他成员国建立了直接的经济联系。它们的商品流通额不到苏联与其他社会主义国家总的商品交换额的 0.8%，在发展生产合作方面没有起到多少作用。经互会国家间有关直接联系的企业所完成的贸易占经互会国家之间贸易的比重是很小的，如保加利亚的这个比重还不到 2% ~ 2.5%。很显然，这种贸易方式不能提高企业和生产者的生产积极性。

（三）经济发展速度减缓，外债剧增

这一问题表现以下方面。

1. 从 20 世纪 70 年代中期以后，经互会国家的经济增长率出现了下降趋势。苏联和东欧 6 国 1966 ~ 1970 年国民收入年平均增长为 7.4%，1971 ~ 1975 年为 6.2%，1976 ~ 1980 年为 4.1%。进入 80 年代以后，国民收入年增长率进一步下降。1981 ~ 1985 年的国民收入年平均增长为 3.0%，1985 年的国民收入比上一年减少 1.4%，1986 年只增长 0.6%。罗马尼亚、捷克斯洛伐克、保加利亚在 80 年代经常完不成年度经济主要计划指标。

经济发展速度逐步放慢，特别是在 70 年代中期以后。如工业生产发展速度，70 年代中期以后普遍放慢，而在 1980 年、1981 年、1982 年的几年中，有的国家出现了负增长。苏东 7 国加在一起，1976 ~ 1980 年工业产值年均增长 4.8%，1981 ~ 1985 年年均增长 3.4%，而 1986 ~ 1989 年年均增长只有 3.2%。

表 6 – 1 苏联、东欧国家工业产值年均增长情况

单位：%

年份	1961 ~ 1965	1966 ~ 1970	1971 ~ 1975	1976 ~ 1980	1981 ~ 1985	1986 ~ 1989
保	11.7	10.9	9.1	6.0	4.3	—
匈	7.5	6.2	6.4	3.4	2.0	0.8
民德	5.8	6.5	6.5	4.9	3.6	2.9
波	8.4	8.3	10.4	4.7	0.1	3.1
罗	13.8	11.9	12.8	9.6	4.0	3.3
捷	5.2	6.7	6.7	4.6	2.7	1.7
苏	8.6	8.5	7.4	4.4	3.6	3.4

　　与此相适应，经互会各国的经济力量在世界经济中的比重，在 50 年代到 60 年代曾有较快增长；而在 70 年代中期到 80 年代末，一直没有什么改变，呈现了一种停滞的趋势。按苏联的统计，经互会国家工业生产一直占全世界工业生产 1/3，这个数字 10 多年来没有什么变化。苏联同美国若干重要指标对比，如国民收入、工业生产、农业生产、工农业劳动生产率等方面，从 1975 年直到 1989 年也一直没有变动。

　　至于在世界市场中的地位和实力，以及东欧国家贸易额所占比重，在 1960 年占世界贸易额约为 10%，到 1980 年却降低为 8%，绝对额虽有增长，但相对地位却下降了。

　　造成这种经济增长速度下降的原因是多方面的。这里有各国粗放因素已近枯竭的情况，靠扩大生产规模来发展生产的条件越来越差了。外部因素也起很大作用，首先，原料、燃料价格上涨（世界市场价格，1970 ~ 1980 年原料价格上涨 2 倍多，燃料价格涨了 10 几倍）。进口数量也受到限制，苏联宣称资源有限，廉价燃料时代已过去了，这使东欧许多国家贸易逆差增大。其次，苏联和东欧国家在 60 年代后半期，特别在 70 年代初期，把向西

方贷款进口机器设备作为加速发展的重要手段之一，其结果带来了负面效应。苏联东欧各国到 1981 年净欠西方国家债务达 914 亿美元。其中，保加利亚为 23 亿美元，捷克斯洛伐克为 36 亿美元，民德为 115 亿美元，匈牙利为 74 亿美元，波兰为 230 亿美元，罗马尼亚为 100 亿美元，苏联为 237 亿美元。捷克斯洛伐克《外贸》杂志（1982 年第 4、5 期）指出东欧国家 70 年代基本建投资普遍减少的情况后说："60 年代后半期，特别是 70 年代初，一部分投资额是通过不断增加从发达资本主义国家进口机器实现的。这实际上是加速了投资活动，然而在很大程度上是用贷款来实现的。目前这条道路已走不通，却走上逐步偿还这些贷款更加艰难的道路，其中包括偿还高额利息，目前的这种转变正使投资范围缩小"。1975 年前后，经互会国家开始出现财政赤字，其中东欧国家的债务尤为严重。根据联合国欧洲经济委员会通常保守的估计，在 1978 年年底，东欧国家的债务已达到大约 250 亿英镑。截至 1982 年，东欧国家欠西方的债务已达 660 亿美元。波兰是一个典型的负债国，70 年代以来，波兰从西方大量进口货物和技术，它指望用向西方大量销售产品的办法来偿付债务。然而情况恰恰相反，由于石油危机等原因造成的西方经济衰退，使波兰失去了一个兴旺的市场和出现了巨大的贸易赤字。波兰官方曾坦率地透露，为了支付一笔 80 多亿英镑可兑换货币债务的利息和本金，波兰必须拿出它在 1979 年全年所挣得的硬通货的一半以上。截至 1980 年 7 月，波兰欠西方的债务已接近于 200 亿美元；1986 年达到了 382 亿美元，居东欧各国之首。东欧其他国家的情况与此大致相似。由于粮食歉收和需要从西方进口粮食，更使这个问题复杂化了，甚至连资源丰富的苏联也遭遇了同样的困境。70 年代中期以来，苏联同西方五大伙伴国美国、意大利、法国、日本和西德的贸易额每年约有近 40 亿美元的逆差。苏联的困难是由于进口率高再加上出口缓慢造成的。经互会国家经济停滞和国际收支状况的恶化导致了人民实际生活水平的降低，像波兰这样债务危机最为严重的国家在 1980 年甚至爆发了经济危机，从而带来了一系列严重的政治和社会后果。

2. 苏东国家的工业技术进步迟缓，同西方国家存在不小的差距，能源、材料消耗大，产品质量不高，这种情况使得这些国家在世界市场上缺乏竞争力，更造成这些国家还债困难。而这点又同经互会国家的计划体制有关。苏联作为大的原料、燃料生产国，保证基本供应就是一个大市场，产品在经互会市场按合同协定供货差不多都可包下来，有时西方市场不行，苏联可以要。这一方面对东欧国家是件好事；另一方面却使得一些国家长期无压力，不去改进质量，降低消耗。各国经济体制对新技术反应也很迟钝。以能源消耗来说，到 70 年代末，经互会成员国国民收入的单位能源消耗量比欧共体主要国家（联邦德国、英、法、意等）的相应指标平均高 30% ~ 40%。如捷克斯洛伐克就高出 20% ~ 50%。如以保加利亚与希腊相比较，保加利亚的国民生产总值人均为 3690 美元，低于希腊的人均 3960 美元；但保加利亚消耗的能源却比希腊高出 36%（保加利亚人均能耗 5403 公斤标准燃料，希腊人均能耗为 3960 公斤标准燃料）。苏联东欧国家的产品在世界市场上缺乏竞争力。就东欧国家向发达资本主义国家出口产品的构成而言，60% 是工业原料；29% 是工业制品，而且主要是消费品；12% 为农产品。这不能不受世界市场价格波动的影响。苏联的出口产品结构以原料、燃料为主；以 1981 年为例，75% 是能源——石油及天然气，20% 是原料，只有 4% 是工业制品。而工业制品在西方国家销售不畅，主要原因是质量低，销售网及维修网也差。70 年代末，苏制"拉达"牌小汽车在瑞士一度销路不错，但后来受到日本进口轿车的排挤。苏联在芬兰市场上出售小汽车 11875 辆，日本则为 50886 辆。苏联人埋怨芬兰人使用日本小汽车的太多，要求芬兰人购买苏制小汽车。但芬兰外

交部一些官员说，进一步鼓励芬兰人购买苏制小汽车几乎无能为力了，尽管芬兰税收体制对苏制"拉达"牌这样价廉的小汽车还享受最惠国待遇。

捷克斯洛伐克工业基础不错，但因为粗放经营，对能源、原料价格的变化估计不足，科技水平又落后了 10～15 年，特别在自动化、电子化、微型化方面更落后。1982 年捷克斯洛伐克的机械产品达到世界先进水平的只有 10.9%，能源消耗却多 1 倍，原材料消耗多 26%～30%，生产率下降，产品形成大量积压。

一些东欧国家，由于技术水平低，从苏联得不到先进的设备，为了从西方进口必需的机械，只能想方设法把优质产品输往西方国家。博戈莫洛夫抱怨说：经互会国家之间的相互贸易中，机器设备的数量下降，它们从西方进口的数量却增加了。他说，1976～1980 年，东欧国家从西方进口机器设备的金额达 90 亿卢布，在化学工业方面占 65%，矿山冶金、炼油设备占 49%，而这些设备原本可以从经互会国家进口的。他还埋怨说，东欧国家的食品、消费品在经互会国家间相互贸易中的数量下降，只占贸易总额 9%。这是因为东欧国家要还外债，一些国家不得不向资本主义发达国家出口消费品以赚取外汇。

3. 经互会国家人民生活虽有提高，但经济效益差，相对说来，其生活水平提高的速度还不如原来与它们的基础大致相同的西方国家。捷克斯洛伐克在二战前曾是世界 15 个工业强国之一，人均国民生产总值高于奥地利。但到了 1989 年，捷克斯洛伐克的人均国民生产总值不足 5000 美元，居世界第 33 位；而奥地利的人均国民生产总值是 17820 美元，居世界第 12 位。匈牙利在二战前的经济发展水平比芬兰高，到 80 年代中期，国民生产总值只及芬兰的 1/5。保加利亚的经济状况在二战前同希腊差不多，它的人均国民收入在 1955 年还略高于希腊，但到了 1988 年就只有希腊的 3/5 左右。再如民主德国，它在经互会国家中人民生活水平算是最高的。它同联邦德国经济起步的水平大致差不多，但经过 30 多年的发展，联邦德国的人均国民生产总值在 1980 年占世界第 6 位，民德则占第 21 位，民德的工业生产率相当于联邦德国的 70%。以生活水平相比，联邦德国工人人均净收入在 1960～1975 年增长了 82%，而民德工人的人均净收入只增长 53%。在 1976～1981 年，联邦德国工人周人均收入增长 33%，而民德工人周人均收入只增长 14.7%，民德工人的实际生活水平约为联邦德国工人的一半左右。

造成这种状况的原因是多方面的，不只是东欧国家的计划管理体制存在问题，更主要的是经互会的经济运行体制统得过死，强制分工，缺乏灵活性，使各成员国的传统产业得不到发展。如民主德国的飞机制造业受到限制，它所需的飞机完全从苏联进口；它的轿车制造业不能大规模发展，与联邦德国相比，仅为 4.7:95.3；拖拉机从苏联进口 6 万多辆，且质量不佳；纺织业、机器制造业因受分工限制，二战后无多大发展。强制性的国际分工，对经济落后的国家一时可起到促进发展的作用，而对民德这样的经济较发达国家却起了促退作用。此外，只强调经济发展速度，但不讲经济效益，不讲人民得到实惠，这是经互会成员国人民生活水平改善过程缓慢的一个重要原因。

4. 20 世纪 70 年代以后，经互会国家的发展出现了一系列问题，经济发展速度慢下来了，效益差，外债负担沉重，在总体上落后于西方发达资本主义国家。这些都给苏东关系带来了负面的影响，使得经互会成员国内部矛盾日益加剧。

（四）经互会成员国之间矛盾的加剧

经互会内部的矛盾主要表现在两个方面：一是苏联与东欧成员国之间围绕商品的价格、质量、数量、金融体系等方面出现的矛盾；二是经互会内部以苏联为代表的较发达国家与欠发达国家

之间围绕国际分工、专业化生产、科技合作、共同开发等方面出现的矛盾，具体而言，主要表现在以下方面。

第一，能源供应问题

按照经互会的协议，苏联在 1990 年以前应充分满足东欧成员国对能源的需求。由于苏联的燃料、原料基地逐渐移至东部地区，开采、运输增加了困难，石油产量又连续几年减产。特别是国际石油价格大幅度上涨，苏联为了赚取外汇，压缩了对东欧成员国的能源供应量，使东欧成员国日益增长的能源需要得不到完全满足，造成有些国家的工业企业开工不足，交通运输受到严重影响。为此，在 1979 年召开的经互会第 33 次会议上，东欧成员国一致要求苏联履行经互会第 32 次会议上通过的"能源广泛合作的长期协定"。但是苏联在 1980 年仍然宣布，在 1981～1985 年期间，它每年供给东欧成员国的石油只能保持在 1980 年的数量，即比原来的许诺减少了 20%，引起东欧成员国的很大不满。在以后的经互会会议上，东欧成员国常常就能源合作问题提出意见。匈牙利总理拉扎尔在经互会第 37 次会议上指出，发展经互会内部经济合作的主要问题，过去和现在都是如何可靠地满足经互会国家对能源的长期需求。罗马尼亚总理德斯克列斯库也指出，在当前以及今后很长的一段时期里，确保所有成员国对能源和原料的基本需要，按合理定额和接近人均消耗量来确定其数量，是一个头等重要的问题。他认为，经互会在这方面的合作"不能令人满意"。罗马尼亚由于在经互会范围内所获得的石油、天然气、煤炭、新能源和基本原料等产品的比例比其他成员国少得多，它不得不用自由外汇进口很大数量的能源和原料。苏联虽表示要作出努力，今后尽可能多地供应燃料和原料，但又强调，苏联今后向东欧成员国供应能源和原料的能力，"在很大程度上取决于这些国家在多大程度上提供苏联国民经济所需要的产品"。1984 年 6 月举行的经互会最高级会议上通过的《关于进一

步发展和加深经互会成员国经济和科技合作基本方针的声明》
中还明确规定："为保证苏联向其他成员国提供原料和能源，有
关国家应采取必要措施向苏联提供必需的产品"。东欧各成员国
为了继续长期得到苏联提供的石油和天然气，则被迫接受了上述
苛刻条件。东欧各成员国不得不同意改组自己的经济，以便提供
食品，或者提供可以从西方国家得到的优质机器和日常消费品，
作为支付苏联能源供应的手段。苏联与东欧各国的矛盾因此进一
步加深了。

第二，能源价格问题

20 世纪 70 年代上半期，世界市场石油价格骤涨。苏联在
1975 年决定把它供应东欧成员国的石油价格提高 130%，而且以
后还要定期地重新确定售价。在 1975 年春季召开的经互会执委
会会议上，苏联提出，从 1976 年起，把 1958 年经互会会议上规
定的石油价格 5 年不变的原则，改为每年按前 5 年世界市场石油
平均浮动价格进行调整。然而东欧成员国向苏联出口的机器产品
等价格较低，特别是匈牙利和保加利亚等国向苏联出口的农副产
品的价格远远低于世界市场的水平，结果使它们的对苏贸易出现
很大逆差。仅在 1975 年至 1980 年的 6 年间，东欧成员国对苏联
的贸易逆差就达 62 亿卢布，使这些国家在经济上蒙受重大损失。
比如，由于 1975 年石油出口实行新价格制度，苏联把每吨原油
的价格从 16 卢布提高到 37 卢布，匈牙利在 1973 年花 1.13 亿卢
布购买了 630 万吨石油，但在 1975 年为购买 680 万吨石油需支
付 3.1 亿卢布。其他国家也承受了石油价格上涨而造成的损失。
虽然苏联允诺其伙伴国向它出口货物的价格适当提高，但这不足
以使它们的进出口额保持平衡。比方说，匈牙利的出口额将增加
8% 或者 9%，但它的进口额将增加 13% 或者 14%。80 年代以
来，世界市场石油价格下降，而苏联向东欧成员国出口的石油仍
按前 5 年的平均价格为基础继续上涨，1982 年上涨了 29%，

1983 年又上涨了 17.1%。为此，在石油价格问题上经互会成员国经常发生争吵，东欧成员国要求改变计价办法。1984 年 6 月，经互会最高级会议决定，从 1985 年起，将原有的石油计价办法改为按前 12 个月的平均价格计算，以接近世界市场的浮动价格。价格矛盾虽有缓和，但这次会议并未规定调整成员国出口的农副产品和机械产品的价格，所以价格方面的矛盾并未解决。苏联与东欧成员国的矛盾还表现在其他商品的价格方面。东欧成员国时常指责苏联压低进口商品的价格，抬高出口商品的价格。早在 20 世纪 50 年代，波兰就曾指责苏联以低于世界市场的价格进口波兰的煤，使波兰遭到经济损失，此事直到苏联向波兰补偿 22 亿卢布才作罢。

　　第三，经互会内部商品的供求之间经常发生矛盾，由于供货质量问题而经常相互指责。

　　苏联批评捷克斯洛伐克不履行供货合同，产品质量差，延误供货，致使苏联一些工程项目不能按时投产。捷克斯洛伐克反过来抱怨同苏联的合作使它的机械产品的质量落后于西方国家，因而失去了一些与西方资本主义国家贸易的市场，减少了它的外汇收入。匈牙利党的政治局委员涅尔什·雷热对苏联公开表示不满说："我们（指匈牙利与苏联）之间有这样的争论，甚至领导人一级也应该进行争论，不能指望在数量、质量以及价格上避免争论。"匈牙利认为，它的钢材产品在国际市场上缺乏竞争力，是因为苏联供应的铁矿砂质量太差。匈牙利提出申请，要求参加国际货币基金组织和世界银行，以防"苏联经济伞漏雨"。苏联对保加利亚也有不满，说保加利亚把高精产品卖给西方国家赚取外汇。1987 年保加利亚不把粮食卖给经互会国家，而卖给西方国家以赚取外汇，使苏联和经互会其他成员国既眼红又不满。更有甚者，有些国家（如波兰）把苏联"援助"或从苏联进口的石油或粮食转手销往西方，赚取黄金和美元，使苏联领导人大为恼怒。苏联也强迫东欧成员国高价购买其"软商品"（质量次的商品），以补偿据称由于低价出售能源而蒙受的损失。东欧成员国被迫向苏联提供大量低息贷款，以帮助苏联开发能源。苏联还要求东欧成员国用可兑换货币和高质量商品支付部分能源付款。即便如此，苏联还是两次（1982年、1991年）把出口东欧的石油转向国际市场，以补偿其硬通货收入的下降。但是，一些东欧成员国也有对付苏联的办法，通过暗示该国存有某种地缘政治上不稳定的迹象，迫使苏联以石油换取自己的"软商品"，甚至赤裸裸地向苏联索要石油和美元。

第四，在如何与西方国家发展关系的问题上经互会成员国与苏联之间也存在矛盾。

如前所述，苏联历届领导人在经互会保持封闭的经济运行机制问题上意见都是一致的。这种运行机制阻碍了经互会国家与西方资本主义国家进行经贸往来，但是，世界市场的力量却是无可阻挡的，并未因出现了经互会国家市场而瓦解。例如在1952年，经互会国家间相互贸易加在一起，在其贸易总额中只占65%，而它们同资本主义国家进行的贸易额仍占35%。实践证明，即使在封闭的体制下，经互会国家仍需从西方资本主义国家进口大量的商品，获得所需的资金和技术。随着经互会国家经济增长率的逐年下降和经济状况的逐渐恶化，在如何对待与西方国家发展经济关系的问题上，苏联与其他成员国的矛盾也有所激化。

匈牙利很多经济专家都认为，经互会是封闭性的经济组织，同西方国家经济联系很少，不利于这些国家的科技发展、经济增长和较快提高人民的生活水平。这种合作组织形式已经过时，仅靠经互会满足不了各成员国对资金和新技术的需要。匈牙利经济研究所顾问涅尔什认为，经互会不应是闭关自守的，而是与世界其他地区联系在一起的。外来的影响时而有利，时而不利，但是这种对外关系决不是不利的。如果缩小这种关系必然会增加不利

的影响。他强调指出，世界经济对经互会国家所起的影响绝不只是消极的。在研究经互会国家的合作问题时，同时应该研究如何改善和发展成员国与非社会主义国家的关系，不能把与非社会主义国家的关系视为次要的问题。他还批评了一体化的一些措施，如：双边贸易定额缺少灵活性；"专项纲要"在"经济上没有充分根据"；《综合纲要》放在一国计划中是"格格不入的一部分"；在合作中"没有起鼓励作用"；国际合营组织是"流于形式"。匈牙利《现实》（*Vasulog*）杂志 1982 年 7 月号发表了乔巴（Csaba）的文章，对经互会封闭型体制做了详尽批评，强调了以下几点：

（1）经互会与世界经济不可分。他认为，区域性的合作、一体化，是同世界性的一体化是一个平行的过程。区域性的一体化并不能摆脱世界经济的影响。他认为，没有一个国家，即使是经互会中最大的国家，也不能实现完全的技术上的独立。经互会国家贸易只占世界贸易总额的 6%，而价格形成规律并未能使地区市场的价格与世界市场价格分离。占 94% 的世界市场价格，是经互会国家之间调整贸易价格的唯一真实的基础。世界市场的价格似乎只对小国起影响作用，而苏联则不同，它可在必要时取消同世界市场的联系，这是一种"传统"观念。连苏联现在对外贸易也对本国建设日益起着重要作用。

（2）苏、美关系虽然紧张，但经互会其他成员国在东西方之间仍可发展经济关系，苏、美关系即使冷淡，并不一定给华约与北约的成员国的政治经济利益罩上一层阴影，以至于它们不再维护这些利益。因为，不论情况发生怎样的变化，任何一种区域性的联合也不能抵消与世界经济建立的联系。即使在冷战年代，经互会国家也没有同西方国家断绝一切经济关系。因而，即使转为内向，作为一种有生命力的因素——世界经济的纽带，也不会中断。

（3）为了使转为外向型的可能性变为现实，经互会国家的经济管理体制和一体化机制需要进行经济学家从 60 年代中期以来一直主张的那种变革。

（4）对西方借债过多，直到成为负担，是因国内政策有问题而不是对外开放问题。经互会国家在 1980 年借债累计达 880 亿美元，从区域上来说，特别是对于世界最大的产油国和产黄金国属于一体化成员来说，这笔债额不算多。造成困难的原因是经互会国家没有把外资用于经济现代化，组织世界市场上畅销的商品的生产，而是用来维持 1973～1978 年的转为内向型的经济增长上，用于弥补预算的亏空及维持消费水平上。

（5）转为内向型必然导致实行指令性管理措施。转为内向型的发展，在整个 80 年代可能只是暂时的，但它将导致经互会国家日益落后于世界经济，并导致社会紧张。转为内向型的选择不是什么新鲜东西，而是经互会 30 多年来一直奉行的"代替进口"经济政策的继续。这种做法可能对资本主义世界减少依赖性的进程有所促进，但实际上收效很小。这种选择即使要付出巨大的代价，也不能为社会主义指出一个与资本主义进行生产竞赛中真正取胜的、现实的、蓬勃发展的远景。

一个选择转为内向的、停滞不前的经互会集体，很难想象能加强在世界贸易中的影响，很难想象它能为一个进攻态势的外交政策打好基础。

（6）经互会国家要在世界经济竞争中站稳脚跟，必须把区域性一体化，同世界经济一体化成为出口方针的工具，经互会国家才能从出口方面参加国际分工，而转为外向型是以国内管理体制进行某些改革为前提的。

罗马尼亚党的机关报在 1983 年 6 月 12～14 日召开的经互会国家最高级会议后发表的编辑部文章中强调："经互会不是闭关自守的组织，而应向广泛合作敞开大门。因此，经互会国家在文

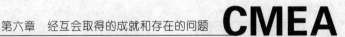

件中强调，它们将促进与其他社会主义同家，同发展中国家和发达资本主义国家的合作"。罗马尼亚领导人齐奥塞斯库在这次高级会议（7月19日）后，对美国记者发表谈话，表示罗马尼亚既和美国又和苏联保持良好关系，罗马尼亚的独立政策与同美国发展合作是没有矛盾的。

在与西方国家的经济联系方面，民主德国由于其历史上的特殊性而走得更远。如有的报刊称它为既是经互会成员国，又是共同市场成员国；民主德国是东欧的"特区"。所以出现这类说法，主要是因为，民主德国与联邦德国在经济上有多方面的联系，有其特殊性。20世纪80年代以来，两个德国在反污染、环境保护、文化交流、电视交流等方面有30多个小组进行合作。1983年8月，民主德国从联邦德国获得2.5亿美元贷款，1984年7月，又获得另一笔3.3亿美元货款。作为回报，民主德国开始拆除柏林墙边界线上的自动发射装置，并放宽两个德国之间人民来往的限制。联邦德国大众汽车公司和西门子公司准备用其专利在民主德国投资建厂，生产汽车。这种情况不能不影响民主德国对经互会的态度以及对国际问题的态度。另一方面，民主德国是苏联的最大贸易伙伴，占苏联外贸总额的10%。它与经互会各国也有许多联系。因此，民主德国的态度是对经互会只一般的谈其重要性和拥护苏联的措施；但在对同联邦德国的关系方面，凡是对己有利的就自行其是，毕竟是经济利益关系起的作用更大。面对这种情况，苏联对民主德国多方施压，对联邦德国也大肆攻击，但仍同其发展贸易关系，贸易额在1983年增长了19.7%。但是，两个德国之间由于存在民族感情和经济利益关系的因素，两国经济关系的发展和民主德国对苏联独立自主倾向的发展却是苏联难以遏止的。

第五，由于苏联在经互会内的实力地位，东欧国家对苏联经济的依赖，苏联实际上控制了经互会，利用经互会组织为自己谋取本国利益。

首先，在苏联影响与控制之下，不能不给东欧国家经济建设带来了苏联模式的深刻烙印，如侧重发展重工业，中央高度集中的计划体制，农业过急的集体化，过早消灭非社会主义经济成分。苏联批判了南斯拉夫以后，又批判了波兰哥穆尔卡的"民族主义"错误，苏联的社会主义模式在东欧国家更成为天经地义不容怀疑的东西。

其次，苏联同东欧国家关系不都是平等的。如苏联与波兰的关系，西里西亚划归波兰后，斯大林提出要办合营公司，波兰领导人贝鲁特不同意，只答应以低价煤供给苏联，加上铁路无偿运输，使波兰损失很大。直到波匈事件后，苏联仅补偿21亿卢布了事；再如民主德国负担苏军的占领费用共达100亿马克。此外，苏联与一些东欧国家办合营公司都是不平等的。这些为后来苏联同这些国家关系的发展带来了很不好的后遗症。

再次，苏联控制了东欧国家的战略原料和稀有金属。捷、匈、民主德国、保加利亚的铀矿几乎全部被苏联所控制。匈牙利出产铝土，但苏联不准匈牙利发展炼铝工业，而是以低价收购铝土，再向匈牙利供应铝锭。捷克斯洛伐克的波希米亚中部和摩拉维亚南部铀矿丰富，其中的9/10运到苏联，并由苏联专家领导勘探、开采和运输工作。只有苏联拥有这方面的资料，这些资料对捷克的同行也是严格保密的。凡苏联能大量生产的机器设备，就不许其他成员国生产，或迫使它们压缩生产。例如，东德被迫放弃传统的飞机、拖拉机和大汽缸汽车制造工业，匈牙利被迫放弃制造普通卡车和收音机。在价格问题上，苏联有时不顾"兄弟情义"攫取高额利润，如苏联卖给东欧一些国家的原子反应堆，价格比国际市场高四倍。

在经互会内，苏联在双边或多边的国际贸易公司中起主导作用。苏联还利用东欧国家的资金和劳动力来开发苏联的资源和从

事建设项目，如《1976～1980 年经互会成员国多边一体化措施协调计划》规定：苏联和其他成员国共同建设 10 个项目，其中在苏联领土上有 8 个。10 个项目的总预算为 90 亿转账卢布，由苏联和东欧国家各承担一半。在苏联境内的项目建成后，所有权归苏联，东欧各国只按投资比例获利。东欧各国派遣了成千上万的熟练工人，包括到苏联度假的大学生都到苏联从事项目建设，如开发资源、架设输电线路、铺设铁路、建造住宅和收割庄稼，等等，以利用东欧国家的廉价劳动力。苏联的这些行经引起东欧国家的不满。

第六，经互会内部的矛盾还表现在经济发达国家与欠发达国家之间，它们的分歧主要表现在国际分工、生产专业化与协作等合作机制和一体化问题上。

经互会成立之初，就经济发展水平而言，其成员国可分为三类：苏联、民主德国和捷克斯洛伐克是工业国家，它们的国民经济发展达到很高水平，工业生产在国民收入中占主要地位。匈牙利和波兰构成了农业—工业国类型。阿尔巴尼亚、保加利亚和罗马尼亚为第三类国家，它们都是落后的农业国，农业是国民经济的主要部门，农民构成了人口的绝大多数。

第一类国家希望通过经互会使自己成为经济发达的社会主义国家；第二类国家希望借助经互会使自己成为工业国或工业—农业国；第三类国家希望得益于经互会，使自己变成农业—工业国，甚至成为工业国家。各成员国的愿望很不相同，但在国际分工和专业化问题上，经互会倾向于使发达国家发展工业，欠发达国家发展农业。苏联自然是经互会一体化最积极的倡导者。民主德国、捷克斯洛伐克希望以各自现有的经济科技实力为基础，得到更多的发展机会，也愿意加强经互会，希望更多地协调各国的计划，进行生产专业化与协作。而那些经济欠发达国家对经互会所倡导的生产专业化与协作和一体化进程采取了明显的抵制态度，认为建立超国家的经济机构会损害它们的国家利益。

罗马尼亚最坚决反对经互会成为经济一体化的机构，罗马尼亚官方代表在各专家委员会的一切会议上都反对这个主张。他们认为，根据1960年经互会国家的莫斯科声明的规定，各成员国可以独立探索本国走向社会主义的道路。在1962年6月经互会成员国党的领导人会议上，波兰党的领导人哥穆尔卡提出搞社会主义国家经济一体化，罗马尼亚领导人表示不能同意。赫鲁晓夫提出应取消国界，成立超国家的计划机构，也遭到罗方的反对。在1963年4月召开的经互会执委会上，罗马尼亚反对苏联提出的经济一体化计划，而且得到了匈牙利和保加利亚的支持。这几个国家指出，它们不会因社会主义国家的共同利益而放弃它们参加具体生产部门的权利。它们认为，像捷克斯洛伐克和民主德国这样工业化水平较高的国家进行生产专业化与协作将损害它们进行工业化的努力。

罗马尼亚、匈牙利和保加利亚的报纸发表了许多文章认为，把工业生产的整个部门从一个国家转到另一个国家，它所造成的困难将多于它所能解决的困难。1964年这场争论公开化了，4月26日，罗马尼亚党中央委员会发表《关于罗马尼亚党在国际共运和工运问题上立场的声明》，指责苏联搞大国沙文主义。1964年苏联《莫斯科大学学报》发表瓦列夫的《罗、保、苏多瑙河地区经济发展》的文章，主张把罗马尼亚的大部分、保加利亚的一部分与苏联乌克兰的一小部分在多瑙河沿岸的地区组成国际生产综合体，发展商品农业，供应谷物、蔬菜、葡萄、水果及其加工制品，"发展成为社会主义大家庭各国范围内比现在更为重要的生产商品性农产品地区"。工业则只限于建立石油、机器制造、造船、电气技术、农机等企业。而且在"与乌克兰工业地区联系加强的情况下"，"工业要东移"。这是以苏联为工业中心，而要其他国家从事农业或生产某些次要工业产品的计划。该

文发表后引起经互会国家的不满。

罗马尼亚对这篇文章反应强烈，在《经济生活》1964年第24期发表了《违反社会主义经济关系的基本原则》的长篇文章。它指出：建立国际生产综合体的主张损害了罗马尼亚的独立和主权，实际上是"企图使解散某些社会主义国家国民经济和国家领土过程理论化"。文章认为，这是一个践踏罗马尼亚领土完整，瓦解其民族和国家团结的方案，照此去做，"罗马尼亚作为国家，罗马尼亚人民作为民族都将不复存在"。它声明，罗马尼亚不参加任何"国际综合体"以及任何超国家的社会主义一体化的合作形式。

罗马尼亚还针对民主德国出版的《经互会成员国之间的国际经济合作的基本问题》一书借题发挥，批评"统一计划"和"统一的国际经济机构"的主张，说这种主张就是"废除国家所有制和独立国家的经济，取消国家的独立和主权"；认为"统一计划思想包含着严重的经济和政治纠纷"；指出这种主张只关心社会主义世界体系内建立区域性生产的"一体化"集团，因为仅考虑参加经互会8个成员国而未考虑尚未参加经互会的其他社会主义国家（主要指中国），这只会造成世界社会主义体系分裂的危险。

1964年6月5日，罗马尼亚领导人乔治乌·德治会见中国驻罗马尼亚大使，谈了罗、苏矛盾、罗、美谈判、发展罗、苏关系等问题。乔治乌·德治在谈话中指出，要别国搞工业，罗马尼亚却去腌泡菜了。此后，罗马尼亚在经互会和在华沙条约国会议上一直反对苏联提出的干涉其国家主权、民族独立的任何经济措施，只同意在尊重本国主权的基础上协调计划，参加对其有利的活动。

1972年，匈牙利出版的一本评述经互会经济专业化与协作的书中写道："一些国家，当然也包括匈牙利，停止了某些产品的生产，而承担机械工业的国家不论在数量上还是质量上都不能满足其他国家的需要，这反映了专业化的缺点。例如，匈牙利停止了货车车厢的生产，而要从生产货车车厢的国家进口以满足需要，这不仅是现在，而且在今后几年也会遇到很多困难。又如，匈牙利承担了生产公共汽车和 800LE 型柴油机方面满足其他国家的需求，然而，在这方面却是没有可能的。由于不能供货，所以，有些国家有时就得自己生产这类产品，这就造成了巨大的额外开支。"

保加利亚《国际关系》杂志 1972 年第 4 期载文称："经济结构的交错和相互适应，并意味着有些国家将发展采掘工业或者农业，而另一些国家则发展机器制造业或者化学工业。这种做法实质上不是经济结构的有机交错，而是单一的国民经济的相互补充。"1974 年保加利亚出版的一本论述"经济一体化"的书中写道："农业原料和食品生产的专业化同样要求有发达的机器制造业、化学工业和其他工业来提供必要的机器、肥料、农药等。如果全部的机器、肥料和农药都由专门生产这些产品的国家来提供，那么，一国经济就会变成不必要的依赖他人的、不完备的和不协调的经济，它的必要的内部比例就被破坏了。一国经济不完备和生产相互脱节也会阻碍国际范围内的生产专业化。应该特别注意，各国经济发展仍然存在不平衡，经济发展水平不一样，各国之间的生产专业化与协作的基础就不牢。实际上，这种不牢靠的基础在一定程度上是业已建立的但并非正确的国际专业化的表现。由于历史的原因，经济水平较高的国家在加工工业方面实行专业化，而比较落后的国家却在原料和农业生产方面实行专业化。这种专业化不能促进经济合作，不能为专业化取得更高的经济成果创造前提。"

1975 年 5 月 30 日，罗马尼亚《自由罗马尼亚报》报道："我们不同意那种观点，即把经互会各成员国加在一起的最大经

济效益作为实行和向各成员国分配国际专业生产的唯一或主要的标准。仅仅从各成员国总和上计算效益的标准，会掩盖各国得到的好处不相等，甚至会扩大各国之间现有的差距。特别重要的是，还要通过别的一些标准来衡量国际协作和专业化的效益，例如：各种协作和专业化的形式对每个成员国发展生产力和取得技术进步的作用，对使各国发展水平接近和趋于一致的作用，对保证对外经济交流平衡的作用。"

罗马尼亚坚决反对自己永远充当经济发达伙伴的原料"供应者"的角色。罗马尼亚发表文章说："超国家的经济一体化……这类形式的国际经济一体化的实践，严重损害了各国的主权职能，严重损害了各国的政治和经济独立的完全实现。"经互会企图把罗马尼亚的经济导向农业，而罗马尼亚并不愿永远充当一个进口机器设备的农业国。罗马尼亚强调经互会的任务是缩小和拉近成员国之间的经济发展差距。保加利亚也随声附和道：社会主义一体化的发展要在本国国民经济全面发展的基础上实现，不应该使各国的民族利益恶化和人民的感情受到损害。

对于经互会成员国的科技活动、科学发明商品化的倾向，保加利亚表示反对意见，认为这只有利于发达国家，而不利于欠发达国家，从而不利于各国经济发展水平的接近。发达国家的潜意识里认为，欠发达国家拖了自己的后腿。民主德国和捷克斯洛伐克认为，经互会内部的国际分工和生产专业化要求考虑各成员国的利益平衡，优先照顾欠发达国家，这使它们大失所望。

在经互会内部，苏联本身处于比较矛盾的双重地位：对于东欧不发达的成员国来说，苏联充当了经济发达国家的角色，因为它生产了不少尖端产品；对于东欧较发达的成员国来说，它又充当了原料供应国的角色，而需要从这些国家进口大量的机器设备，使苏联长期带有发展中国家的色彩。据匈牙利《人民自由报》报道，匈牙利向苏联出口的 68% 是工业品，而从苏联进口的 62% 是原料和半成品，从民主德国进口的也大多是先进的工业设备。

　　总的来看，经互会这个经济合作组织在特定历史条件下虽起过一些积极的作用，但消极面不少，而且在其发展后期存在的问题更多，因此这种经济合作模式并不是成功的。这主要因为，经互会虽然名为经济合作组织，但在实际上是同政治—军事集团结合在一起的。东欧成员国独立自主的发展经济总要受到苏联的各种阻挠，直到武器装备的需要，首先服从于苏联同美国争夺霸权以及保持在东欧势力范围的需要。经互会这种体制更多的是在经济发展低水平情况下带有某种强制性的结合，尽管苏联在有些时候和在某些具体问题上可以对东欧国家做某些让步，使它们得到一些好处，但主要是从维持苏联的控制、支配地位的考虑出发的。它可以对加快落后国家的发展起积极作用，但对于原来工业发展水平较高的国家却起了妨碍其经济更快发展的作用；它在集中多国力量完成某些项目时是有效的，但在总的经济效益上却是差的。因此，在这种受到控制下的合作，缺乏平等互利原则的合作，在经互会的内部遭到成员国愈来愈多的批评和非难，经常出现矛盾，成员国的离心倾向愈来愈大乃是必然的趋势。

第七章

经互会使命的终结

一　经互会的解散

20世纪 80 年代后期，经互会成员国面临严重的经济困境。

经互会国家 1989 年的经济增长率为 2.5%，远低于 1988 年 4% 的水平。东欧国家的经济同发达资本主义国家间的差距进一步加大了。这些国家在经济困境中存在一些共同特点：经济发展总的来说都失去了平衡，其表现是：预算赤字和外债增加；多数国家短缺经济的特点更加突出；通货膨胀普遍存在，而且在不断加剧；人民生活水平停滞不前，有些国家还大幅度下降。与上述情况紧密相连的是，这些国家的商品在国际市场上的竞争力下降，无法按照需要增加贸易额和改善商品交换比率。

1989 年苏联总债务增加了 70 亿美元，达到 520 亿美元。尽管苏联有大量的黄金储备，但自 1986 年以来，苏联的债务增加了 305 亿美元。

波兰是经互会国家中西方国家的第二大债务国，1988 年总负债已超过 410 亿美元，纯负债为 380 亿美元。1989 年波兰的纯利息债务已达到 34 亿美元，几乎相当于它出口收入的一半

（约为 49%）。

保加利亚自 1986 年来的总债务增加了 47 亿美元，达到 108 亿美元。

匈牙利多年属于高债务国家，沉重的债务负担阻碍了匈牙利的经济发展和结构改革的进行。

在东欧成员国中，只有捷克斯洛伐克和民主德国的债务负担较轻。捷克斯洛伐克 1989 年底的总债务为 79 亿美元，纯债务为 60 亿美元。民主德国的总债务虽然比捷克斯洛伐克稍高（估计 1989 年底为 200 亿美元），但其在西方银行中尚有约 100 亿美元的存款。

据西方学者估计，要振兴东欧国家和苏联的经济需要约 1000 亿美元。

经互会国家的一些政治事件对经济发展所产生的影响也不可忽视。20 世纪 80 年代后期，苏联国内的民族矛盾更加尖锐；保加利亚和民主德国存在大量公民外逃现象；罗马尼亚发生了 12 月革命，同时民族矛盾也加剧了。这些国家复杂的政治状况使得他们的经济状况进一步恶化。

由于经互会国家经济上普遍面临经济困境和经互会合作体制上的矛盾不断加深，到了 20 世纪 80 年代末，要求改革经互会的呼声愈来愈高。

早在 1988 年 5 月 14 日，匈牙利《人民自由报》就刊登了匈牙利副总理马尔亚伊·约瑟夫对记者发表的谈话。马尔亚伊指出，应当按照新任务的要求，使经互会的机构进行根本的改革，以便把经互会的活动集中于解决具有战略意义的问题和进一步发展合作机制。"如果不坚决地发展商品和货币关系，经互会各成员国之间的经济关系就不会得到真正发展。把合作的计划手段同市场手段对立起来是不对的。经互会的工作必须发生转折，应当集中研究多边合作的主要问题，对经济手段进行彻底变革，加快技术发展，并为此创造必要的条件。为此，应当把经互会常设机构的数量减到最少数，减少官僚主义。过去几十年的情况表明，从长远观点来看，共同的决议代替不了货币—财政手段，因此，发挥财政手段的作用，实现信贷制度和财政制度的现代化是必不可少的。"上述情况表明，经互会有关国家的领导人已经将发展商品和货币关系看做是经互会改革的关键。

在这种情况下，或是对经互会进行彻底改革，或是解散经互会，两者必须做出抉择。

在定于 1990 年 1 月经互会在索非亚举行的第 45 次会议召开之前，改革经互会的呼声极为强烈。捷克斯洛伐克和波兰等国的激进改革派已经主张解散经互会。

1990 年 1 月，波兰对外经济合作部长斯维耶齐茨基对《华沙生活报》发表谈话说，计划一体化的模式已经过时，这意味着经互会的章程和一系列一体化的规定已经无效，建立一个新的、比较松弛的组织来取代经互会的时刻已经来临。他希望将在索非亚举行的经互会会议上就经互会的前途展开讨论，从一个新的角度来解决经互会存在的问题。

波兰财政部副部长东甫罗夫斯基于同年 1 月 5 日在记者会上说，波兰将在索非亚召开的经互会会议上提出旨在使经互会成员国之间的经济关系市场化的建议。

波兰部长会议主席马佐维耶茨基在赴索非亚参加经互会第 45 次会议之前，在同新闻记者的谈话中指出，经互会成员国之间的经济往来对经互会每一个成员国都具有非常重要的意义，但应当使经互会朝着实行市场经济原则的方向前进；必须使这一组织符合经互会多数成员国现在实行的这些原则，同时，经互会应当同其他经济联合组织，例如同欧洲共体接触。

匈牙利外长霍恩于 1 月 5 日在布达佩斯电台发表谈话时说，他虽然对于经互会是否应该解散和建立一个新的机构尚未有确切的看法，但是他认为，经互会目前的活动方式已不适应形势的发展。他说："我认为，出于政治上的考虑，也许较为得当的办法是彻底改组经互会。经互会成员国之间的合作应集中在双边协议方面。"

1990 年 1 月在索非亚召开的经互会第 45 次会议成为该组织具有转折性的会议。经互会的 10 个成员国于 1 月 11 日在会议上达成协议，同意走向以市场为基础的自由贸易制。这种贸易制的基础是基于世界市场价格使用硬通货交易，而不搞人为规定的价格实行易货贸易和软通货交易。

但是经互会各国对这种转变的速度和确切性质存在重大意见分歧。

索非亚会议结束后，苏联政府首脑尼古拉·雷日科夫对《真理报》记者发表谈话说："问题就是这样明摆着：要么我们真的丢开经互会，要么我们在新的原则基础上建立好的经济组织。"他认为，在索非亚会议上表现出了必须根本改变现状的坚定而统一的看法。

经互会第 45 次会议结束后，经互会在以后的几个月中开始进行改革，但受到了各个成员国的牵制，因为各成员国都在通过实行适应市场的改革，寻求自身摆脱经济停滞的出路。

经互会长期存在的一个重要问题是东欧国家"不想互相提供好东西，而把好东西都给了西方"。同西方国家的贸易使得经互会成员国获得了它们急需的硬通货，因此各国急欲扩大同西方国家的贸易联系。例如，民主德国已经提出同欧共体签署一项合作协定；匈牙利表示希望同奥地利一起加入欧共体。

1990 年 7 月苏联决定减少对东欧成员国 30% 的石油供应，这更使东欧成员国经济陷入混乱。一些东欧国家的油价开始猛涨，捷克斯洛伐克、匈牙利、保加利亚和罗马尼亚的汽油涨价 20% ~ 70% 。这对这些国家已经不稳定的经济产生的影响是极其

严重的，加剧了它们的通货膨胀。苏联对东欧国家供油政策的改变主要是因为苏联在该年上半年的油产量下降了 5%，苏联不愿意供应大量石油帮助东欧成员国。经互会成员国之间的易货贸易几乎不复存在。

于是波兰等国表示，如果苏联不履行供油合同，将不得不切断对苏联的供应，把本国的货物卖给西方，然后从西方买进石油。

在各国都希望在保持苏联这个贸易基地的同时争取使贸易多样化的情况下，经互会已成为各成员国与西方国家发展经贸联系的束缚，这是经互会走向终结的一个重要原因。

因此，经互会第 45 次会议虽然在形式上制订了革新这一组织并把彼此的经济关系转到市场基础上的任务，但经互会在实际上已属名存实亡。就在计划于 1991 年 6 月底举行的经互会第 46 次会议的前夕，匈牙利、捷克斯洛伐克和波兰主张给经互会举行"葬礼"。随后，经互会第 134 次执委会于 1991 年 1 月提议解散该组织。1991 年 6 月经互会举行第 46 次会议，6 月 28 日，经互会正式宣告解散。

二 经互会解体后遗留的问题

（一）经互会解体后的债务问题

经互会解散后，留下一大堆纠缠不清甚至是难于计算的债务。

对原经互会的东欧成员国来说，前苏联是它们最大的债务国。对前苏联所欠它们的债务，要说出一个准确的数字是不可能的，因为转账卢布（经互会使用的记账办法）不再存在了，而转账卢布一直有好几种兑换率，这些国家应根据协议确定的不同兑换率让苏联偿还债务。1990 年 12 月，苏联同意以 92 美分对 1 卢布的比价向匈牙利支付 20 亿卢布的债务；而匈牙利要求以 1 美元对 1 卢布。保加利亚则要求用出口产品来支付债务，由于政府的补贴，保加利亚出口产品的价格实际为 17 美分兑换 1 卢布。尽管捷克斯洛伐克和匈牙利对前民主德国而言是债务国，但它们对东欧其他成员国而言则是债权国。保加利亚、罗马尼亚和前苏联是主要债务国。

古巴、蒙古和越南则拖欠除它们之外的其他成员国的债务，因为它们多年来一直由苏东国家给予补贴。

即使以转账卢布计算，前经互会成员国在计算相互欠多少债务方面的意见也不一致。例如，保加利亚说它欠捷克斯洛伐克 9300 万卢布，而捷克斯洛伐克则认为保加利亚欠它 2.93 亿卢布的债务。苏联和波兰之间在这方面问题最棘手。波兰说它欠前苏联 49 亿转账卢布及 20 亿美元的债务；反过来，前苏联又欠它 80 亿转账卢布及 8 亿美元的债务。

对波兰及其他国家来说，最大的问题是，由于苏联已经解体，不知道应该找谁去算账。据俄罗斯方面说，经互会国家欠前苏联的债务共达 460 亿转账卢布，而这笔钱是不可能马上算清偿还的。

（二）经互会解体后对原成员国对外贸易和经济发展的影响

在经互会解体后，俄罗斯与东欧各国在经济转轨中付出的代价也是沉重的。转轨伊始，各国生产下降，有的国家下降超过一半，物价飞涨。俄罗斯实行休克疗法初期，国内生产总值和工业生产以每年超过 10% 的速度下降，预算赤字为国内生产总值的 10% 左右，1992 年的全年通胀率为 2200% ～ 2500%。西方学者认为，俄罗斯经济危机的深度已超过美国 20 世纪 30 年代的“大萧条时期”。波兰在 1989 年下半年的通胀率

曾达到 1500%。保加利亚 1997 年的通胀率达到 1082%。这些国家大量工人失业，除捷克斯洛伐克外，其他各国 1994 年的失业率达到两位数；债台高筑，外债成为经济发展沉重的包袱，如保加利亚多年来所欠外债是其 GDP 的 100% 左右；居民生活水平大幅下降，两极分化严重，如 1992 年罗马尼亚的贫困人口占全国总人口的半数，有 10% 的人出国谋生。形成上述状况的原因与经互会解体不无联系。在苏东剧变后，原经互会国家竭力想立即摆脱过去，进行激进的市场经济改革，在对外贸易上也力求全面导向西方，这是可以理解的。然而现实的情况是，几十年的"社会主义一体化"使前经互会各成员国的经济牢固地连在一起，瞬间便脱离以国家间相互供货协定为基础的贸易体制，改用世界通行的合作方式，致使它们的对外贸易遭到大规模破坏，使得它们的出口产品失去了昔日的市场，又一时难于找到新的市场；同时，它们也无法获得传统的进口原料，从而使这些国家在供给和需求两方面受到双重打击。

东欧国家的经济主要受原经互会范围内与苏联优惠贸易制度结束的直接影响。这个制度曾使东欧各国能够以低于世界市场的价格得到苏联的原料，而以更高的价格向苏联出口不易在别处找到市场的商品。然而，从 1992 年 1 月份起，苏联解体后，俄罗斯不再以低于国际市场价的价格卖给它们石油，并要求它们用可兑现货币结算。

在这种情况下，俄罗斯与东欧国家的贸易额锐减。以俄、匈两国间的贸易为例，1992 年第一季度俄罗斯和匈牙利的贸易额不到 1990 年同期水平的 1/4。匈牙利工厂里积压着为前苏联生产但未卖出去价值达 2 亿多美元的产品。约有 30 家以俄罗斯市场为目标的匈牙利主要工业企业，由于俄罗斯订货大大减少而陷入危机。以匈牙利的维拉蒂公司为例，该公司原是一家国营企业，属于匈牙利工业部，主要生产自动化设备，原经互会国家的卡车检测设备、数控机床的数控系统都是由这家公司生产的。它在 1989 年出口到经互会国家的产品达 16 亿弗令，由于经互会解体，1990 年的出口额锐减到仅 2000 万弗令，使公司的经营接近破产的边缘。

受经互会解体影响最显著的是俄罗斯。长期形成的各国之间的生产专业化分工和协作关系的中止，原料产地停止供货，消费市场不复存在，加工区域的协作中断等，使俄罗斯像被失去五官、砍掉四肢的巨人一样无法行动。此外，与东欧国家不同的是，俄罗斯受到原经互会与前苏联两层经济空间解体的影响，因此俄罗斯的生产滑坡超过东欧各国。有关专家指出，俄罗斯经济从 20 世纪 70 年代起已开始衰退。其主要原因是世界进入后工业化时代或第三次科技革命时代或信息时代。在先进的工业国家，重工业已不占主导地位，原料在市场商品价值构成中的比例大幅度下降。俄罗斯联邦向前苏联其他加盟共和国和经互会成员国输血的分工模式必然难以为继。苏联解体后，俄罗斯原来面向东欧市场的生产必然减产。失去市场，就必须放弃生产；失去多少市场，就必须放弃多少生产，否则损失就更大。这就是俄罗斯经济衰退的原因。

（三）拒绝回到过去

19 95 年八九月间，俄罗斯分别向阿尔尼亚、捷克、保加利亚、斯洛伐克、匈牙利、罗马尼亚、波牙利七国驻俄使馆代表提供了一份建议书，题为《关于独联体成员国和阿尔巴尼亚、保加利亚、匈牙利、波兰、罗马尼亚、斯洛伐克和捷克之间在经济贸易领域相互合作和建立伙伴关系的基本方针》。这份建议书包括如下内容：1. 经互会的解散和苏联的解体给俄罗斯造成了实际的经济困难；2. 绝大多数原经互会成员国普遍面临经济困难，它们在明确声明为加入欧盟而努力后，与欧盟实现一体化的进程仍是缓慢而艰难的；3. 以一种更符合时代

特征的新方式重建原经互会合作组织显然能够改变或减少这些国家对加入欧盟的兴趣；4. 邀请这些国家加入"小经互会"——同时它们也是欧盟的潜在成员国——为中介，在俄罗斯与欧盟之间建立一种相互联系和沟通的跳板；5. 这种新的合作方式能使俄罗斯保住它在上述国家的军火市场，在军事技术领域阻碍这些国家与北约军事系统的融合并淡化它们渴望加入北约的愿望。

俄罗斯在该文件中说，它提出建议书的目的是为了使独联体国家和东欧国家在不同经济领域、投资领域和外贸领域恢复传统联系和发展互利合作的经济关系，在市场经济的基础上，促进它与这些国家的企业和其他经济实体之间的交流与合作。

俄罗斯建议所有参与国团结起来，共同致力于解决一些重要的经济问题，创造更加有利的双边和多边合作条件，共同完成需要大量投资的经济项目，促进企业、公司和其他一些经济实体之间更加有效的商品流通、资本流通和劳动力的流动，为成立新公司创造必要的条件，努力探讨和实践新的合作方式。

为了实现上述目标，各伙伴国家将按照互利原则在国际范围内的合作问题上协调行动，从而使各参与国及其经济实体获得更大的经济效益，同时探讨它们之间进行中长期合作的可能性。

俄罗斯提出的建议书在最后强调，这种合作关系并不妨碍参加国与其他国家与经济共同体之间发展经济关系。

但俄罗斯的建议书受到了波兰、捷克、斯洛伐克和保加利亚等国外交部的正式拒绝。罗马尼亚外长梅莱什卡努认为，俄罗斯向上述国家递交建议书的目的，只是对这些国家进行试探，它并不要求给予正式答复。为此，1995 年 10 月 16 日罗马尼亚外长提出将不对此文件作官方性答复。在被特别要求表示原则立场的情况下，罗马尼亚将首先重申希望加入欧盟的坚定立场，然后表示它愿意以一种新的现代方式与俄罗斯和前苏联范围内的其他国家发展经济方面的互利合作关系。

附录一

经互会大事年表

1949 年

1 月 5 ~ 8 日　苏联、保加利亚、匈牙利、波兰、罗马尼亚、捷克斯洛伐克 6 国政府的代表在莫斯科举行会议，宣布成立经济互助委员会。

2 月　阿尔巴尼亚加入经互会。

4 月 26 ~ 30 日　在莫斯科召开经互会第 1 次会议。会议强调苏联与东欧国家建立密切的经济联系。

8 月 25 ~ 27 日　在保加利亚首都索非亚召开经互会第 2 次会议。会议制定了经互会成员国间实现科技合作与交流经验的原则。

1950 年

9 月　民主德国加入经互会。

11 月 24 ~ 25 日　在莫斯科召开经互会第 3 次会议，讨论经互会成员国之间的贸易关系。

1954 年

3 月 26 ~ 27 日　在莫斯科召开经互会第 4 次会议，讨论各经互会成员国之间进一步开展经济合作。

6 月 24 ~ 25 日　在莫斯科召开经互会第 5 次会议，协调经互会成员国的国民经济发展计划。

1955 年

12 月 7 ~ 11 日　在匈牙利首都布达佩斯召开经互会第 6 次会议，讨论了经互会成员国缔结长期贸易协定问题。

1956 年

5 月 18 ~ 25 日　在民主德国首都柏林召开经互会第 7 次会议，协调经互会成员国在 1956 ~ 1960 年期间国民经济发展计划。

中国在 1956 ~ 1961 年期间曾以观察员身份列席该组织的例行会议。

1957 年

6 月 18 ~ 22 日　在波兰首都华沙召开经互会第 8 次会议。会议期间签订了经互会成员国之间多边结算协定。

1958 年

6 月 26 ~ 30 日　在罗马尼亚首都布加勒斯特召开经互会第 9

次会议，研究逐步实现社会主义国际分工合作的实际措施，决定设立经互会建筑和运输业常设委员会。

12 月 11~13 日　在捷克斯洛伐克首都布拉格召开经互会第10 次会议。会议通过关于敷设输油管干线的决议，以便于苏联石油输往匈牙利、民主德国、波兰和捷克斯洛伐克。会议还决定，设立经互会轻工业和食品工业经济合作常设委员会、经互会科学技术合作常设委员会。

1959 年

5 月 13~16 日　在阿尔巴尼亚首都地拉那召开经互会第 11次会议。会议讨论了煤、钢铁、黑色金属等生产产量问题；并决定在各成员国动力系统之间建成输电线路，互相调剂各国的供电能力。会议还通过决议，加强机器制造业的生产专业化。

12 月 10~14 日　在保加利亚首都索非亚召开经互会第 12次会议。会议审议并通过了经互会章程和关于经互会的权能、特权和豁免的公约。

1960 年

7 月 26~29 日　在匈牙利首都布达佩斯召开经互会第 13 次会议，决定成立经互会和平利用原子能常设委员会；还通过了经互会会议议事规则及示范草案。

1961 年

2 月 28~3 月 3 日　在民主德国首都柏林召开经互会第 14次会议，讨论了成员国间签订长期贸易协定，进一步发展同所有社会主义国家的贸易，增加同资本主义国家的互利贸易问题。

12 月 12～15 日　在波兰首都华沙召开经互会第 15 次会议，制定了合理利用各成员国资源、实现社会主义国际分工基本原则草案。

12 月　阿尔巴尼亚宣布停止参与经互会的一切活动。

1962 年

6 月 7 日　在莫斯科召开经互会第 16 次会议。会上，成立了经互会由各成员国副总理组成的经互会执行委员会；成立了经互会标准化、协调科学技术研究、统计常设委员会；设立经互会标准化研究所。这次会议还修改了经互会章程；同意接纳蒙古人民共和国为经互会成员国。

12 月 14～20 日　在罗马尼亚首都布加勒斯特召开经互会第 17 次会议，决定成立经互会货币金融常设委员会。

1963 年

7 月 25～26 日　在莫斯科召开经互会第 18 次会议，批准用转账卢布进行多边贸易结算、成立经互会国际经济合作银行的协定。

1964 年

9 月　朝鲜、老挝、安哥拉、埃塞俄比亚、阿富汗、也门民主人民共和国、莫桑比克等国作为观察员参加经互会活动。

1965 年

1 月 28～2 月 2 日　在捷克斯洛伐克首都布拉格召开经互会第 19 次会议，与南斯拉夫签订合作协议。

1966 年

12 月 8 ~ 10 日　在保加利亚首都索非亚召开经互会第 20 次会议，协调各成员国 1966 ~ 1970 年的国民经济发展计划。

1967 年

12 月 12 ~ 14 日　在匈牙利首都布达佩斯召开经互会第 21 次会议，制定进一步发展各成员国生产专业化和协作的有效措施。

1969 年

1 月 21 ~ 23 日　在民主德国首都柏林召开经互会第 22 次会议，庆祝经互会成立 20 周年，同时协调各成员国发展国民经济计划纲要所规定的各项工作。

4 月 23 ~ 26 日　在莫斯科召开经互会第 23 次特别会议，提出社会主义经济一体化方针，决定建立经互会成员国投资银行和改进经互会国际经济合作银行的工作。

1970 年

5 月 12 ~ 14 日　在波兰首都华沙召开经互会第 24 次会议。会议批准了根据合同建立直接联系的原则、程序、组织前提、经济前提和法律前提。会议决定建立世界社会主义体系经济问题研究所。

1971 年

7 月 27 ~ 29 日　在罗马尼亚首都布加勒斯特召开经互会第

25 次会议。会议通过《经互会成员国进一步加深与完善合作和发展社会主义经济一体化综合纲要》，规定各成员国在 15～20 年内分阶段实现生产、科技、外贸和金融一体化。

1972 年

7 月 10～12 日　在莫斯科召开经互会第 26 次会议，决定接纳古巴为经互会成员国。

1973 年

6 月 5～8 日　在捷克斯洛伐克首都布拉格召开经互会第 27 次会议。会议呼吁各成员国在保护和改善环境及合理利用自然资源上扩大多边合作。会议决定设立经互会奖学金基金，以帮助发展中国家培养经济和科技专业干部。

1974 年

6 月 18～21 日　在保加利亚首都索非亚召开经互会第 28 次会议。保加利亚、匈牙利、民主德国、波兰、罗马尼亚、苏联和捷克斯洛伐克签署了敷设从奥伦堡气田到苏联西部边界输气管的合作协定；各成员国签订了在机器制造业、食品工业、农业和和平利用原子能方面实现生产专业化和协作的多边协定。会议批准了《经互会标准条例》。

1975 年

6 月 24～26 日　在匈牙利首都布达佩斯召开经互会第 29 次

会议。会议赞同各成员国 1976～1980 年多边一体化协作计划；成立经互会民用航空、卫生合作两个常设委员会；决定成立经互会管理问题国际科学研究所。

从 1974 年起，经互会派观察员常驻联合国。

1976 年

7 月 7～9 日　在民主德国首都柏林召开经互会第 30 次会议。会议提出，在一些重要的生产部门，例如燃料部门、原料部门、机器制造业、食品业等方面，制定为期 10～15 年的专业合作纲要。

1977 年

6 月 21～23 日　在波兰首都华沙召开经互会第 31 次会议。会议批准了协调成员国 1981～1985 年国民经济计划的工作纲要。

1978 年

6 月 27～29 日　在罗马尼亚首都布加勒斯特召开经互会第 32 次会议，接纳越南为经互会成员国。

1979 年

6 月 26～28 日　在捷克斯洛伐克首都莫斯科召开经互会第 33 次会议。会议通过了民用消费品生产、交通运输长期专业合作纲要。

1980 年

6 月 17 ~ 19 日　在捷克斯洛伐克首都布拉格召开经互会第 34 次会议。会议协调各成员国 1981 ~ 1985 年国民经济计划；落实有关原料、动力资源、机械制造等 5 个长期专业合作纲要的实施情况。

1981 年

7 月 2 ~ 4 日　在保加利亚首都索非亚召开经互会第 35 次会议。会议讨论了经互会综合纲要的执行情况；签订 1981 ~ 1985 年多边一体化协调计划。

1982 年

6 月 8 ~ 10 日　在匈牙利首都布达佩斯召开经互会第 36 次会议。会议通过了 1986 ~ 1990 年经互会成员国经济计划协调纲领。

1984 年

6 月　经互会召开最高级经济会议，通过《关于进一步发展和加强经互会成员国经济合作与科技合作基本方针的声明》等文件。同年 6 月和 10 月，经互会召开第 38 次和第 39 次会议，通过贯彻实施最高级经济会议的措施；研究了协调各成员国的下一个五年计划及长远的经济发展战略问题。

1985 年

5 月 经互会举行成员国主管经济的党中央书记会议。会议指出集体制订到 2000 年科技进步综合纲要的重要性。

6 月 25 ~ 27 日 在莫斯科召开经互会第 40 次会议，讨论了经互会国家的经济形势，强调加强科技合作的重要性。

12 月 召开经互会第 41 次会议，通过了《到 2000 年经互会成员国科技进步综合纲要》。

1986 年

11 月 经互会召开第 42 次会议，强调建立成员国各经济组织之间建立科学与生产的直接联系。

1987 年

10 月 经互会召开第 43 次会议，讨论经互会合作机制改革问题。

1988 年

6 月 经互会与欧共体签署联合声明，双方互相承认，并正式建立关系。

7 月 在捷克斯洛伐克首都布拉格召开经互会第 44 次会议，讨论建立合理的货币体系和统一市场问题。

1990 年

1 月 在保加利亚首都索非亚召开经互会第 45 次会议，各成员国对彻底改造经互会达成共识。决定成立专门委员会拟定对经互会进行全面改革的构想,制定新的经互会章程。各国原则上同意相互贸易将按国际市场价格以自由外汇结算,但在实施的进度和方法上未能达成一致。

10 月 23 ~ 25 日 经互会专家工作小组会议在捷克斯洛伐克举行,商讨与经互会改革有关的问题。

1991 年

1 月 1 日 苏联同经互会成员国之间的贸易均以自由外汇结算和支付。

1 月 4 ~ 5 日 经互会执行委员会在莫斯科举行第 134 次会议。会议认为,经互会的使命已经结束,但不应中断成员国间业已形成的经济联系。决定成立一个以市场原则为基础的开放型"国际经济合作组织"以取代经互会。执委会通过了未来新组织的章程草案,并建议提交经互会第 46 次会议批准。但由于各成员国对新组织的性质和范围存在分歧,经互会召开第 46 次会议的日期被一再推迟。

6 月 28 日 在匈牙利首都布达佩斯召开经互会第 46 次会议,经互会正式宣布解散。

附录二

经互会重要文件目录

1. 《关于成立经济互助委员会的声明》（1949 年 1 月）。

2. 《经济互助委员会章程》（1959 年 12 月 14 日）。

3. 《关于经济互助委员会的权能、特权和豁免的公约》（1958 年 12 月 14 日）。

4. 《经互会秘书处条例》（1961 年 3 月）。

5. 《社会主义国际分工的基本原则》（1961 年 12 月制定，1962 年通过）。

6. 《经互会机器制造业常设委员会条例》（1962 年 2 月 16 日）。

7. 《经互会货币金融问题常设委员会条例》（1963 年 4 月 25 日）。

8. 《经互会成员国水利机关领导人会议条例》（1965 年 9 月 23 日）。

9. 《经互会成员国法律问题代表会议条例》（1970 年 10 月 22 日）。

10. 《关于建立国际投资银行的协定》（1970 年 7 月 10 日签订，1971 年 2 月 5 日生效）。

11. 《经互会成员国进一步加深与完善合作和发展社会主义

经济一体化综合纲要》（1971 年 7 月）。

12.《经互会计划工作合作委员会条例》（1972 年 1 月 20 日）。

13.《经互会科学技术合作委员会条例》（1972 年 1 月 20 日）。

14.《经互会成员国发明事业主管部门领导人会议条例》（1972 年 1 月 20 日）。

15.《经互会成员国商业部长会议条例》（1972 年 7 月 12 日）。

16.《经互会物资技术供应合作委员会条例》（1974 年 10 月 17 日）。

17.《经互会成员国物价主管部门领导人会议条例》（1974 年 10 月 17 日）。

18.《经互会成员国国家劳动机关领导人会议条例》（1974 年 10 月 17 日）。

《列国志》已出书书目

2003 年度

《法国》，吴国庆编著

《荷兰》，张健雄编著

《印度》，孙士海、葛维钧主编

《突尼斯》，杨鲁萍、林庆春编著

《英国》，王振华编著

《阿拉伯联合酋长国》，黄振编著

《澳大利亚》，沈永兴、张秋生、高国荣编著

《波罗的海三国》，李兴汉编著

《古巴》，徐世澄编著

《乌克兰》，马贵友主编

《国际刑警组织》，卢国学编著

2004 年度

《摩尔多瓦》，顾志红编著

《哈萨克斯坦》，赵常庆编著

《科特迪瓦》，张林初、于平安、王瑞华编著

《新加坡》，鲁虎编著

《尼泊尔》，王宏纬主编

《斯里兰卡》，王兰编著

《乌兹别克斯坦》，孙壮志、苏畅、吴宏伟编著

《哥伦比亚》，徐宝华编著

《肯尼亚》，高晋元编著

《智利》，王晓燕编著

《科威特》，王景祺编著

《巴西》，吕银春、周俊南编著

《贝宁》，张宏明编著

《美国》，杨会军编著

《国际货币基金组织》，王德迅、张金杰编著

《世界银行集团》，何曼青、马仁真编著

《阿尔巴尼亚》，马细谱、郑恩波编著

《马尔代夫》，朱在明主编

《老挝》，马树洪、方芸编著

《比利时》，马胜利编著

《不丹》，朱在明、唐明超、宋旭如编著

《刚果民主共和国》，李智彪编著

《巴基斯坦》，杨翠柏、刘成琼编著

《土库曼斯坦》，施玉宇编著

《捷克》，陈广嗣、姜琍编著

2005 年度

《泰国》，田禾、周方冶编著

《波兰》，高德平编著

《加拿大》，刘军编著

《刚果》，张象、车效梅编著

《越南》，徐绍丽、利国、张训常编著

《吉尔吉斯斯坦》，刘庚岑、徐小云编著

《文莱》，刘新生、潘正秀编著

《阿塞拜疆》，孙壮志、赵会荣、包毅、靳芳编著

《日本》，孙叔林、韩铁英主编

《几内亚》，吴清和编著

《白俄罗斯》，李允华、农雪梅编著

《俄罗斯》，潘德礼主编

《独联体（1991~2002）》，郑羽主编

《加蓬》，安春英编著

《格鲁吉亚》，苏畅主编

《玻利维亚》，曾昭耀编著

《巴拉圭》，杨建民编著

《乌拉圭》，贺双荣编著

《柬埔寨》，李晨阳、瞿健文、卢光盛、韦德星编著

《委内瑞拉》，焦震衡编著

《卢森堡》，彭姝祎编著

《阿根廷》，宋晓平编著

《伊朗》，张铁伟编著

《缅甸》，贺圣达、李晨阳编著

《亚美尼亚》，施玉宇、高歌、王鸣野编著

《韩国》，董向荣编著

2006 年度

《联合国》，李东燕编著

《塞尔维亚和黑山》，章永勇编著

《埃及》，杨灏城、许林根编著

《利比里亚》，李文刚编著

《罗马尼亚》，李秀环编著

《瑞士》，任丁秋、杨解朴等编著

《印度尼西亚》，王受业、梁敏和、刘新生编著

《葡萄牙》，李靖堃编著

《埃塞俄比亚　厄立特里亚》，钟伟云编著

《阿尔及利亚》，赵慧杰编著

《新西兰》，王章辉编著

《保加利亚》，张颖编著

《塔吉克斯坦》，刘启芸编著

《莱索托　斯威士兰》，陈晓红编著

《斯洛文尼亚》，汪丽敏编著

《欧洲联盟》，张健雄编著

《丹麦》，王鹤编著

《索马里 吉布提》，顾章义、付吉军、周海泓编著

《尼日尔》，彭坤元编著

《马里》，张忠祥编著

《斯洛伐克》，姜琍编著

《马拉维》，夏新华、顾荣新编著

《约旦》，唐志超编著

《安哥拉》，刘海方编著

《匈牙利》，李丹琳编著

《秘鲁》，白凤森编著

2007 年度

《利比亚》，潘蓓英编著

《博茨瓦纳》，徐人龙编著

《塞内加尔 冈比亚》，张象、贾锡萍、邢富华编著

《瑞典》，梁光严编著

《冰岛》，刘立群编著

《德国》，顾俊礼编著

《阿富汗》，王凤编著

《菲律宾》，马燕冰、黄莺编著

《赤道几内亚 几内亚比绍 圣多美和普林西比 佛得角》，李广一主编

《黎巴嫩》，徐心辉编著

《爱尔兰》，王振华、陈志瑞、李靖堃编著

《伊拉克》，刘月琴编著

《克罗地亚》，左娅编著

《西班牙》，张敏编著

《圭亚那》，吴德明编著

《厄瓜多尔》，张颖、宋晓平编著

《挪威》，田德文编著

《蒙古》，郝时远、杜世伟编著

2008 年度

《希腊》，宋晓敏编著

《芬兰》，王平贞、赵俊杰编著

《摩洛哥》，肖克编著

《毛里塔尼亚　西撒哈拉》，李广一主编

《苏里南》，吴德明编著

《苏丹》，刘鸿武、姜恒昆编著

《马耳他》，蔡雅洁编著

《坦桑尼亚》，裴善勤编著

《奥地利》，孙莹炜编著

《叙利亚》，高光福、马学清编著

2009 年度

《中非　乍得》，汪勤梅编著

《尼加拉瓜　巴拿马》，汤小棣、张凡编著

《海地　多米尼加》，赵重阳、范蕾编著

社会科学文献出版社网站
www.ssap.com.cn

1. 查询最新图书　　2. 分类查询各学科图书
3. 查询新闻发布会、学术研讨会的相关消息
4. 注册会员，网上购书

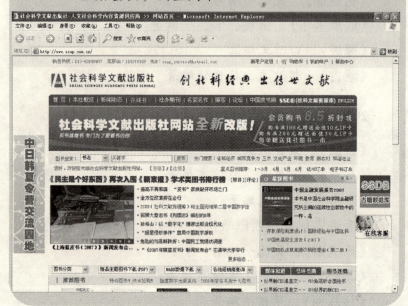

　　本社网站是一个交流的平台，"读者俱乐部"、"书评书摘"、"论坛"、"在线咨询"等为广大读者、媒体、经销商、作者提供了最充分的交流空间。

　　"读者俱乐部"实行会员制管理，不同级别会员享受不同的购书优惠（最低 7.5 折），会员购书同时还享受积分赠送、购书免邮费等待遇。"读者俱乐部"将不定期从注册的会员或者反馈信息的读者中抽出一部分幸运读者，免费赠送我社出版的新书或者光盘数据库等产品。

　　"在线商城"的商品覆盖图书、软件、数据库、点卡等多种形式，为读者提供最权威、最全面的产品出版资讯。商城将不定期推出部分特惠产品。

咨询／邮购电话：010-59367028　　邮箱：duzhe@ssap.cn
网站支持（销售）联系电话：010-59367070　　QQ：168316188　　邮箱：service@ssap.cn
邮购地址：北京市西城区北三环中路甲 29 号院 3 号楼华龙大厦　社科文献出版社读者服务中心
邮编：100029
银行户名：社会科学文献出版社发行部　　开户银行：工商银行北京东四南支行　　账号：0200001009066109151

图书在版编目（CIP）数据

华沙条约组织与经济互助委员会/李锐等编著.—北京：
社会科学文献出版社，2010.4
（列国志）
ISBN 978 - 7 - 5097 - 1170 - 5

Ⅰ.①华... Ⅱ.①李... Ⅲ.①华沙条约组织 - 概况②经济
互助委员会 - 概况 Ⅳ.①E161②F116.5

中国版本图书馆 CIP 数据核字（2009）第 199733 号

·列国志·

华沙条约组织与经济互助委员会
(The Warsaw Pact Organization)
(Council for Mutual Economic Assistance)

编 著 者／李　锐　吴　伟　金　哲
审 定 人／李正乐　朱希淦

出 版 人／谢寿光
总 编 辑／邹东涛
出 版 者／社会科学文献出版社
地　　址／北京市西城区北三环中路甲 29 号院 3 号楼华龙大厦
邮政编码／100029　网址／http：//www. ssap. com. cn
网站支持／(010) 59367077
责任部门／《列国志》工作室　　(010) 59367215
电子信箱／bianjibu@ ssap. cn
项目经理／宋月华
责任编辑／朱希淦
责任校对／朱　晋
责任印制／郭　妍　岳　阳　吴　波

总 经 销／社会科学文献出版社发行部
　　　　　 (010) 59367080　59367097
经　　销／各地书店
读者服务／读者服务中心　　(010) 59367028
排　　版／北京中文天地文化艺术有限公司
印　　刷／三河市尚艺印装有限公司

开　　本／880mm×1230mm　1/32
印　　张／12　字数／309 千字
版　　次／2010 年 4 月第 1 版　印次／2010 年 4 月第 1 次印刷

书　　号／ISBN 978 - 7 - 5097 - 1170 - 5
定　　价／35.00 元

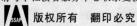

《列国志》主要编辑出版发行人

出　版　人　谢寿光

总　编　辑　邹东涛

项目负责人　杨　群

发　行　人　王　菲

编辑主任　宋月华

编　　　辑　（按姓名笔画排序）

孙以年　朱希淦　宋月华

宋培军　周志宽　范　迎

范明礼　袁卫华　徐思彦

黄　丹　魏小薇

封面设计　孙元明

内文设计　熠　菲

责任印制　岳　阳　郭　妍　吴　波

编　　　务　杨春花

责任部门　人文科学图书事业部

电　话　（010）59367215

网　址　ssdphzh＿cn@sohu.com